Miriam Gebhardt

Unsere Nachkriegseltern

Wie die Erfahrungen
unserer Väter und Mütter
uns bis heute prägen

Pantheon

Der Verlag behält sich die Verwertung der urheberrechtlich geschützten Inhalte dieses Werkes für Zwecke des Text- und Data-Minings nach § 44 b UrhG ausdrücklich vor. Jegliche unbefugte Nutzung ist hiermit ausgeschlossen.

Penguin Random House Verlagsgruppe FSC® N001967

1. Auflage
Pantheon-Ausgabe September 2024

Copyright © 2024 by Pantheon Verlag
in der Penguin Random House Verlagsgruppe GmbH,
Neumarkter Straße 28, 81673 München
Copyright © 2022 by Deutsche Verlags-Anstalt, München
Umschlaggestaltung: Büro Jorge Schmidt, München
Umschlagabbildung: akg-images / ddrbildarchiv.de
Satz: GGP Media GmbH, Pößneck
Druck und Bindung: CPI books GmbH, Leck
Printed in the EU
ISBN 978-3-570-55503-3

www.pantheon-verlag.de

Inhalt

Einleitung.......................... 7

1. Die schwierige Suche nach einer Verankerung
   im Leben......................... 21

2. Die Gefühle im Kühlschrank und der lange Weg
   bis zur Selbstfürsorge................ 63

3. Die Kinderfrage – ein über Generationen hinweg
   schwer befrachtetes Thema............. 91

4. Sex und Liebe zwischen bürgerlicher
   Pflichtübung und Freiheitsversprechen...... 129

5. Frauen im doppelten Einsatz als eine Hypothek
   der Nachkriegszeit.................. 163

6. Soldat, Familienoberhaupt, Liebhaber:
   Wann ist ein Mann ein Mann?........... 201

7. Generationengeschichte zwischen Abwehr,
   Selbstfindung und Empathie 225

Schlussbemerkung 253

Anmerkungen 261

Quellen und Literaturhinweise 277

Einleitung

Mein Vater starb auf dem Weg zu einer Fahrradtour. Die Aussicht, gleich aufs Rad zu steigen und mit Freunden um den See zu fahren, hat ihn so kurz vor seinem Tod sicherlich noch einmal froh gestimmt. Ein Tag in der Natur, beim Wandern, Baden oder beim Boulespielen ist für ihn grundsätzlich ein guter Tag gewesen. Das Rad hatte er schon auf den Dachständer seines Autos gehoben, er wollte nur noch schnell einen Teller Suppe essen, da war es plötzlich vorbei. Mitten im »Aufbruch« – ein Wort, das er sehr schätzte – ereilte ihn der Tod. Er spürte ihn kommen, konnte noch den Notarzt anrufen, aber als der Rettungswagen da war, saß er bereits leblos in seinem Lesesessel. Herzstillstand. Es klingt hart, aber ich glaube, für meinen Vater war das ein guter Tod, ein Abgang zur rechten Zeit. Ein halbes Jahr später wäre er nämlich in ein Altersheim umgezogen und schon der Gedanke daran machte ihn mutlos, wie er mir bei unserem letzten Treffen gestanden hatte. Hinterbliebene trösten sich oft mit dem Gedanken, dass ihre Lieben »erlöst« würden, wenn sie sterben. Bei meinem Vater, glaube ich, stimmte das. Er wurde erlöst von der Aussicht auf ein Leben, das ganz bald begonnen

Einleitung

hätte auszutröpfeln. Ein Ende aus einer Aktivität heraus, das passte zu seiner Vorstellung von einem gelungenen Leben viel besser.

Der erwartbare und dennoch so plötzliche Tod des Vaters nach einer schweren Krankheit, die er schon überstanden zu haben schien, löst einiges aus. Bei mir, die ich nun auch schon sechzig Jahre alt bin, weckte er das Bedürfnis, die Enden zu verbinden. Seither denke ich mehr über mein Leben und das meiner Eltern nach. Was habe ich von ihnen geerbt, und was unterscheidet uns? Ich rufe Erinnerungen an meine Kindheit auf und vergleiche sie mit meiner gegenwärtigen Wahrnehmung der alternden Eltern. Das Ergebnis ist durchaus paradox: Der beginnende Abschied bringt mich ihnen näher und zugleich trennt er mich von ihnen. Er überdeckt die Gegensätze zwischen uns, bringt mich dazu, sogar manche ihrer unangenehmen Wesenszüge an mir selbst wiederzuerkennen. Gleichzeitig sehe ich in meinen Eltern nicht mehr nur Individuen mit merkwürdigen oder nachahmenswerten Ansichten und Gewohnheiten, sondern auch die Vertreter ihrer Generation. Als Erben ihrer Eltern. Kurz gesagt: Ich fange an, sie zu historisieren. Ich stelle sie in ihre Zeit und muss erkennen: Sie sind nicht nur meine Eltern, sondern sie sind auch Nachkriegseltern, und das lässt mich selbst ein Stück weit aus der Zeit fallen.

Wie wir leben und wie wir sterben wollen, ist natürlich eine persönliche Frage. Ich zum Beispiel hätte nichts gegen ein langsames Hinausschleichen aus dieser Welt. Ich glaube allerdings, dass derartige individuelle Einstellungen immer einen kollektiven Anteil haben. Sie sind auch

Einleitung

Ausdruck einer generationellen Mentalität. Diesen Lebenshunger, den mein Vater verspürte, empfinden viele in seiner Generation. Die Altersgruppe der zwischen 1930 und 1945 Geborenen war und ist auch noch mit weit über siebzig Jahren voller Energie. Manches Mal kommen sie mir sogar vitaler vor, als wir es sind – ihre Kinder. Zuletzt haben sie das während der Coronapandemie vorgeführt. Während wir, die Jüngeren, uns isolierten und auf vieles verzichteten, fuhren sie ohne zu zögern in ihr Ferienhaus nach Frankreich oder zum Wandern nach Österreich. Sie begannen miteinander online zu turnen und zoomten um die Wette, als seien sie die wahren »Digital Natives«. Hauptsache nichts verpassen.

Die Generation meiner Eltern wird auch als »Generation Kriegskind« bezeichnet. Das greift aber nur einen Teilaspekt ihres Lebens. Zwar stimmt es, dass sie ihre Kindheit und manchmal noch Teile der Jugend zwischen den Jahren 1939 und 1945 erlebt haben. Aber bewusst herangereift sind sie nach dem Krieg. Dadurch erklärt sich vieles, was ihnen in ihrem Leben so wichtig war und ist. Zum Beispiel ihre unerschütterliche Suche nach Erfüllung von Bedürfnissen. Sie haben viel konsumiert und tun es noch, obwohl die Schränke, Keller, Speicher und Garagen längst voll sind. Sie tauschen sich darüber aus, wo es Schnäppchen gibt, und dann scheuen sie keine weite Fahrt, um sich das Ersehnte zu kaufen. Das war und ist für sie ein Weg, sich für den Kriegs- und Nachkriegsmangel zu entschädigen. Bei meinem Vater waren es Gummistiefel. Er besorgte sich eigens einen Einkaufsschein für Gewerbetreibende, nur damit er Gummistiefel und andere eher

Einleitung

hässliche Gegenstände günstig kaufen konnte, deren praktischer Nutzen sich dem Rest der Familie nicht immer so erschloss. Bei anderen waren es Plastiktüten. Die wurden über Jahre hinweg säuberlich gefaltet und in Schränken verwahrt, gleich neben den alten Geschenkschleifen, die sie ebenso wenig wegwarfen.

Dass sich unsere Nachkriegseltern gerne materiell abgesichert fühlen, ist verständlich. Aber es geht nicht nur darum, dass sie es immer gut geheizt und ihren Kühlschrank voll haben wollen. Dahinter steckt in meinen Augen vielmehr ein unstillbarer emotionaler Hunger. Kindheit im Krieg, vaterloses Aufwachsen, belastete Mütter, Entbehrungen im Hungerwinter 1946, autoritäre Lehrer, bescheidene Anfänge bei der Familiengründung, frühe Verantwortung für andere, das alles hat Spuren hinterlassen. Die Frauen brachten viele Opfer, sagen sie, für ihre Kinder und für ihre Männer. Welcher Babyboomer kennt sie nicht, diese traurige Geschichte vom Waschzuber im Keller, in dem sie damals unsere Stoffwindeln auskochen mussten, weil sie noch keine Waschmaschine hatten? Die Väter wiederum nutzen heute die Gelegenheit, wenn ein Enkelkind kommt, sich endlich eine Eisenbahn zu kaufen. Oder sie kramen ihr altes Schaukelpferd hervor, das aussieht, als hätte es schon im Ersten Weltkrieg mitgekämpft, und freuen sich selbst am allermeisten darüber. Es scheint fast, als dürften sie sich zum ersten Mal im Leben beim Spielen entspannen. Denn sie hatten genauso wie die Frauen eigentlich immer für andere sorgen müssen. Sie mussten vielleicht vor den Truppen der Sowjets fliehen und sich im Kindesalter schon um ihre Mütter kümmern. Mädchen und Jungen dieser Generation wurden zur angeblichen Erholung in Kinderheime gesteckt, in denen noch Nazi-Pädagogen ihr Unwesen trieben, oder sie wurden wegen der Bombardierungen aufs Land geschickt und über viele Wochen von ihren Eltern getrennt. In jedem Fall mussten sie sich frühzeitig als selbstständig und autonom von familiären Beziehungen erweisen. Denn sie waren ja nicht nur »Kriegskinder«, sie waren auch die Kinder einer nationalsozialistischen Erziehungsideologie, die eine frühe Unabhängigkeit von sentimentalen Bindungen forderte.

So haben sie in jungen Jahren viel Stoff für Trauer und Angst angesammelt. Sie bekamen mit, dass ihre Väter doch keine strahlenden Helden waren, sondern geschlagene Krieger, oder schlimmer noch, Verbrecher mit Blut an den Händen. Von der schlechten Ernährungslage haben sie uns erzählt, auch von den Hamsterfahrten aufs Land und der verhärmten, aber auch tapferen Mutter. Aber kaum erzählt haben sie von ihrer harten Jugend und ihrem abrupten Erwachsenwerden. Von der abgebrochenen Schule, der Notwendigkeit, schnell Geld zu verdienen, von ihrem großen Drang, das Elternhaus und vielleicht sogar die Heimat hinter sich zu lassen. Von der Frustration über die Wiederaufrüstung Deutschlands. Auch das waren Aspekte ihres Lebens, die sie vergraben haben und die sich für ihre Nachkommen mehr erspüren als erfragen ließen.

Sehr viele ihrer Altersgruppe wurden mit Anfang zwanzig Vater oder Mutter – aus Kriegskindern wurden Nachkriegseltern. Es mit den eigenen Kindern anders zu machen, ihnen die Wärme zu vermitteln, die sie selbst vermisst hatten, hatten sie jedoch noch nicht gelernt. Das war eine

Aufgabe, die sie sich vornehmen, aber selten genug auch lösen konnten. Mancher Mutter fiel Zärtlichkeit mit ihrem Kind zeitlebens schwer, mancher Vater sah das freiere Leben seines Sohnes mit gemischten Gefühlen. Denn den großen Wandel der Werte in Erziehung, Partnerschaft und Sexualität erlebten sie erst, als sie dafür eigentlich schon zu alt waren. Die Zeit der Emotionalisierung der Deutschen auf allen Ebenen seit den Siebzigerjahren erwischte sie sozusagen auf dem falschen Fuß. Einige versuchten noch von der einsetzenden Psychologisierung zu profitieren. Sie erkannten schockartig, welche Bedürfnisse ihnen zugestanden hätten, ließen sich mitunter scheiden, um in Sachen Liebe noch einmal ganz neu anzufangen, zeugten vielleicht sogar ein spätes Kind und versuchten sich in einer neuen Rolle als einfühlsame und großzügige Eltern. Aber die Versprechen des Lebensstilwandels erfüllten sich für sie meistens nicht mehr. So blieb ihnen nichts anderes übrig, als sich täglich erneut auf die vergebliche Jagd nach kurzen Glücksmomenten zu machen, nicht zuletzt beim Konsum oder bei der Freizeitgestaltung.

Jetzt, da sie auf das Lebensende zugehen, verhalten sich die Nachkriegseltern entsprechend trotzig. Sie verteidigen ihre Freiheitserfahrungen zum Beispiel beim Autofahren. Wenn sie nicht mehr gut sehen können, testen sie eben den Stoßdämpfer anstatt ihrer Fahrtauglichkeit. Die Straßen im Speckmantel Münchens, wo ich wohne, sind voll von Autofahrern (meist sind es die Männer, die in dieser Altersgruppe am Lenker sitzen), die scheinbar ferngesteuert unterwegs sind. Ab und zu lese ich dann eine Notiz in der Zeitung, dass mal wieder ein Hochbetagter eine ganze

Einleitung

Reihe parkender Autos seitlich mitgenommen hat und noch an Ort und Stelle seinen Führerschein abgeben musste. Gefährlich, aber auch nachvollziehbar, wenn man bedenkt, wie wichtig die individuelle Mobilität für diese Generation war. Auch dass sie sich von ihrem körperlichen Verfall nicht beeindrucken lassen wollen, kann ich gut verstehen. Wenn die Hüfte knirscht, wird ein neues Gelenk eingesetzt und weiter Tennis gespielt. Fürs Altersheim ist es allemal zu früh, und sie werden sich auch bestimmt nicht als liebe Omi an den Kamin setzen. Da machen sie eher noch einmal eine Nilfahrt.

Wenn wir den historischen Kontext sehen, kommen uns diese Ansichten und Gewohnheiten weniger schräg vor. Aber wir können noch einen Schritt weitergehen und uns fragen, was davon uns selbst in den Knochen steckt. Wie viel vom Nachkrieg haben die Nachkriegseltern an uns weitergegeben? Wir Babyboomer wurden in die Welt gesetzt, als es vor allem im westlichen Teil Deutschlands wirtschaftlich steil bergauf ging. Wir waren die erste Generation, die nicht nur mit industriell gefertigter Babynahrung großgezogen werden konnte, sondern für die sich der Konsumkapitalismus für jedweden Anlass alters- und geschlechtergerechte Produkte einfallen ließ. So wurden wir Kinder der Nachkriegseltern selbst zu Symbolen für die Gesundung und das Wiedererstarken Deutschlands. Jedes Gramm Gewichtszunahme und jeder tolle Kinderwagen, der nach dem Vorbild der Automobilherstellung mit Zierleisten geschmückt war, symbolisierte auch den Sieg über die dunkle Vergangenheit der Deutschen in Krieg und Nationalsozialismus. Auf diese Weise folgten wir unbewusst dem Schatten der Biografien unserer Eltern. Wir waren der leibhaftige Beweis dafür, dass es der nächsten Generation viel besser ging als der vorherigen. Das hatte neben dem Wohlleben auch weitergehende positive Auswirkungen. Aktivität, Dynamik und Ehrgeiz gingen von der älteren Generation auf die jüngere über. Der Begriff »Work-Life-Balance« war noch nicht erfunden, als die Babyboomer in den Siebziger- und Achtzigerjahren in die Berufswelt eintraten. Wir arbeiteten viel, weil wir es so gelernt hatten. Wer rastet, der rostet. Aber diese Generationenerbschaft hatte auch eine Kehrseite: Eine gewisse Härte gegen sich selbst, resultierend aus der Erziehung, die bei vielen Babyboomern in ein Burn-out oder irgendwann in die Totalverweigerung mündete. Gepaart mit sozialer Ängstlichkeit und der Bereitschaft, sich in Hierarchien unterzuordnen.

Die Langzeitwirkung der Wiederaufbau-Mentalität nach dem Krieg ist nur ein Beispiel dafür, wie die Generation der Nachkriegseltern und die Generation der in den Fünfziger- und Sechzigerjahren geborenen Babyboomer über die deutsche Vergangenheit miteinander verbunden sind. Ich werde in diesem Buch deutsche Geschichte als Familiengeschichte erzählen. Es wird dabei vor allem um Gefühlserbschaften gehen. Um das Gefühl der Unbehaustheit in dieser Welt, das sich von der realen Erfahrung der Kriegskinder, weil sie zum Beispiel ausgebombt worden waren, zu einem allgemeinen Lebensgefühl bei den Babyboomern weiterentwickelt hat. Um das Gefühl der Ambivalenz in der Kinderfrage, die seit der aggressiven Bevölkerungspolitik der Nationalsozialisten eine historische Belastung in Deutschland darstellt. Die Nationalsozialisten hatten von jeder Frau verlangt, viele Kinder zu gebären, und zwar gesunde. Wer aus vermeintlich rassischen oder aus sozialen Gründen nicht zur Volksgemeinschaft gehörte oder wer kranke Kinder zur Welt brachte, musste hingegen um das Leben seines Nachwuchses fürchten. Das hat sich buchstäblich in die Körper der Menschen eingeschrieben. Es geht um das Gefühl der Rollendiffusion. Ist eine Frau noch eine Frau, wenn sie kein Kind bekommt? Oder verrät sie ihr Geschlecht, wenn sie viele Kinder bekommt? Das führt zum nächsten Problem, der Kontinuität bei der Kindererziehung. Die Babyboomer konnten den großen Erziehungsstilwandel seit den frühen Siebzigerjahren für ihren eigenen Umgang mit Kindern aufgreifen. Aber sie hörten dabei ständig eine innere Stimme, die sie ermahnte: Du verwöhnst dein Kind, du machst dein Einzelkind zu einem Egoisten, du musst es abhärten. Es waren die Stimmen ihrer Mütter, die angesichts ihrer Enkelkinder die eigenen Erziehungsansichten verteidigen mussten. Schließlich ging es dabei um einen ganz zentralen Anteil ihrer Identität.

Auch der Umgang mit Krankheit und Schmerz ist bei Babyboomern mit einer historischen Altlast behaftet. Gesundheit wird immer auch als ein moralisches Gut angesehen, und wer es sich mit Schmerzmitteln leicht macht, begibt sich womöglich bereits auf die schiefe Bahn. Weitere emotionale Erbschaften der Babyboomer, von denen ich berichten werde, betreffen die Geschlechterbeziehungen, die Haltung zu Liebe und die Sexualität. Babyboomer lehnten die Vorstellungen von den Geschlechterrollen ihrer Eltern meistens ab. Abschreckend waren für viele Töchter die Mütter, die sich nur über ihre Ehemänner definiert haben, und für manchen Sohn der Anspruch des Vaters, im Haus genauso bestimmen zu wollen wie im Betrieb. Doch was sollte an die Stelle der alten Ordnung treten? Wie autonom durfte eine Frau sein oder sollte sie nicht doch besser dem Mann beruflich die Vorfahrt überlassen?

Ein letztes Thema in diesem Buch wird der Umgang mit der Vergangenheit sein. Unabhängig davon, wo sie sich unterscheiden und wo sie sich ähnlen, beide Generationen kommen von der deutschen Zeitgeschichte nicht los. Während die Nachkriegseltern, pauschal gesagt, den Blick zurück eher vermieden, weil sie sich nur allzu schnell am Abgrund des Nationalsozialismus wiedergefunden hätten, standen Babyboomer oft mit dem Rücken zur Zukunft und blickten starr in die schreckliche Geschichte zurück. Sie taten das schon aus Gründen der Selbstfürsorge, denn sie begriffen sich als »Kriegsenkel« und als Erben der Verantwortlichkeit für den Nationalsozialismus. Diese Rückwärtsgewandtheit der Babyboomer auf Ereignisse, die lange vor ihrer Geburt liegen, schlägt sich besonders seit der Jahrtausendwende in einer Flut von autobiografischen und autofiktionalen Veröffentlichungen nieder. Wenn den Babyboomern gelegentlich vorgehalten wurde, sie gehörten der Generation »Zaungast« an, weil sie zwischen den sogenannten Achtundsechzigern und den Computerkids nicht besonders wirksam werden konnten, dann ist das nur die eine Hälfte der Wahrheit. Die andere ist, dass sie diejenigen sind, die sich als Erste wirklich mit der deut-

Einleitung

schen Zeitgeschichte auseinandergesetzt haben. Die Kinder der Täter, die zwischen 1940 und 1950 geborenen Achtundsechziger, waren dazu noch nicht in der Lage gewesen, weil sie ihren Eltern nicht zu nahe treten wollten. Sie führten in den späten Sechzigerjahren zwar Klage gegen die autoritären Väter und deren »Faschismus«. Doch gemeint waren nie die eigenen Väter, sondern stets die Vaterrepräsentanten in der Gesellschaft wie beispielsweise Professoren oder Richter. Das Neue an der Auseinandersetzung mit der Geschichte in der nächsten Generation ist, dass sie sich nicht in Anklage erschöpft. Wichtiger ist der Versuch des Verstehens. Die Babyboomer sind die Ersten, die sich nach der Klärung der historischen Schuld der Deutschen im Nationalsozialismus auch für die deutschen Opfer interessieren und, manchmal zum Missvergnügen der Achtundsechziger, auch Mitgefühl für ihre Vorfahren zeigen können.

In diesem Buch soll es um gegenseitiges Verständnis gehen. Das Verstehen generationeller Erfahrungen und die Frage, wie sie miteinander zusammenhängen, ist letztlich der einzige Weg, mir über mich selbst klar zu werden. Angesichts des bevorstehenden Abschieds von der letzten Generation, die noch den Krieg und die Nachkriegszeit erlebt hat, frage ich nach den prägenden Erfahrungen, für die weder Nachkriegseltern noch Babyboomer etwas konnten. Ich fasse den Begriff »Generation« dabei alltagssprachlich in seiner weiten Bedeutung von Abstammungsgemeinschaft. Generation kommt vom Lateinischen *generare* (erzeugen). Ich definiere die Nachkriegseltern und die Babyboomer als Generationen, die den Krieg und die

Einleitung

Nachkriegszeit beziehungsweise den Lebensstilwandel der Sechziger- und Siebzigerjahre teilen. Das bedeutet allerdings nicht, dass sich jeder, der zwischen 1930 und 1945 oder zwischen 1955 und 1970 geboren wurde, selbst zu den hier so genannten Nachkriegseltern oder Babyboomern zählen möchte. Die deutschen Babyboomer sind übrigens nicht mit den amerikanischen Babyboomern zu verwechseln, die schon ab Mitte der Vierzigerjahre bis Mitte der Sechzigerjahre geboren worden waren. Hierzulande setzte die Zeit des Geburtenanstiegs erst Mitte der Fünfzigerjahre ein und endete mit den Sechzigerjahren.

Meine Absicht ist es, die Perspektiven der Nachkriegseltern und der Babyboomer zu verknüpfen und beide Generationen miteinander ins Gespräch zu bringen. Methodisch gehe ich dabei von der Selbstsicht von Repräsentanten der jeweiligen Generationen aus. Um Fallbeispiele analysieren zu können, habe ich im Deutschen Tagebucharchiv (DTA) zahlreiche Selbstzeugnisse gesichtet und eine systematische Auswahl nach der größtmöglichen Differenz und Aussagekraft getroffen. Das heißt, die Fallbeispiele sind nicht im quantitativen Sinne repräsentativ. Für meine qualitative dichte Lektüre der Quellen stelle ich vielmehr Tagebücher und Autobiografien aus ganz unterschiedlichen Milieus einander gegenüber. Das reicht von der bürgerlichen Ehefrau mit sieben Kindern, die sich trotz aller moralischen Bedenken in den Fünfziger- und Sechzigerjahren in einer Dreieckskonstellation wiederfindet, über den straffällig gewordenen Bauernsohn, der mit der traditionellen Sexualmoral auf dem Land nicht zurechtkommt und sie für seinen Zusammenstoß mit dem

Einleitung

Strafrecht verantwortlich macht, bis hin zu der alleinerziehenden Mutter aus der DDR, die sich an den widersprüchlichen Rollenerwartungen der »guten« Mutter und der guten Werktätigen zerreibt. Auf Grundlage dieser vielfältigen Quellen kann ich natürlich keine soziologischen Generationenporträts schreiben. Davon gibt es auch genug. Die »beleidigte«, »verdammte«, »verratene«, »vergessene«, »unerhörte«, »geschlagene« Generation oder die Generation X, Y, Z – all das sind Zuschreibungen, die sich meist um ein entscheidendes soziologisches Kriterium ranken. Die Schlüsselbegriffe und Etiketten wechseln im Jahresrhythmus, bis den Wissenschaftlern und Publizistinnen womöglich eines Tages die passenden Attribute ausgehen. Mein Buch sucht erst gar nicht nach dem ultimativen Label. Es betrachtet vielmehr den Generationenbegriff als historische Schnittstelle der Weitergabe zwischen Alterskohorten. Der Unterschied ist, dass es mir um die Beziehungen zwischen Menschen geht, insbesondere die Beziehungen, die auf der Grundlage der Sozialisation einer historischen Gemeinschaft beruhen.

Die Chefredakteurin des evangelischen Magazins *Chrismon*, Ursula Ott, hat für den Verständigungsprozess, den auch ich anstrebe, eine schöne Überschrift gefunden. Ihr lesenswertes Buch über den Umzug ihrer Mutter in ein Altenheim heißt *Das Haus meiner Eltern hat viele Räume. Vom Loslassen, Ausräumen und Bewahren.* Bei ihr ist das ganz handfest gemeint: Welche Gegenstände aus dem Leben unserer Eltern sind es wert, aufgehoben zu werden, und wohin soll ich mit dem Rest? Mein Buch ist ein ähnlicher Versuch auf der Ebene der emotionalen Erbschaften.

Einleitung

Es ist eine Form der Mediation. Im Mittelpunkt stehen die Themen des privaten Lebens, die von der generationellen Weitergabe am meisten beeinflusst wurden: die eigene Verortung in der Welt, der Umgang mit sich selbst, das Verhältnis zum anderen Geschlecht, zu den Kindern, die Sexualität, die Identitätssuche. Die objektivierbaren Quellen aus dem Archiv, die ich analysieren werde, möchte ich um meine eigene Perspektive ergänzen. Als Angehörige des Geburtsjahrgangs 1962 kann ich nicht so tun, als stünde ich außerhalb dessen, was ich untersuche. Im Gegenteil: Ich möchte die eigene Betroffenheit nutzen, um in einer Art Auto-Ethnografie das emotionale Erbe meiner Vorfahren zu objektivieren, damit ich mit meiner eigenen auch die Geschichte der anderen besser verstehe. Dabei ist mir klar, dass ich, wenn ich von meiner Familie erzähle, der Geschichte meiner Eltern meine eigene Sichtweise hinzufüge. Sie selbst werden auf ihre Geschichte und selbstverständlich auch auf meine ganz anders schauen. Aber vielleicht trägt das Buch auch in dieser persönlichen Hinsicht zur Verständigung bei.

1.
Die schwierige Suche nach einer Verankerung im Leben

Am schnellsten war mein Schulfreund Martin. Er verließ mit siebzehn Jahren sein Zuhause in Hamburg und zog in eine Pension im Münchner Umland. Von seiner autonomen Warte im Dachzimmer aus führte er vor, dass es für ein recht gutes Abitur weder Familie noch geregelte Mahlzeiten brauchte. Meine Freundin Conny trat kurz darauf die Reise in umgekehrter Richtung an. Weil sie die Stiefvater-Halbschwester-Mutter-Familie am Münchner Stadtrand nicht mehr ertrug, packte sie ihre Sachen und legte ihr Abitur in Düsseldorf ab. Sie wohnte in einer Wohngemeinschaft, später bei einer Freundin im Einzimmerappartement, bevor sie als Au-pair-Mädchen ins Ausland verschwand. Ich war die Dritte im Bunde, verließ im Jahr 1980 an meinem achtzehnten Geburtstag mein Elternhaus, kroch erst in einer WG unter, dann in einer Gründerzeitvilla am Stadtrand, die von einem Dragoner mit Turban zimmerweise vermietet wurde. Nach dem Abitur, das ich mit minimaler Punktzahl bestand, wohnte ich einige

1. Die schwierige Suche nach einer Verankerung im Leben

Wochen ambulant in meinem Auto. Meine wichtigsten Papiere und Kleider bewahrte ich in einem weißen Koffer vom Flohmarkt auf, bis eines Tages das Auto aufgebrochen wurde und alles weg war.

Unsere frühe Nestflucht klingt heute sonderbar. Das Durchschnittsalter beim Auszug liegt inzwischen bei 23,7 Jahren, aber noch 30 Prozent der 25-Jährigen leben mit ihren Eltern unter einem Dach.[1] Hohe Mieten und die Kälte der Welt mag viele junge Leute davon abhalten, vor dem Ende der Ausbildung das »Hotel Mama« zu verlassen. Die damalige Losgelöstheit liegt den meisten jungen Menschen aber ohnehin fern. Sie fühlen sich so wohl zu Hause, dass es Eltern geben soll, die eines Tages selbst ausziehen müssen, wenn sie sich etwas mehr Abstand zwischen sich und ihren erwachsenen Kindern wünschen.

Damals, in den frühen Achtzigerjahren, waren die Bedingungen, um sich auf eigene Füße zu stellen, übrigens auch schon nicht gut. Allein unsere schiere Anzahl stand uns bei der Wohnungs- und Jobsuche im Weg. In der siebten Klasse sortierte mein Lateinlehrer von 43 Mitschülern zwölf aus. Dass es ihm dabei nicht um Latein ging, verriet sein skeptisches Durchzählen in der ersten Stunde. Er kündigte an, dass er am Ende des Jahres »aussieben« müsse. An der Schulmauer prangten »No Future«-Graffitis. Überall standen Warnhinweise und Hindernisse. Vom Studium einer Geisteswissenschaft wurde abgeraten, Lehrer schien niemand mehr zu brauchen, der strenge Numerus clausus kanalisierte den Zugang zu attraktiven Studiengängen wie zum Beispiel Medizin. Ich dachte nach dem Schulabschluss nicht lange darüber nach, ob ich stu-

Die schwierige Suche nach einer Verankerung im Leben

dieren wollte, sondern trat sechs Wochen später eine der raren Ausbildungsstellen als Journalistin an. Diese bestand freilich erst einmal aus einer neunmonatigen praktisch unbezahlten Hospitanz. Den Absprung an die Universität wagte ich erst nach sechs Jahren Berufstätigkeit. An den rosigen Aussichten kann es also nicht gelegen haben, dass wir Babyboomer frühzeitig flügge wurden.

Der Soziologe Heinz Bude, die Künstlerin Bettina Munk und die Schriftstellerin Karin Wieland, drei Babyboomer, haben sich damals dazu entschieden, erst einmal Häuser zu besetzen. Heute verklären sie diese Zeit als heroische Antwort auf die damalige Wohnungsnot, als Protest gegen ungenutzten Leerstand, und als Abkehr vom engen bürgerlichen Leben. Von sich selbst sichtlich beeindruckt, schildern sie in dem für mich als Roman getarnten autobiografischen Bericht *Aufprall*, wie sie vorsichtshalber ohne Wertgegenstände lebten, da jederzeit die Polizei anrücken und sie aus dem Haus werfen konnte. »Wir lebten aufregend experimentell, alle anderen erschienen uns langweilig konventionell. Unser Zusammenleben folgte bestimmten radikalen Prinzipien. Besitzansprüche waren unangebracht: Jemand kaufte ein und kochte, jemand anderes aß das Essen auf – zumeist ohne sich dafür zu bedanken. (…) Alles war für alle da. Alle Türen standen offen, keiner schloss sich ein. Wohnen war eine Herausforderung.«[2]

Die Hausbesetzerszene – die berühmteste gründete sich bereits 1971 im Kopenhagener Stadtteil Christiania – deckte damals vom heimwerkenden Idyll über den Familienersatz bis hin zum anarchischen »Häuserkampf« alle

1. Die schwierige Suche nach einer Verankerung im Leben

möglichen Bedürfnisse ab. Sie nur als politische Aktion zu sehen, ist ein wenig zu romantisch. Sie hatte etwas mit dem Gefühl der Unbehaustheit in der Babyboomergeneration zu tun. Damit meine ich den existenziellen Zustand, nirgendwo richtig dazuzugehören. Die hohe Mobilität und die Vorliebe für informelles Wohnen waren meines Erachtens nicht nur die Folge soziostruktureller Härten und politischer Aufmüpfigkeit, sondern auch die einer Mentalität. Der ungebundene Lebensstil war unsere Antwort auf die Situation und die Lebenshaltung unserer Eltern, der Kriegskinder, oder wie ich sie in diesem Buch nenne: unsere Nachkriegseltern.

In der DDR sah die Situation anders aus als in der BRD. Die Ausbildungsplatzgarantie und das an politisches Wohlverhalten geknüpfte Studium, an das sich zuverlässig eine feste Arbeitsstelle anschloss, begünstigten ohnehin das frühe Ausziehen von zu Hause. Die Studierenden wohnten meistens gemeinschaftlich in Wohnheimen, banden sich frühzeitig fest an Partner, heirateten und bekamen oft noch vor dem Ende des Studiums Kinder. Sie mussten in der Regel nicht nebenher arbeiten, da sie staatlich finanziert wurden. Insofern lassen sich die äußeren Umstände mit der BRD nicht vergleichen. Eine frühe Nestflucht war gesellschaftspolitisch eingeplant. Das Ergebnis war jedoch im Westen und im Osten das Gleiche: Babyboomer und ihre Nachkriegseltern trieb es oft schon früh auseinander.

Zur Rationalisierung dieses Verhaltens gab es auch eine Theorie, die man mit der antiautoritären Einstellung umschreiben könnte. Babyboomer begleitete bei ihrem Auszug von zu Hause die familienkritische Ideologie, die ihnen die Studentenrevolte der Achtundsechziger hinterlassen hatte. Sie war getragen von der Sehnsucht nach Befreiung von der patriarchalen Reproduktionsstruktur, die damals für die Gewaltgeschichte der Deutschen im 20. Jahrhundert verantwortlich gemacht wurde. Die Kernfamilie galt nicht mehr als Keimzelle des Staates, wie im 19. Jahrhundert, sondern als Keimzelle für den autoritären Menschen, der letztlich den Faschismus ermöglicht habe. Viele wollten mit der Wagenburgmentalität der Nachkriegsfamilie nichts mehr zu tun haben. Sie suchten deshalb nach alternativen Lebensformen zur isolierten Kleinfamilie mit ihren Schrankwänden, alten Erziehungsprinzipien und Geschlechterrollen, mit ihrer Apologie des Privatbesitzes und der Unterdrückung des Sexualtriebes.[3] In Wohngemeinschaften und anderen informellen Wohnformen (ein Freund von mir wohnte das ganze Jahr über im Wohnwagen, auch als er beruflich schon einen Anzug trug) zelebrierten sie die Abschaffung der Trennung von öffentlichem und privatem Bereich, von Privatbesitz, einengender Monogamie, geschlechtsspezifischer Aufgabenteilung und der kindlichen Abhängigkeit von den Eltern.

»Man konnte sich hier – nicht ohne narzisstischen Überschuss – neu erschaffen und selbst verwirklichen«, meint der Historiker des linksalternativen Milieus, Sven Reichardt.[4] Allzu theoriegesättigt darf man sich den Auszug der Babyboomer von zu Hause allerdings auch wieder nicht vorstellen. Die Zusammenhänge zwischen autoritärer Persönlichkeitsstruktur, bürgerlicher Kleinfamilie und

1. Die schwierige Suche nach einer Verankerung im Leben

Nationalsozialismus, den Sozialforscher der Frankfurter Schule konstatiert hatten, waren wohl den wenigsten bewusst. Die altlinken Sprüche waren eben Versatzstücke der Achtundsechziger-Revolte, die aufgegriffen wurden, weil sie zu den momentanen Bedürfnissen passten. Richtig daran geglaubt haben die Babyboomer nicht. Die Ironie ist, dass sich Reichardts These der linksalternativen Nestflucht sogar auf den Kopf stellen lässt. Babyboomer haben damals ihre Herkunftsfamilien verlassen, weil sie darin nicht genügend Wärme fanden.

Meine Eltern gehörten zur sogenannten »Psychoszene«. Mein Vater war Psychologe, meine Mutter auf dem Weg dahin; sie begann im Alter von 38 Jahren zum zweiten Mal zu studieren, diesmal Psychologie. Anlass war die Trennung von meinem Vater im Winter 1977/78. Er hatte eine Affäre mit einer jüngeren Psychologin begonnen, woraufhin sich meine Mutter alsbald ebenfalls mit einem jüngeren Psychologen zusammentat. Auf diese Weise entstand mein »vierblättriges Psychologenkleeblatt«, wie ich meine neue Elternkonstellation nannte – beide Paare gründeten sofort wieder neue Familien.

Diese gewiss nicht alltägliche Familienzusammensetzung mit vier »Psychologen-Eltern« symbolisiert für mich den Wertewandel der Siebzigerjahre. Meine Mutter zog in ein Reihenhaus in einem gehobenen Münchner Vorort und begann mit der gelegentlichen Unterstützung einer Haushaltshilfe und eines Kindermädchens ein neues Leben als späte Studentin, Hausfrau und Mutter. Sie nutzte diese zweite Chance dazu, vieles anders zu machen. Nur ein Beispiel: Während sie mich im Jahr 1962 noch unter

Die schwierige Suche nach einer Verankerung im Leben

Betäubung im Kreißsaal bekommen hatte, erblickte meine Schwester siebzehn Jahre später nach den Regeln der »sanften« Geburt das Licht der Welt.

Auch mein Vater ging die Familiengründung beim zweiten Mal ganz anders an. So durften sich seine jüngsten Kinder mit Filzstiften an den Wänden der Altbauwohnung verewigen. Später verwirklichte er seinen Traum und sanierte einen alten Bauernhof am See, wo seine zweite Frau Obst und Gemüse anbaute und eine öko-feministische Mehrfachexistenz als Therapeutin, selbst ernannte Hexe, Wanderapothekerin und Künstlerin führte.

Martin, Conny und ich wurden, so sehe ich das heute, auch deshalb so früh selbstständig. Unsere Eltern waren uns zu progressiv. In den Dreißigerjahren geboren, waren sie aus ihren vorgezeichneten Biografien ausgebrochen, natürlich ohne uns vorher gefragt zu haben. Sie hatten als unauffällige Nachkriegseltern begonnen und verspürten nach zehn oder fünfzehn Jahren Familienleben plötzlich andere Bedürfnisse. Sie bildeten sich emotional fort und stiegen sozial aus. Damit besetzten sie gewissermaßen den Raum, der eigentlich uns Halbwüchsigen gehört hätte. Wir, ihre Kinder, litten unter der Rollenkonfusion und dem Chaos, das die Siebzigerjahre in unserem Zuhause angerichtet hatten – und traten die Flucht nach vorne an.

Der Umbau der bürgerlichen Kleinfamilie, der schon Anfang des 20. Jahrhunderts in der marxistischen Theorie und in der Psychoanalyse begonnen und von den Achtundsechzigern fortgesetzt worden war, bildete dazu das Hintergrundrauschen.

1. Die schwierige Suche nach einer Verankerung im Leben

Joachim Süss erkennt in der damaligen Zerbrechlichkeit der Familienbande ein tief liegendes Muster. Süss ist Theologe und zweiter Vorsitzender des Vereins »Kriegsenkel e. V.«, der sich seit 2010 mit den Kindern derjenigen Generation beschäftigt, die durch NS-Ideologie und Krieg in jungen Jahren geprägt worden war. Nach zahlreichen Gesprächen, Befragungen und Seminaren ist er zu der Auffassung gekommen, dass die zwischen 1960 und 1975 geborenen Babyboomer die Unbehaustheit ihrer Eltern übernommen und sich anverwandelt haben. Sie empfänden eine »existenzielle Heimatlosigkeit«. Ihr Leben habe sich gerade in den frühen Erwachsenenjahren wie ein »Schwanken auf instabilem Grund« angefühlt.

Die typische innere und äußere Verfassung der Jugendlichen Ende der Siebziger- und Anfang der Achtzigerjahre schildert Süss so: »Die Herkunft, das Elternhaus, ist kein Ort zum Leben mehr und rückt allmählich in die Ferne. Der neue Ort, die Stadt, in der die eigene Ausbildung oder das Studium begonnen hat, erscheint vorläufig und vorübergehend. Heimat gibt es nicht mehr und noch nicht, ebenso ein Zuhause. Das Unterwegssein wird als einzig stabiles Daseinsmoment erlebt; der Zug oder der Bahnhof sind die Orte, an denen sich das Leben richtig anfühlt, weil sie den latenten Zwischenzustand und die Vorläufigkeit widerspiegeln, in denen man lebt. Sie machen die oszillierende Pendelexistenz des späteren Kriegsenkels aus, der zu diesem Zeitpunkt aber noch lange nicht weiß, dass er einer ist.«[5]

Mit diesen Zeilen ist alles über meine Zeit nach dem Auszug von zu Hause schon in der elften Klasse gesagt. Das

Leben aus dem Koffer und dem Auto fühlte sich genau so für mich an. Im Elternhaus nicht mehr daheim, aber auch noch nirgendwo anders angekommen. Es gab aber noch viel drastischere Wege, sich aus den potemkinschen Elternhäusern zu lösen. Der damals für die Erwachsenen beunruhigendste waren Sekten und Drogen. Ab Mitte der Siebzigerjahre pilgerten Tausende ins indische Pune zum Ashram von Bhagwan und erschreckten die bürgerliche Öffentlichkeit in Deutschland mit ihren Geschichten von Erleuchtung und nackter Ekstase. Im Jahr 1977 erschien *Wir Kinder vom Bahnhof Zoo*, eine Reportage über Christiane F., eine Teenagerin, die in die Berliner Drogen- und Prostitutionsszene geraten war. Dieser Bericht wurde 1981 als Spielfilm gezeigt und sollte vielen Jugendlichen und Eltern als warnendes Beispiel dienen, was passierte, wenn man es mit der Ablösung vom Elternhaus zu weit trieb.

Die elterliche Angst verstärkt die eigenen Ängste

Auch der Publizist und Trendforscher Matthias Horx, Jahrgang 1955, glaubte damals schon, die Babyboomer suchten in den kollektiven Wohnformen »all die Liebe und Aufmerksamkeit ..., die man im Elternhaus entweder nicht richtig oder gar nicht bekam«. Das meinte er nicht sehr freundlich. Für ihn waren die WGs nichts anderes als »die Kuschelinstitute einer Softie-Generation, die immer gegen ihre Väter und Mütter gekämpft hat, aber ständig unbe-

1. Die schwierige Suche nach einer Verankerung im Leben

wusst auf der Suche nach den wahren Vätern, Müttern, Tanten und Onkel ist.«[6] Bettina Alberti ist eine Babyboomerin, die dieser etwas boshaften Interpretation widerspricht. Für sie stellen sich ernsthaftere Zusammenhänge dar. Dass sich die Kinder der Nachkriegseltern von Haus aus trotz der schweren Teppichböden und Wohnzimmereinbauten, mit denen sie aufgewachsen waren, wenig zukunftsfroh fühlten, habe mit uneingestandenen Ängsten zu tun gehabt. Einerseits hatten diese ihre Ursache in der allgemeinen politischen Lage: Der Kalte Krieg und die atomare Hochrüstung versetzten die junge Generation, die den »heißen« Krieg nicht selbst erlebt hatte, in Endzeitstimmung.[7] Man rechnete sich aus, wie weit entfernt die eigene Wohnung vom »Fulda Gap« lag. So wurde in den Siebzigerjahren das hessische Gebiet bezeichnet, in das die Truppen des Warschauer Paktes möglicherweise vorstoßen würden. Doch es gab viele Fulda Gaps. Vor den Toren meines beschaulichen Vororts am südöstlichen Münchner Stadtrand saßen die Waffenschmieden Messerschmitt-Bölkow-Blohm (MBB) und Siemens. Irgendwann würde da, damit musste ich rechnen, eine Bombe einschlagen. Das wäre das Ende der grünen Siedlung mit ihren Straßen, die Märchennamen trugen. Die 30 000 bis 40 000 Wohngemeinschaften in Westdeutschland im Jahr 1980 waren in dieser Situation wenigstens eine vorübergehende Zuflucht. Zwar ließ es sich dort nicht so komfortabel wohnen wie bei den Eltern, aber dafür konnte man sich intensiver über seine Ängste austauschen. Mit ihren Eltern konnten die Jungen damals darüber nicht sprechen. Denn sie waren der eigentliche Mittelpunkt ebenjener beklemmenden Gefühle.[8]

Die elterliche Angst verstärkt die eigenen Ängste

Auf der anderen Seite bedrohten die Babyboomer auch interne Ängste. Die Psychologin Alberti glaubt, das frühe Wegstreben von zu Hause habe mit der nicht stattgefundenen Aufarbeitung der Traumata in den Familien zu tun. Deshalb seien sie »Orte der Ungeborgenheit und des Unverständnisses« gewesen.[9] Alberti zieht diese Einsicht aus ihrer therapeutischen Praxis. Dort habe sie beobachtet, dass sich Babyboomer als Kinder immer wenig beachtet und gehört gefühlt hätten. Denn ihre Eltern seien mit dem lebenslangen Verdrängen ihrer Kriegskindheit beschäftigt gewesen. Sie hätten sich frühzeitig in ihrem Leben eine Gefühlstaubheit zulegen müssen, die ihnen später auch den Kontakt zu den eigenen Kindern erschwert habe. So kam es, dass die Nachkriegseltern von ihrem Nachwuchs Bindung, Aufmerksamkeit und Liebe erwarteten, die sie selbst nicht geben konnten.[10]

Die im Krieg geborenen oder aufgewachsenen Alterskohorten drehten also die Rolle zwischen Eltern und Kind um. Sie »parentifizierten« ihre Kinder. Das heißt, sie machten sich zu den Kindern ihrer Kinder. »Die Kinder und Jugendlichen waren aufgefordert, die Seele ihrer Eltern zu erspüren, sie mussten dafür Antennen entwickeln und sich auf sie einstellen, um den seelischen Austausch, den sie selbst so dringend für ihre Bindungsaufnahme benötigten, aufrechtzuerhalten«, meint Alberti.[11] Ohne dass es den Beteiligten selbst bewusst geworden wäre, bemutterten Kinder ihre Eltern, denn die strahlten eine unausgesprochene, aber manifeste Hilfsbedürftigkeit aus. Ein sehr plastisches Beispiel ist die Geschichte des Romanautors Frank Witzel. Der 1955 geborene Buchpreisträger

1. Die schwierige Suche nach einer Verankerung im Leben

hat in seinem autobiografischen Roman an vielen Stellen herausgearbeitet, wie sich diese Konstellation von Eltern-Kind-Beziehungen auf das Leben eines Babyboomers auswirkten. Noch mit Anfang sechzig, als er *Inniger Schiffbruch* schrieb, fühlte er sich, als habe das Leben für ihn als Kind von Nachkriegseltern immer noch nicht richtig angefangen. Als sei er übergangslos von einem »noch nicht« in ein »nicht mehr« gewechselt. Als Ursache hierfür sieht er seine Eltern, die als Kinder ihren Mittelpunkt verloren hätten, geografisch und emotional. Dadurch seien sie ihr Leben lang bedürftig geblieben. Sie hätten ein Leben zu führen versucht, in dem es endlich um sie selbst ging. Um ihr Wohlergehen sollte sich das Familienleben drehen, nicht um das ihrer Kinder. Er als Sohn habe vielmehr die Aufgabe bekommen, genau zu beobachten, was den Eltern fehlen könnte, und es ihnen dann möglichst zu geben. Er war zur Rolle des Zuschauers verdammt. Das Bühnenstück zu Hause hieß: Nachkriegseltern entdecken ihre Bedürfnisse, und ihre Kinder müssen es ausbaden.[12]

Solche Rollenumkehrungen blieben für alle Beteiligten unbewusst und ungewollt. Die psychologische Theorie sagt, dass solche Aufträge von Eltern an ihre Kinder ursprünglich einmal sinnvoll gewesen sein können, sich dann aber von den realen Ursachen entkoppelt haben und sinnfrei weiter kursieren. Ein Auftrag vieler Kriegsenkel kann zum Beispiel gewesen sein, sich möglichst früh sowohl materiell als auch emotional auf eigene Füße zu stellen.[13] Damit übernehmen wir Babyboomer das Ideal der »Lebenstüchtigkeit« von unseren Eltern, die selbst noch in dem darwinistischen Klima Deutschlands aufgewachsen waren. Die Erziehungsideale der Dreißiger- und Vierzigerjahre, über die ich weiter unten noch ausführlich sprechen werde, forderten Autonomie, nicht zuletzt, damit die Erwachsenen die Hände frei hatten für die kriegswichtigen Aufgaben und später für den Wiederaufbau. Eltern und Kinder sollten nicht zu eng verbunden sein, damit sie die übergeordneten Ziele des NS-Staates nicht aus dem Auge verlören. Das wurde frühzeitig eingeübt. Die Generation der Nachkriegseltern wuchs mit von der »Hitlerjugend« organisierten Freizeiten, mit Kuraufenthalten und Landverschickungen auf. Sie erlernte zwangsläufig früh die Fähigkeit, sich zu trennen. Dieses Ideal trugen sie weiter bis in die Sechzigerjahre hinein. Unabhängigkeit war und blieb ein Ziel auch für die Vorbereitung der eigenen Kinder auf das Leben. Somit blieben die Babyboomer mit den Erziehungsidealen ihrer Eltern und Großeltern innerlich verbunden.

Das Ideal der inneren und äußeren Unabhängigkeit

Unabhängigkeit war auch in meinem Elternhaus ein Mantra. Mein Vater erzählte gerne, wie er und seine Geschwister alleine verreist seien mit nichts als einer Zitrone im Gepäck, die offenbar alle Hunger- und Durstgefühle stillen konnte. Auch meine Mutter blieb als Kind den Tag über allein in der Wohnung, weil ihre Mutter als Witwe arbeiten gehen musste und weil es abgesehen von der Kirche

1. Die schwierige Suche nach einer Verankerung im Leben

keine angemessenen Betreuungs- und Unterhaltungsmöglichkeiten gab. Die Erfahrungen meiner Eltern haben sich meines Erachtens in meiner Kindheit ausgewirkt. Als ich sechzehn wurde, erklärte mich mein Vater für erwachsen und bot mir Geld an, falls ich von zu Hause ausziehen wollte. Er erinnerte mich immer wieder an seine eigene frühe Selbstständigkeit und schlussfolgerte, was ihm selbst nicht geschadet habe, könne auch für mich nur gut sein. Das Autonomieideal war typisch für seine Generation. Man musste es im Leben notfalls auch alleine schaffen können.

In der Alterskohorte der Babyboomer führte dieser generationelle Auftrag nicht selten dazu, dass sich Jugendliche so gründlich abnabelten, dass sie in finanzielle Notlagen oder sogar vorübergehende Obdachlosigkeit gerieten, weil sie glaubten, sich von den Eltern nicht mehr unterstützen lassen zu dürfen. Sonst wären sie ja nicht »lebenstüchtig«. Auch für mich war es eine Frage des Stolzes, mich irgendwie alleine durchzuschlagen, ohne Hilfe der Eltern. Die Kehrseite davon war die emotionale Überforderung, die manche meiner Altersgenossen in den Schoß von Sekten wie zum Beispiel der Bhagwan-Bewegung lockte.

Ursula Ott wollte sich als Jugendliche von einem ganz speziellen Verhältnis zur Welt abgrenzen. Die Eltern der Journalistin hatten ihr aufgrund ihrer biografischen Erfahrungen von Heimatverlust und Zerstörungen im Bombenkrieg ein ausgeprägtes Sicherheitsbedürfnis vorgelebt. Sie hatten sich in ihrem Haus hinter hohen Thujenhecken,

Das Ideal der inneren und äußeren Unabhängigkeit

dicken Türen, Sicherheitsschlössern und Alarmanlagen regelrecht verbarrikadiert. Wenn das Bollwerk nicht halten sollte, gab es immer noch Taschenlampen, Messer und sogar Schusswaffen, mit denen sich die Familie in der beschaulichen Siedlung gegen Bedrohungen von außen hätte wehren können. Doch richtig sicher fühlten sich ihre Nachkriegseltern nie. Hinter dieser generalisierten Angst konnte die Geschichte einer Vertreibung, einer Ausbombardierung, einer Flucht oder Deportation stecken, oder auch nur die Gewissheit, dass einem das Eigene in einer grundsätzlich feindlichen und gefahrvollen Welt jederzeit abhandenkommen konnte.

Die Verlustangst versinnbildlichte ein für die Bundesrepublik der ersten Jahrzehnte typischer Einrichtungsstil, wie Ott ihn in ihrem Bericht *Das Haus meiner Eltern hat viele Räume* festgehalten hat. Die massiven Wohnzimmerschrankwände, die Musiktruhen, Polstergruppen, Zinnsammlungen, Vitrinen mit Bierkrügen und schweren Kristallgläsern, die sie beim Umzug ihrer Mutter ins Altenheim ausräumen musste, standen dafür, was nach dem Krieg alles wieder aufgebaut worden war. »Dafür hat dein Vater ein halbes Jahr gespart«, war so ein Satz, der ihr nun durch den Kopf ging, als sie sich schweren Herzens von dem angesammelten Trödel im Elternhaus zu trennen begann. Hinter jedem Objekt hatte der Wunsch gestanden, den Geschäftsfreunden, Nachbarn und Verwandten zu zeigen: »Seht her, wir haben es geschafft!«[14] In ihrem Wohninventar steckte für die Nachkriegsgesellschaft nicht nur der Ausweis für Tüchtigkeit, sondern auch das »Wir sind wieder wer«.

1. Die schwierige Suche nach einer Verankerung im Leben

Bei meiner Mitschülerin Andrea durfte das Wohnzimmer von uns Kindern nicht betreten werden, damit keine Fingerabdrücke auf den Möbeln und dem Nippes landeten. Bei anderen kam das siebzigteilige goldgeränderte Kaffeeservice nur zu besonderen Gelegenheiten auf den Tisch, Plastikhussen schützten die Sesselpolster, oder Väter kämpften aussichtslos gegen jeden Brösel im Auto. Alle diese in die Ewigkeit weisenden Merkwürdigkeiten, mit denen Babyboomer aufgewachsen sind, bildeten eine Kulisse familiärer Unverwüstlichkeit. Doch das Grundgefühl darunter blieb porös. Wer früh auszog, befürchtete, sonst für immer kleben zu bleiben. Entsprechende Beispiele gab es. So kennt mein Mitschüler Hubert bis heute – mit Ausnahme eines kurzen Abstechers zur Bundeswehr – nur ein Zuhause: nämlich sein eigenes Elternhaus. Er fand immer neue Gründe, warum das für alle Beteiligten so das Beste sei. Erst half es, Miete zu sparen, dann bot die zunehmende Hilfsbedürftigkeit der alternden Eltern einen legitimen Anlass, in ihrem Haus zu bleiben. Ob dahinter tiefere Gründe lagen, die mit der Geschichte seiner Eltern zu tun hatten? Darüber habe ich nie mit ihm gesprochen. Er war kein Einzelfall in meinem Bekanntenkreis. Wir nahmen das so hin und sprachen das Thema nicht an. Ich hatte immer die Ahnung, es könnte gefährlich werden, wenn ich seine lebenslange Nesthockerei hinterfragen würde. Die Psychologin Sandra Konrad glaubt, dass besonders in engen und geschlossenen Familiensystemen überproportional häufig der Wunsch formuliert wurde, »sich nicht zu entfernen und im Dienste der Familie zu leben«.[15] Die Ursache dafür konnte in der Familiengeschichte verborgen liegen, die erst den Kriegskindern und dann den Kriegsenkeln zäh in den Kleidern hing.

Historische und biografische Brüche

Sich früh vom Hofe zu machen oder für immer bei den Eltern wohnen zu bleiben, diese Entscheidung fiel jedenfalls nicht aus einer materiellen Notlage heraus. Meine These ist, dass sich die reale und psychische Entwurzelung der Generation der Nachkriegseltern zu einem Gefühl der Unbehaustheit der Babyboomer ausgewachsen hat. Um das zu verstehen, möchte ich die Umstände schildern, unter denen viele im oder vor dem Krieg Geborene ihre Verortung im Leben verloren oder ihren Platz gar nicht erst gefunden hatten. Dass 1945 etwas Neues beginnen würde, war den meisten Menschen unter dem Eindruck des Zusammenbruchs ihrer alten Welt im »Dritten Reich« nicht klar gewesen. Eine »Stunde null« gab es nicht, das geflügelte Wort entstand erst aus der Rückschau. Die Zeitgenossen erlebten den Übergang vom NS-Regime zur Besatzungszeit mit gemischten Gefühlen – »von Fassungslosigkeit und Verbitterung über ›zerrissene Illusionen‹ bis hin zu Dankbarkeit über einen ›geschenkten neuen Anfang‹« reichte das Spektrum.[16] Viele Menschen hatten Angst; Angst vor der Rache der von den Deutschen dezimierten und versklavten Völker im Osten, Angst vor den ehemaligen Zwangsarbeitern, und vor allem Angst vor den Juden, die den Holocaust überlebt hatten. Es gab den

1. Die schwierige Suche nach einer Verankerung im Leben

Verschwörungsmythos der »jüdischen Rache«, und es schien außerdem wahrscheinlich, dass die Sieger und Überlebenden stellvertretend für die Opfer Vergeltung üben würden.

Deutschland habe keine Zukunft mehr, sagten sich deshalb viele und begingen im Extremfall Selbstmord, nachdem ihnen nicht nur ihr »Führer«, sondern auch eine politische Vision und ein Lebensplan abhandengekommen waren, und weil sie Angst vor der Abrechnung hatten. Sie fühlten sich als »wahre« Opfer des Zweiten Weltkriegs und verdrehten damit die tatsächlichen Zusammenhänge. Beispielsweise schrieb der Schriftsteller und zweifache Weltkriegsveteran Ernst Jünger im März 1945 in sein Tagebuch: »Die Lage der Deutschen ist jetzt ganz so, wie die der Juden innerhalb Deutschlands war.«[17]

Auch wenn die Vergeltungsangst völlig übertrieben war, gab es Nachrichten und Schauermärchen, die sie nährten. Angebliche Banden aus ehemaligen KZ-Häftlingen und Zwangsarbeitern, aber auch die reale Bedrohung durch vergewaltigende Besatzungssoldaten hielten die Nachkriegsbevölkerung in Atem. Den Rotarmisten war der Ruf vorausgeeilt, dass sie sich an den Frauen der Wehrmachtssoldaten schadlos hielten. Zum Schrecken der Zivilbevölkerung traf dies aber auch auf britische, amerikanische und französische Soldaten zu. Nach meiner Hochrechnung, die ich in dem Buch *Als die Soldaten kamen* näher erläutere, fielen mindestens 860 000 Frauen in Deutschland zwischen 1945 und 1955 Vergewaltigungen durch Siegertruppen zum Opfer. Weder Polizei noch Gerichte konnten ihnen helfen. Die Verbrechen wurden, wenn

Historische und biografische Brüche

überhaupt, nur vor den Militärgerichten der Alliierten verhandelt, meistens wurden sie jedoch gedeckt und vertuscht. Die Erkenntnis, jederzeit auf offener Straße oder in den eigenen vier Wänden von fremden Männern überfallen und gruppenweise vergewaltigt werden zu können, verunsicherte nicht nur die unmittelbar Betroffenen, sondern die Bevölkerung kollektiv.[18]

Die Bedrohung durch sexualisierte Kriegsgewalt war nur ein Angstfaktor, aber ein lange verdrängter, der sich in vielen Familien festsetzte. Dass die deutsche Nachkriegsgesellschaft in solchen Fällen weder Empathie zeigte noch Hilfsangebote bereithielt, verschlimmerte die Lage noch. Die Deutschen hatten sich in der Zeit des Nationalsozialismus darin geübt, schmerzresistent und unsentimental zu erscheinen. Es gab nicht nur eine Kultur der Abhärtung, die es verbot, Gefühle wie Angst und Schmerz und Trauer zu zeigen. Die menschenverachtende nationalsozialistische Ideologie förderte auch, dass sich die Deutschen um das Schicksal ihrer verfolgten und gequälten Mitmenschen nicht kümmerten. Um beim Beispiel der Massenvergewaltigungen zu bleiben: Den betroffenen Frauen schlug Misstrauen entgegen und häufig der Vorwurf, sie hätten es selbst so gewollt. Sie galten als sittenlose »Amiliebchen« oder Ähnliches, die sich für ein Paar Seidenstrümpfe billig verkauft hätten. So lernten die Opfer der kriegsbedingten sexuellen Gewalt schnell, ihr Unglück zu verheimlichen und die Zähne zusammenzubeißen. Wenn die Übergriffe eine Infektion oder gar eine ungewollte Schwangerschaft zur Folge hatten, dann wurden die Frauen von ihren Familien versteckt oder in die

1. Die schwierige Suche nach einer Verankerung im Leben

Fremde geschickt. Kinder aus Vergewaltigungen wurden zur Verschleierung ihrer Herkunft bei anderen Leuten untergebracht und erfuhren oftmals nur durch Zufall und viele Jahre später von den Umständen ihrer Zeugung. Eine meiner Interviewpartnerinnen hatte beispielsweise zwei »Mütter« – ihre leibliche, die vergewaltigt worden war und die sie nur gelegentlich sah, und ihre Großmutter, die sie ebenfalls als »Mutter« ansprechen sollte. Im Schulalter wurde sie plötzlich aus ihren Lebenszusammenhängen gerissen und zur leiblichen Mutter geholt, die inzwischen geheiratet und noch ein Kind bekommen hatte. In dieser neuen Familie wurde das Kind jedoch nie angenommen und geliebt.

Ich habe von Babyboomern immer wieder gehört, dass sie noch in den Sechziger- und Siebzigerjahren in einem Klima der Angst vor sexualisierter männlicher Gewalt aufgewachsen seien. Die »männliche Bestie« konnte buchstäblich hinter jedem Busch lauern. Ich glaube, das lag daran, dass die Nachkriegseltern ihren Töchtern und Söhnen eine einseitige und oft verquere Vorstellung von der menschlichen »Natur« mitgegeben haben. Anna G. zum Beispiel, 1956 geboren, schreibt im Jahr 1983 in ihr Tagebuch, dass sie erst im Alter von 26 Jahren festgestellt habe, »dass Männer ja auch Menschen sind, mit denen ich reden kann, etwas unternehmen und zärtlich sein kann, ohne den erhobenen Zeigefinger meiner Mutter im Kopf, alle Männer sind schlecht und bösartig«.[19] Und in meiner Familie schnitt meine Großmutter mütterlicherseits Zeitungsartikel aus, die von Vergewaltigungen junger Mädchen berichteten, und schickte sie mir. Das dadurch her-

Historische und biografische Brüche

aufbeschworene Bild, jederzeit in den Straßengraben gezerrt werden zu können, sollte mich auf den Fahrten mit öffentlichen Verkehrsmitteln zur Schule und bei abendlichen Unternehmungen immer begleiten, so ihr Plan. Ihre Absicht, mich zu beschützen, war sicherlich gut gemeint, aber wie bei vielen meiner Altersgenossinnen entstand so auch bei mir ein falscher Eindruck von den von der Männerwelt ausgehenden Gefährdungen für junge Mädchen.

Neben der mehr oder weniger direkten Gewalterfahrung nach dem Ende des Zweiten Weltkriegs löste eine paradoxe Atmosphäre momentanen Stillstands und gleichzeitiger Ausdehnung von Raum und Zeit bei den Menschen Angst und Unsicherheit aus. Für die einen öffneten sich die Tore der Konzentrationslager, und dennoch blieb ihnen nach langer Gefangenschaft in Todesgefahr ein Weiterleben im Lager für ausländische Zivilpersonen, als sogenannte Displaced Persons (DPs), nicht erspart. Aber die meisten Menschen in Deutschland waren gerade noch die selbst ernannten Herren der Erde gewesen und mussten sich plötzlich mit einem minderen Status zufriedengeben. Männer, vermeintliche Kriegshelden, wurden zu Kriegsgefangenen und blieben es oft lange, während Frauen als »lebende Reparationen« verschleppt wurden und weit weg hinter dem Ural zur Arbeit in Minen oder in der Landwirtschaft gezwungen wurden. Vielen anderen drohte das Entnazifizierungsverfahren, welches mit Berufsverbot und der Aberkennung der Staatsbürgerrechte enden konnte. Dieser Versuch, die Deutschen zu demokratisieren und zu entmilitarisieren, war notwendig, doch er verunsicherte natürlich auch. Dass die allermeisten Mitläufer und sogar hochrangige Nationalsozialisten weitgehend straffrei bleiben würden, konnte man damals noch nicht ahnen.

Die Ängste fielen auf besonders fruchtbaren Boden, weil das Leben vieler Menschen in seinen Grundfesten erschüttert war. Nicht nur infolge der großen Verschiebungen durch Flucht und Vertreibung, nicht nur aufgrund der Befreiung der Konzentrationslager und Kriegsgefangenenlager, der Entlassung der Fremdarbeiter oder der Rückkehr der Soldaten. »Rücksiedlung, Umsiedlung, Flucht, Vertreibung und zahlreiche Formen der ökonomisch motivierten Massenwanderung kennzeichneten über Jahre hinweg die Lage in Mitteleuropa. Mindestens 20 Millionen Menschen waren nach Kriegsende davon betroffen.«[20] Über acht Millionen Verschleppte und zur Arbeit Zwangsrekrutierte lebten allein auf deutschem Territorium, zwei Millionen Kriegsgefangene und 700000 ehemalige KZ-Häftlinge. Jeder suchte jemanden. Noch heute stellen laut Deutschem Roten Kreuz viele Tausend Menschen Suchanfragen zur Schicksalsklärung kriegsvermisster Angehöriger.

Bis sich alle irgendwo niederlassen konnten, vergingen Jahre. Allein die USA, Kanada, Australien und westeuropäische Staaten nahmen bis 1951 rund 700000 Menschen auf.[21] Wohin sollte ein Donauschwabe oder eine Oberschlesierin zurückkehren, nachdem die Heimat aufgrund des deutschen Angriffskrieges und der politischen Neuordnung Europas für sie aufgehört hatte zu existieren?

Historische und biografische Brüche

Auch für jüdische Displaced Persons, die nicht aus Deutschland stammten, war die Rückkehr in ihre Heimat oft unmöglich. Sie überbrückten Jahre in DP-Lagern, weil sie in ihren Herkunftsländern wie zum Beispiel Polen von Pogromen bedroht waren oder weil ihnen die Möglichkeit fehlte, zum Beispiel nach Palästina auszuwandern. Im Sommer 1946 schwoll die Zahl gestrandeter Juden in den westlichen Besatzungszonen auf rund 200 000 an. Die meisten sammelten sich in der US-Zone, in Bayern, rund um Frankfurt und in West-Berlin. Zu den größten Einrichtungen mit zwischen 3000 und 6000 Bewohnern zählten die im bayerischen Bad Reichenhall, in Feldafing am Starnberger See, in Föhrenwald bei Wolfratshausen, in Landsberg am Lech, in Leipheim bei Günzburg und in Pocking bei Passau. Sie lösten sich in der Regel erst zwischen 1949 und 1951 auf.

Jüdische Überlebende, die zu krank und zu schwach für eine lange Weiterreise waren, warteten in Föhrenwald bis 1957 auf ihre Verteilung in deutsche Großstädte, und manche blieben nolens volens für immer in Deutschland. So auch die Eltern von Rachel Salamander. Samuel und Riva Salamander bekamen, nachdem sie den Holocaust überlebt hatten, im Jahr 1949 ihr zweites Kind im DP-Lager in Deggendorf. Sie wollten eigentlich nach Israel, doch die Mutter war dafür zu krank und verstarb 1953 in einem Münchner Krankenhaus. Die Familie harrte bis 1956 im DP-Lager Föhrenwald aus. In biografischen Interviews hat Rachel Salamander erzählt, wie sie als Kind in den Lagern in ein orthodoxes jüdisches Leben hineingeboren worden war, das mit seinen religiösen Gebräuchen, ost-

1. Die schwierige Suche nach einer Verankerung im Leben

europäischen Speisen und der jiddischen Sprache eher an ein polnisches Schtetl erinnerte.[22] Sie begann zu studieren und promovierte. Später, im Jahr 1982, eröffnete sie die bekannte jüdische »Literaturhandlung« in der Nähe der Münchner Universität, die sich inzwischen über ein halbes Dutzend Filialen verzweigt.

Rachel Salamander als Beispiel für die kleine Gruppe der jüdischen Überlebenden, die letztlich in Deutschland blieb – es waren nur etwa 30 000 Menschen –, möchte ich hier erwähnt haben, obwohl sich das Buch im Folgenden von ihrem Schicksal abwenden wird. Auch wenn die Überlebenden manche Erfahrung der Entwurzelung, Vertreibung und des Verlusts von geliebten Menschen mit der Mehrheitsbevölkerung teilten, so unterschieden sich die Ursachen und Folgen ihrer Erfahrungen drastisch von den Erfahrungen der Nichtverfolgten. Ihr Los war ungleich schwerer als das der nichtjüdischen Kriegskinder und Kriegsenkel, denn sie mussten inmitten des Volkes der Täter, Mitläufer und Zuschauer weiterleben. Kinder und Enkel der ersten Generation blieben auf gepackten Koffern sitzen, anders als etwa die deutschen und deutschstämmigen Vertriebenen, denen nach einer schwierigen Anlaufphase die Integration in ihre neue Heimat gelang. Wegen dieser Unvergleichbarkeit werde ich im Folgenden keine jüdischen Fallgeschichten weiterverfolgen. Das ist als Zeichen des Respekts vor der besonderen jüdischen Situation gemeint.

Auch wer nicht verfolgt gewesen war und weder an der Front noch im Arbeitsdienst gedient hatte, musste neu ansetzen. Insgesamt rund zehn Millionen Menschen hatten während des Krieges mehr oder weniger freiwillig ihr Zuhause verlassen. Städter waren evakuiert, Kinder irgendwo aufs Land in Sicherheit gebracht worden. Nach der Kapitulation mussten viele Familien Einquartierungen der Besatzungsarmeen dulden. Ein Drittel von ihnen konnte nicht mehr zurück in ihre alte Behausung, weil sie verwüstet worden war oder weil sich die Kommunen weigerten, Rückkehrer angesichts der großen Wohnungsnot aufzunehmen. Insgesamt zwölf Millionen Vertriebene und Geflüchtete aus den Ostgebieten mussten ganz neue Wohnorte suchen. Dazu kamen die Umgesiedelten aus der Tschechoslowakei, Ungarn, Jugoslawien und Rumänien.

Zudem kehrten elf Millionen deutsche Soldaten nach und nach von der Front oder aus der Kriegsgefangenschaft nach Deutschland zurück. Die letzten von ihnen, knapp zehntausend, holte Bundeskanzler Konrad Adenauer erst im Jahr 1955 aus sowjetischen Lagern heim. Die Rückkehr verlief nicht reibungslos. Viele Männer erkannten ihre krisenerprobten und hart gewordenen Frauen nicht wieder, viele Frauen wiederum nicht ihre geschlagenen und verwundeten Männer. In den ersten vier Wochen freuten sich die Wiedervereinten noch, doch dann begann häufig der Kampf um die Entscheidungshoheit in der Familie, der oft genug mit Scheidung endete. In Berlin wurden im Jahr 1948 15 363 Ehen geschieden, in den Westzonen 87 013 und in der SBZ 37 909 – das waren bis zu dreimal so viele wie 1939.[23] Denn viele Ehen waren in einem Fronturlaub überhastet geschlossen worden und hatten keinerlei Fundament.

1. Die schwierige Suche nach einer Verankerung im Leben

Reliquien des Krieges

Wie wenig sicher und verletzlich das Leben der Nachkriegseltern beginnen konnte, erzählt die Geschichte von Margot H. Sie wurde 1925 geboren und durch die Zeitumstände von Berlin-Eichwalde nach Lynwood in Iowa versetzt.[24] Bei Kriegsende wohnt die Tochter eines Straßenbahnführers in Berlin-Köpenick. Als die Front aus dem Osten näher rückt, zieht die Familie in den Keller um und erwartet dort, verstört von der NS-Durchhaltepropaganda, die Ankunft der Roten Armee. Am 25. April 1945 ist es so weit: »Die Russen«, wie die Sowjets in Bausch und Bogen genannt werden, sind da. Die 19-jährige Margot erlebt Tage der Angst vor sexueller Gewalt. Ihre Eltern und sie – ihr Bruder ist in Kriegsgefangenschaft geraten – werden aus ihrer Wohnung vertrieben. Sie ziehen in eine leer stehende Wohnung in der Nähe, die einer Tante gehört. Als diese zurückkehrt, retten sie aus der inzwischen geplünderten eigenen Wohnung einen Schrank und schlüpfen bei einer fremden Familie unter. Nach sechs Monaten können sie wieder in ihr altes, vollkommen demoliertes Zuhause zurück. Bald darauf stirbt der Vater an Tuberkulose. Margot, gelernte Bürokauffrau, schlägt sich mit Gelegenheitsjobs durch, als sie 1947 ihrem zukünftigen Mann begegnet. Er ist GI und nimmt große Risiken für sie in Kauf, denn um Margot zu treffen, muss er die Berliner Sektoren wechseln, was ihm eigentlich verboten ist. Sie wollen heiraten, doch auch das ist schwierig, denn es dauert, bis die US-Armee ihren Soldaten die Ehe mit einer deutschen Frau erlaubt. Schließlich folgt Margot ihrem Verlobten in das unbekannte Land.

Was machen die Ruhelosigkeit und der Verlust von Heim und vertrautem Umfeld mit ihr? In Margot H.s Erinnerungen fällt auf, dass sich die Familie in all dem Hin und Her an Objekte klammerte. Der Schreibschrank, der als einziges Stück aus der ursprünglichen Wohnung gerettet werden kann und den der Vater wie ein Esel auf dem Rücken von Ort zu Ort schleppt, sowie ein Pelzmantel, den Margot in den letzten Kriegswirren ergattert hat und schließlich ausgerechnet ins warme Kalifornien mitnimmt, diese beiden eigentlich dysfunktionalen Gegenstände beanspruchen in ihrer Erzählung ausgesprochen viel Raum. Sie waren weit mehr als nur Hab und Gut, sie wirkten wie Übergangsobjekte, die das Vorher mit dem Nachher verbinden sollten.[25]

Die übergroße Bedeutung der Dingwelt im Familiengedächtnis nach einem biografischen Umbruch ist nicht ungewöhnlich. Für viele spielten Gegenstände, die »den Krieg überstanden« hatten, eine besondere Rolle: Familiendokumente und Fotoalben, das berühmte Familiensilber und Geschirrservice oder x-beliebige Teile, die wie durch ein Wunder alle Zerstörung und Ortswechsel überstanden hatten. Forscher aus Hamburg haben solche Stücke, die im großen Luftangriff Ende Juli 1943 erhalten geblieben waren, »Reliquien« genannt: »... der Schuh, der im Feuer stecken geblieben war und nun als Spardose diente, die gerettete Weihnachtsglocke, Kacheln, ein Paar Silberbestecke.« Dieses Erbe wog schwer für die nächste

1. Die schwierige Suche nach einer Verankerung im Leben

Generation. Eine der Befragten der Hamburger Studie erzählte, sie habe als Kind mit einer Puppe spielen sollen, die dem Hamburger Feuersturm standgehalten hatte. Sie empfand das »Spielzeug« als belastend. Andere Nachfahren hielten ihre Reliquien hoch, nahmen sie als Beweis ihrer Überlebensfähigkeit und Verbundenheit mit den Vorfahren.[26] Die Bedeutungen sind den Familienobjekten also nicht eingeschrieben. Das materielle Familiengedächtnis bleibt ebenso wenig stabil wie die Erinnerung an die Familiengeschichte selbst. So wie der Pelzmantel von Margot für die Nachkommen eines Tages ein mottenpulververseuchter Lumpen geworden sein dürfte, konnte jedes Stück aus der Geschichte seine Aura verlieren. Es konnte aber auch zum Wegweiser werden, der den Pfad in die Zukunft weist. In einer mir bekannten jüdischen Familie wurden ganze Container voller Gemälde und Möbel aus Wien in die Emigration über Palästina in die USA und nach Südamerika gerettet. Einer der Überlebenden ist in den Sechzigerjahren nach Europa zurückgekehrt und hat schließlich von Deutschland aus versucht, alle in die Welt verstreuten Familiengegenstände zusammenzuhalten. Als er starb, wanderte ein großer Teil zurück in die USA zu seinem Sohn. Der Gedanke, dass Teile der weitläufigen Verwandtschaft sich von ihren alten Erbstücken aus der Zeit vor der Shoah trennen könnten, war für ihn unerträglich. Wenigstens die Dinge sollten immer zusammenbleiben.

Nach dem Tod meines 79-jährigen Vaters im Jahr 2018 fand ich in einem als »Familienarchiv« bezeichneten Karton neben Fotoalben, Briefen und Tagebüchern der Großeltern ein Mutterschaftskreuz, eine Pistole und einen Kriegsorden. Damit lässt sich die Geschichte einer deutschen Familie erzählen. Bemerkenswert finde ich, warum auch die Nazi- und Kriegsreminiszenzen die Jahrzehnte im Familienbesitz überdauern konnten. Lohnt es, so etwas aufzuheben, sich gar mit späteren Erben darum zu streiten?

Oder sollten Orden, HJ-Bibeln, Mutterschaftskreuze und die zahllosen Fotografien von Wehrmachtssoldaten lieber auf dem schnellsten Weg entsorgt werden? Empfehlenswert wäre es zumindest, den Nachlass der Vorfahren in den historischen Kontext zu setzen. Was bedeutet es, wenn sich diese entlarvenden Gegenstände aus dem »Dritten Reich« in der Familie bis heute finden lassen? Und was, wenn sich beim Übergang von Großeltern- und Elterngeneration nichts erhalten hat und die (materielle) Geschichte der Familie erst 1945 einzusetzen scheint? Ist das ein Ergebnis einer Flucht oder Vertreibung oder einer radikalen Entsorgung und Verdrängung der Vergangenheit?

Vorratshaltung, Schnäppchenjagd und Reiselust

Die Reaktionen auf den Verlust von Eigentum durch den Krieg, durch Zerstörung oder durch Beschlagnahmung konnten ganz unterschiedlich aussehen. Sie dürften den Lebensbeginn der Generation der Nachkriegseltern ebenso geprägt haben wie später sogar noch das Leben der Babyboomer. Sie reichten von extremer Sparsamkeit, wie

1. Die schwierige Suche nach einer Verankerung im Leben

bei meinem Vater, der für Gummistiefel und andere praktische Dinge lange Fahrten zum Discounter auf sich nahm, über den Drang zum Horten von Hotelseifen und Plastiktüten bis hin zum übermäßigen Konsum. Unsere Nachkriegseltern wurden Konsumpioniere. Sie wuchsen mit dem Wirtschaftswunder heran, erlebten, wie die Industrie Kleidung, Motorräder, Kosmetik, Wohneinrichtung auf sie und ihr Lebensgefühl zuschnitt, wie eine spezifische Jugendkultur entstand. Sie ließen sich von der amerikanischen Kultur und besonders von Musik und Film in den Bann ziehen, und sie eiferten ihren Idolen nach. Noch heute fühlt sich die ältere Generation jung in der blauen Jeans. Die Neugierde auf alles, das sich kaufen lässt, ob Waren oder Erlebnisse, reißt nicht ab. Der Zwang zum Anschaffen konnte fast pathologische Züge annehmen, wenn wir in ihre übervollen Schränke, Keller und Speicher mit Kleidung, Schuhen und Taschen blicken, wovon nie etwas weggeworfen werden durfte, weil man es ja umarbeiten und noch einmal brauchen könne. Sowohl die frühe Not bei Kriegsende als auch das Überangebot in späteren Jahren weckten offenbar einen unstillbaren Hunger nach materieller Befriedigung. Die Psychotherapeutin Bettina Alberti meint: »Ein bis heute sichtbares überbewertetes Konsumverhalten im nun seit 30 Jahren wiedervereinigten Deutschland kann auch verstanden werden als Ausdruck eines emotionalen Hungers, der anders keine Antwort zu finden scheint.«[27] Natürlich gelang es den Nachkriegseltern schlussendlich nie, damit unwiederbringliche Verluste und nicht mehr zu erfüllende emotionale Bedürfnisse zu kompensieren.

Vorratshaltung, Schnäppchenjagd und Reiselust

Ein dazugehöriges Phänomen ist der hohe Stellenwert von Reisen in dieser Generation der Nachkriegseltern. Sie wurden gar »Reiseweltmeister« und belegen aktuell immer noch Platz drei hinter USA und China. Auslandsreisen, individuell oder pauschal, waren für die ältere Generation immer ein Maßstab des besser werdenden Lebens gewesen. Das lassen sie sich am wenigsten gerne wegnehmen, Klimawandel hin oder her. Selbst in der Coronakrise waren viele von ihnen bereit, für Urlaub Geld auszugeben, während näherliegende Bedürfnisse wie die nach Haushaltsgeräten, Unterhaltungselektronik und Einrichtung zurückgestellt wurden. Für die heutigen Hochbetagten ist das Reisen immer noch so wichtig, dass sich eine ganze Branche um die »neue S-Klasse« bemüht und zum Beispiel Urlaub speziell für alleinstehende Senioren organisiert.

Zwar war das Reisen schon im Nationalsozialismus auch für einfache Leute erschwinglicher geworden. Über sieben Millionen Menschen nutzten das Angebot der NS-Organisation »Kraft durch Freude« für einen mehrtägigen Urlaub fern von zu Hause. Doch die große Mehrheit der Arbeiter konnte sich das trotz aller Propaganda des größten Reiseveranstalters im Nationalsozialismus, der jede Arbeitskraft von Zeit zu Zeit zur »Überholung« auf eine Reise schicken wollte, nicht leisten.[28] In der unmittelbaren Nachkriegszeit gab es zunächst Wichtigeres zu tun, und so mussten Schlagertitel wie »Komm mit mir nach Tahiti« oder »O mia bella Napoli« die Sehnsüchte in die Ferne vertreiben. Bis Ende der Fünfziger fuhr erst ein Drittel der Bevölkerung weg, meist zu Verwandten mit Bus oder

1. Die schwierige Suche nach einer Verankerung im Leben

Bahn. Dann kam der Massentourismus in Gang. Autos ermöglichten immer mehr Leuten Urlaub auf dem Campingplatz, und bis Ende der Sechzigerjahre fuhren mehr Westdeutsche ins Ausland als an deutsche Ferienorte. In den Siebzigern machte die Mehrheit mindestens einmal im Jahr Urlaub. Italien und Österreich wurden zur zweiten Heimat, in der neue Geschmäcker ausprobiert, fremde Lebensstile geübt und zur Schau gestellt werden konnten.[29] Eine westdeutsche Babyboomerin wie ich zum Beispiel hat denn auch schon in der Kindheit folgende Reiseziele abgehakt: mit eineinhalb Jahren die Adria, mit sechs Jahren »Afrika« (unterwegs auf einer Kreuzfahrt), mit zehn Jahren Frankreich, mit zwölf England, mit Anfang zwanzig dann die USA.

Auch in der weniger wohlhabenden und durch Reiserestriktionen eingeschränkten DDR-Bevölkerung wurde das Reisen für die Nachkriegseltern zum Lebensinhalt, für ihre Kinder zur frühen Erfahrung. Zum Beispiel für Alfred und Sabine M. aus Bautzen. Der Maschinenschlosser und die Angestellte haben zeitlebens über ihre Reisen sorgfältig Buch geführt. Alfred M., geboren 1922, kam 1949 aus der Kriegsgefangenschaft zurück, heiratete im Jahr 1953 die zehn Jahre jüngere Sabine. 1957 zogen sie mithilfe einer Arbeiterwohnungsbaugenossenschaft mit ihrem zweijährigen Sohn in eine größere Wohnung. 1960 wurde der zweite Sohn geboren. Den ersten Urlaub konnte sich die Familie im Jahr 1968 leisten. Es ging ins Osterzgebirge, wo der VEB Perfecta, für den das Ehepaar arbeitete, einen Urlaubsplatz für drei Personen zu vergeben hatte. »Schon diese Tatsache war ein Ereignis, da für

Vorratshaltung, Schnäppchenjagd und Reiselust

die gesamte Belegschaft des Betriebes nur eine beschränkte Anzahl von Ferienquartieren zur Verfügung stand. Und so war unsere Freude groß, dass wir zu den Auserwählten gehörten und [wir] machten uns vergnügt auf den Weg zu neuen Erlebnissen.«[30] Ein Kind durfte mit, das andere kam in ein Betriebskinderferienlager. Die Urlaubsunterkunft wurde ihnen »zugewiesen«, das Zimmer lag im Keller und verfügte über drei Betten, einen Schrank, einen Tisch und drei Stühle. Warmwasser holte sich die Familie in einem großen Topf aus der allgemeinen Küche. Die Mahlzeiten nahmen sie gemeinsam mit den anderen Urlaubern im zentralen Ferienheim des Freien Deutschen Gewerkschaftsbundes ein. Man ging wandern, besuchte Sehenswürdigkeiten und kehrte in Cafés ein. Dieser erste Urlaub und auch alle weiteren im Leben der M.s waren zugleich Erlebnis und Bildung.

1976 konnten sie zum ersten Mal mit dem eigenen Trabant wegfahren. Es ging in die Sächsische Schweiz, nach Thüringen, an die Ostsee, in die Rhön, an einen See bei Berlin. Unterwegs kauften sie Dinge, die in der Heimatstadt Bautzen nicht zu kriegen waren, wie Werkzeuge, Reifen, Handtücher. Immer wieder besichtigten sie auch technische Wunderwerke wie Talsperren, aber auch Schlösser und das KZ Buchenwald. Im Jahr 1986, nachdem sie eisern gespart hatten, stand die erste Auslandsreise an: Transkaukasien. Die Ankunft im Hotel in Leningrad hätte einem Westdeutschen wohl den kalten Schauer über den Rücken gejagt: »Die Gegend war zum Spazierengehen nicht besonders geeignet, denn wie es schien, sollte hier ein neuer Stadtteil entstehen. Überall waren Baustellen zu

1. Die schwierige Suche nach einer Verankerung im Leben

sehen und die Straßen waren noch nicht befestigt. In den schon bewohnten Häusern hatten die Bewohner statt Gardinen Zeitungspapier vor den Fenstern und Kaninchenställe auf den Balkonen.« Doch für Alfred M. war dieser Anblick besonders beeindruckend, da er als Soldat im Krieg in der Nähe gelegen hatte.

Ein Jahr später folgte der Höhepunkt: Das Ehepaar M. durfte auf das »Urlauber-Traumschiff« der DDR, die *Arkona*. Das war eine große Ehre, denn da konnten nur Arbeiter mitfahren, die sich besonders verdient gemacht hatten. Eine solche Reise war eine Auszeichnung. In ihrer 4-Bett-Innnenkabine, die sie sich mit Kollegen teilten, ging es in die Danziger Bucht. Zu einem fünfzigsten Geburtstag von Angehörigen in der BRD konnten die M.s im Jahr 1988 auch einmal in den Westen reisen, nach Königstein im Taunus. Im Jahr 1990 investierten sie ihr Westgeld in eine Kurzreise nach Italien. Nach 1993 konnten sie aus Altersgründen nicht mehr verreisen. Aber sie blickten gerne zurück und freuten sich über »so viel Schönes und Interessantes in so unterschiedlichen Ländern«. Immer fanden sie Unterkunft und Verpflegung gut und ausreichend und feierten jeden Tag die unbekannten Landschaften, Sitten und Bräuche fremder Länder und nicht zuletzt die Begegnungen mit anderen Menschen. Ein Babyboomer aus dem Westen hatte vermutlich schon mit Mitte zwanzig mehr von der Welt gesehen als diese Nachkriegseltern aus der DDR, aber höchst wahrscheinlich mit weniger Freude.

Sieht man mal von den Folgen für das Klima ab, waren die Konsumfreude und die große Reiselust der Nachkriegseltern sicherlich auch positiv prägend für die Babyboomer. Etwas zu besitzen und woanders hinreisen zu können, ist ein Privileg. Vor allem die Mobilität, und zwar mit dem eigenen Auto, blieb für die Nachkriegseltern und für ihre Kinder sehr wichtig. Sie hat offenbar für sie einen höheren Stellenwert als für die Millennials oder die Generation Y. Die Jüngeren verzichten durchschnittlich öfter auf ein eigenes Auto und machen auch seltener einen Führerschein. Auch das Reiseverhalten unterscheidet sich. Bei Millennials und ihren Nachfolgern stehen laut Untersuchungen der Touristenverbände die schnelle Erholung an einem austauschbaren exotischen Strand und das außergewöhnliche, eventuell auch besonders luxuriöse Erlebnis weit oben auf der Wunschliste. Die Branche spricht von dem »once in a lifetime«-Urlaubserlebnis. Babyboomer hingegen suchen im Urlaub eher die »tiefe« Erfahrung. Auch wenn solche Beschreibungen sicher nur sehr skizzenhaft sind und hier auch viele andere Faktoren mitspielen – das Reisen ist leichter, erschwinglicher und selbstverständlicher geworden –, passen die jeweiligen Präferenzen zur Generationenmentalität. Die Nachkriegseltern schätzen es offenbar besonders, so die Konsum- und Reiseforschung, wenn sie im Urlaubsland als gute alte Bekannte willkommen geheißen werden. Sie wollen wiederkehren. Man könnte sagen, sie suchen am Reiseziel ein Stück Heimat. Ihre Kinder, die Babyboomer, wollen auf Reisen ihr Leben reflektieren und wieder ins Lot kommen. Auch für sie spielt der fremde Ort also eine tiefere, für ihre Psyche bedeutsame Rolle, während er bei den jüngeren Generationen anscheinend eher eine äußerliche, eine auf den sozialen Kanälen verwertbare Kulisse ist.³¹ Ich interpretiere das so, dass Nachkriegseltern und Babyboomer ein größeres Bedürfnis nach einem festen, verlässlichen Ort haben, den sie mit Bedeutung aufladen und von dem sie so etwas wie Erlösung erhoffen. Die Jüngeren hingegen haben einen selbstverständlicheren und spielerischen Umgang mit Orten, weil sie von Haus aus besser an ihren ursprünglichen Lebensmittelpunkt gebunden waren.

Beengte Verhältnisse

Für Nachkriegseltern verband sich mit den frühen Wohnverhältnissen oft Schrecken. Sie mussten in jungen Jahren häufig mit fremden Menschen oder mit unliebsamen Verwandten zusammenleben. Im Krieg erlebten sie womöglich, dass ihr Elternhaus zerstört wurde. Nach dem Krieg war Wohnraum dann äußerst knapp und oft in schlechtem Zustand. Wenn der Vater gefallen war, zog vielleicht ein verwitweter Großvater mit ein. Und weil es an Platz fehlte, rückten viele Familien mit anderen Mitbewohnern zusammen. Was nach familiärer Solidarität aussah, war Ausdruck der Mangelverhältnisse, aber auch der patriarchalen Kultur, die bestimmte, dass eine zurückbleibende Frau mit Kind ein neues Familienoberhaupt benötige. Der Gesetzgeber förderte diese Konstellation bei sogenannten »ledigen Müttern«. Wenn kein Mann als Vater greifbar war, zwang der Staat die Mutter unter amtliche Vormundschaft, es sei denn, sie konnte einen männlichen Familienangehörigen, zum Beispiel den eigenen Vater, dazu bewe-

Beengte Verhältnisse

gen, die Vormundschaft zu übernehmen. Dieser Mann durfte seine eigenen Vorstellungen von Erziehung und vom richtigen Leben durchsetzen, ließ sich womöglich bedienen und kommandierte herum. Eine alleinstehende Frau mit Kind konnte auch gezwungen sein, sich wieder bei ihrer Mutter einzurichten oder allein in die nächstgrößere Stadt zu ziehen, um Geld zu verdienen, während sie ihr Kind zurücklassen musste. Kinder wurden häufig bei Verwandten untergebracht, weil der Vater fehlte oder es keine Betreuungsmöglichkeiten gab. Die Gesellschaft der Fünfzigerjahre baute auf die Unterstützung zwischen den Generationen. Anders wäre es nicht möglich gewesen, die zahllosen kriegsbedingten Notlagen abzufedern. Viel blieb an den Töchtern hängen. Den Söhnen wurde so viel Flexibilität und Fürsorglichkeit nicht zugemutet, und sie waren in aller Regel auch nicht alleinerziehend. Auf diese Weise blieben Frauen oft gezwungenermaßen nah dran an ihren Herkunftsfamilien. Sie waren dazu erzogen worden, sich an die Wünsche der Eltern und später an die ihrer Ehemänner anzupassen. So setzten sich die in der NS-Zeit forcierten weiblichen Sozialisationserfahrungen fort: »Für-Sorge leisten, Verantwortung für andere übernehmen, Flexibilität zeigen, eigene Wünsche zurückstellen, Ziele setzen und planen zugunsten anderer. Dazu kam die, in der Jugend erfolgte, frühe Disziplinierung zur Arbeit«, beschreibt Vera Neumann die typischen Erwartungen an die Frauen der Kriegs- und Nachkriegszeit.[32]

Jens-Peter A., 1947 in Hamburg geboren, erinnert sich sehr ungern an die Wohnung der Großmutter, in der seine zunächst arbeitslose alleinerziehende Mutter und er unter-

1. Die schwierige Suche nach einer Verankerung im Leben

gekommen waren. Nicht nur die ärmlichen Verhältnisse beschäftigen ihn rückblickend – so wurde der Ofen nur einmal die Woche angeheizt, damit alle nacheinander baden konnten, »bis gräuliche Flocken auf dem Wasser schwammen«, erinnert er sich. Auch die Enge unter dem Dach war für ihn als Kind vor allem im Winter kaum zu ertragen gewesen.[33] Ab seinem dritten Lebensjahr findet die Mutter auswärts Arbeit. Sie versucht, ihren Sohn in einem Kinderheim unterzubringen, doch dort weint er so lange, bis er in den Keller gesperrt wird. Erst nach einigen Wochen erlaubt ihr der Arbeitgeber, ihren Sohn zu erlösen und nachzuholen. Ab dann muss Jens-Peter A. sie zu ihren jeweiligen Arbeitseinsätzen als Betreuerin in Ferienlagern und Jugendheimen begleiten. Er wächst in einem beständigen Provisorium auf, mit allen Konsequenzen wie häufige Schulwechsel und abgebrochene Freundschaften.

Die beengten Wohnverhältnisse vergifteten oft noch lange nach dem Krieg das Familienklima. Die 1962 in Grevesmühlen geborene Mina U. schreibt in ihrer Autobiografie, dass die Ehedramen ihrer Eltern mangels alternativer Räumlichkeiten in der Küche ausgetragen worden seien. Die vier Kinder »fungierten als Schiedsrichter und mussten sich entscheiden. Enthaltungen galten nichts. Am Ende stand es unentschieden 2:2. Mein Vater ließ es an Norbert und mir aus, während sich meine Mutter Andrea vorknöpfte.«[34] Zur räumlichen Enge kam die zwischenmenschliche Beengtheit. Ein Privatleben war unter solchen Umständen nicht möglich.

Auch mein Leben begann in Untermiete. Meine zunächst mittellosen Eltern wohnten Anfang der Sechzigerjahre vorübergehend bei einer aus dem Osten geflüchteten Familie, mit der sie die Waschküche teilten – und mich, denn ich wurde, wenn meine Mutter arbeitete und mein Vater studierte, von ihnen beaufsichtigt. Am meisten litt darunter meine Mutter, denn sie hatte sich mit den wildfremden Menschen mit ganz anderen Lebensvorstellungen abzustimmen. Meine Eltern hatten damals noch kein Auto und später dann selbstverständlich nur eines, das mein Vater nutzte, um zur Arbeit zu fahren. Das bewirkte, dass sich meine Mutter, außer wenn sie mit dem Kinderwagen zum Einkaufen ging, wenig selbstständig bewegen konnte. Diese ganz typische Lebenssituation, die sich erst änderte, als ich etwa sechs Jahre alt war und ein Zweitwagen angeschafft werden konnte, erklärt sicherlich, warum das Auto für meine Mutter wie für viele in ihrer Generation bis heute sehr wichtig geblieben ist.

Wie wirkten sich die beengten Wohnumstände, die immerhin noch zwanzig Jahre nach Kriegsende vorkamen, auf die nächste Generation aus? Mein Eindruck ist, manchem Babyboomer hingen sie wie Pech an den Schuhen. Anna G., geboren 1956 in Detmold, beschreibt in ihrem Tagebuch, dass sie noch als Mitte Zwanzigjährige ständig auf Kriegsfuß mit ihren Wohnbedingungen stand. »Irgendwo heimisch sein. Zu Freunden fahren, um sich annähernd wie zu Hause zu fühlen. Ich bin diese Wohnsituation leid. Wann komme ich hier noch mal raus. Es ist, als ob ich freiwillig in einen Käfig gegangen wäre, aus dem es kein Entrinnen gibt.«[35] Das schwierige Verhältnis zur eigenen Wohnung setzt sich bei ihr über Jahrzehnte fort. Sie zieht fast jedes Jahr um, kommt manchmal nur bei anderen Leuten unter, und sobald sie irgendwo angekommen zu sein scheint, fühlt sie sich eingesperrt und gelangweilt. In Selbstreflexion durch alle möglichen Therapie- und Psychotechniken geschult, fragt sie sich, warum sie als Teil der »Nachkriegsgeneration« diese Art von Schwierigkeit verspürt: »Warum wollen wir, die Nachkriegsgeneration, in Gemeinschaften leben? Einerseits der Wunsch, autark zu sein, andererseits aber Verbindlichkeiten von anderen zu haben?« Im Alter von 33 Jahren wechselt sie in ein Wohnkollektiv, in dem 42 Personen »wie die Leute in einem Dorf miteinander umgehen«. Das Experiment geht natürlich schnell schief und schon zwei Jahre später verlässt sie wieder die Stadt.[36]

Einen speziellen Fall symbolischer Unbehaustheit beobachtet der 1955 geborene Frank Witzel in seiner Familie. Seine Eltern hatten als Jugendliche ihr Zuhause verloren – der Vater wurde »ausgebombt«, die Mutter musste vor der Roten Armee fliehen – und waren dabei auch vorübergehend von ihren eigenen Eltern getrennt worden. In der Interpretation des Autors wiederholen sie diese unverarbeitete biografische Krise später nicht nur am eigenen Leib, sondern auch an ihm, ihrem erstgeborenen Sohn.

Der Vater saß stets in Krawatte und Jackett am Esstisch, als hätte sich die Unsicherheit der Kriegs- und Nachkriegsjahre in ihm festgesetzt. Er schien sich so zu verhalten, als könne er jederzeit aus der Intimsphäre seiner Wohnung ungeschützt herausgerissen werden – »aus dem Schlaf in den Luftschutzkeller, vom Spiel weg in die HJ; aus dem Ladengeschäft ins Gefangenenlager? Und war

Beengte Verhältnisse

dieses Regularium unbewusst gelebter Vorkehrungen der eigentliche Ehevertrag meiner Eltern, den sie nie hatten aushandeln müssen, sondern in blindem Einvernehmen teilten, während sie ansonsten auf durchaus unterschiedliche Art mit Vergangenheit und Gegenwart umgingen?«[37] Die Erfahrung der inneren Unbehaustheit der Eltern wirkte sich für den Sohn drastisch aus.

Sie kündigten ihm regelmäßig an, ihn in ein Internat zu verstoßen. Diese nicht so unübliche Strafandrohung wurde in seinem Elternhaus sehr konsequent inszeniert: Man holte den alten Koffer des Vaters hervor und füllte ihn mit einigen Kleidungsstücken des Sohnes. Das geschah meistens abends, um die Wirkung auf den Sohn noch zu verstärken. Für ihn heute eine »Art Psychodrama«, in dem die Eltern die Schrecken ihrer eigenen Vertreibung bei Nacht und Nebel immer wieder nachstellten, ohne sich dies bewusst zu machen. Ihr Erstgeborener sollte sie von diesem Trauma befreien, das sie, da sie nicht darüber sprechen konnten, einem anderen aufhalsen mussten.

Als sie merkten, dass sich die ewige Ankündigung abzuschwächen begann, ging der Vater einen Schritt weiter. An Sonntagen fuhr er zur Internatsbesichtigung. Wenn er zurückkam, legte er Prospekte der Institutionen wie zufällig im Wohnzimmer aus, damit der Sohn sie entdecke.[38] Andere Bräuche im Hause Witzel dürften ebenfalls mit der Geschichte der Eheleute erklärbar sein. So verschenkten die Eltern spontan und ungefragt bei einem Besuch das Lieblingsspielzeug ihres Sohnes. Damit wurden sie dem hergebrachten Erziehungsgrundsatz gerecht, Kinder nicht mit allzu viel Spielzeug zu »verwöhnen«. Aber sie gaben

1. Die schwierige Suche nach einer Verankerung im Leben

so auch eine eigene Erfahrung weiter, nämlich dass ein Kind jederzeit damit rechnen müsse, sich von seinen Lieblingssachen zu trennen.[39] Kriegskinder und Babyboomer sind miteinander über diese Verlustgeschichten aus der Vergangenheit verbunden. Ohne sich der Zusammenhänge immer bewusst zu sein, haben die Älteren den eigenen Umgang mit biografischer Entwurzelung und den damit einhergehenden Einbußen und Mangelerfahrungen zu Regeln erhoben, die sie an ihre Nachkommen weitergaben: Sei jederzeit ortsungebunden, lerne autonom und genügsam zu leben, schaffe aber auch beizeiten Dinge an, die du eines Tages brauchen könntest. Das erstreckt sich auch auf die körperlichen Bedürfnisse. Die Babyboomer lernten von ihren Eltern Sonne »tanken«, auf Vorrat frühstücken, regelmäßig schlafen und essen, man weiß ja nicht, wann man wieder dazu kommt. Sie lernten, ihre Wohnung nur als Provisorium zu betrachten und blieben in diesem konkreten und vielleicht auch im übertragenen Sinne oft auf der Suche nach einem festen Ort für sich. Ich wurde von meinem Mann einmal darauf aufmerksam gemacht, ich säße immer in einer Haltung an unserem Esstisch, als sei ich nur zu Besuch. Das klingt übertrieben, aber das Lebensgefühl einer Babyboomerin ist damit gar nicht so schlecht beschrieben.

2.
Die Gefühle im Kühlschrank und der lange Weg bis zur Selbstfürsorge

Eine Anekdote, die mir in meiner Kindheit in einer Schwabinger Kommune widerfahren ist, in der das einzige Kind antiautoritär erzogen wurde: Weil der Junge, als wir zu Besuch da sind, seine Puppe an einem Bein packt und mit wildem Geheul um seinen Kopf schleudert, bevor er sie an die Wand knallen lässt, wird ihm das Spielzeug kurzerhand abgenommen und mir, dem fremden Gast, geschenkt. Es ist eine Babypuppe mit schwarzer Haut und weichem Körper, sie heißt Epdihei, wir schreiben das Jahr 1968. Der Junge ist untröstlich über ihren Verlust. Ich hingegen bin zu schüchtern, um richtig zu reagieren und mich dem kruden Handeln der Erwachsenen zu widersetzen. Ich nehme das unverhoffte Geschenk an und habe eine neue Lieblingspuppe. Auch von den Erwachsenen hat niemand Mitleid mit dem unglücklichen Jungen. Eine Gruppe von Achtundsechzigern, vereint in Gefühllosigkeit, wie mir

2. Die Gefühle im Kühlschrank

heute scheint. Das war der Zeitgeist. Katzenjunge wurden ertränkt oder kamen eben unter die Räder. Familienväter entschieden, ob ihre Frauen arbeiteten und welchen Schultyp die Kinder besuchten. Das Betreten des Rasens war allgemein verboten. Für Kinder galt allemal, sich ruhig zu verhalten und möglichst unsichtbar zu werden. Nach ihren Bedürfnissen wurde grundsätzlich nicht gefragt, schon gar nicht nach ihren Rechten. Erklärungen waren überflüssig. Die Welt war eben ein Jammertal. Oder wie mein Vater sagte: manchmal ein »Tal der Tränen«. Was einen nicht umbrachte, machte einen stark. Die Erwachsenen waren schließlich auch gegen sich selbst hart.

Schon in der Nachkriegszeit waren Zeitzeugen über die von ihnen so wahrgenommene Empathielosigkeit der Deutschen erschrocken. Als hätten die Menschen ihre Gefühle im Krieg ein für alle Mal abgeschaltet. Oft zitiert ist Hannah Arendts Beobachtung aus dem Frühjahr 1950: »Dieser allgemeine Gefühlsmangel, auf jeden Fall aber die offensichtliche Herzlosigkeit, die manchmal mit billiger Rührseligkeit kaschiert wird, ist jedoch nur das auffälligste äußerliche Symptom einer tief verwurzelten, hartnäckigen und gelegentlich brutalen Weigerung, sich dem tatsächlich Geschehenen zu stellen und es zu begreifen.«[1] In ihrer Erklärung gehörten Gefühlskälte und Verdrängung der Verbrechen im Nationalsozialismus zusammen. Gewiss ist zu unterscheiden zwischen der Brutalität gegen Juden oder Menschen mit Behinderung und dem groben Umgang mit sich selbst, mit den eigenen Bedürfnissen oder mit den eigenen Kindern. Die These war dennoch, dass in der Gewaltgeschichte der Deutschen im 20. Jahr-

Die Gefühle im Kühlschrank

hundert der Keim für eine grundsätzliche emotionale Verwahrlosung lag, die nicht nur andere traf, sondern auch die Deutschen selbst.

Historiker, die auf die Geschichte der Emotionen spezialisiert sind, sagen heute, den Deutschen habe es in der ersten Hälfte des 20. Jahrhunderts an der Fähigkeit zum Gefühlsausdruck gefehlt. Psychologen führen das auf traumatische Erfahrungen im Krieg zurück, die zu einer Abspaltung der Gefühle geführt hätten. Und die Erziehungswissenschaft argumentiert: Eine Sozialisation im Zeitraum zwischen Kaiserreich und Nationalsozialismus musste zwangsläufig Empathielosigkeit erzeugen. Wer sich teilnahmslos am großen Leid der Kriegsgegner und der Verfolgten im Nationalsozialismus gezeigt habe, dem sei auch der Zugang zu seinen anderen Gefühlen verloren gegangen. »Denn die Seele verschließt über Verdrängen und Vergessen auch ihren großen Reichtum: Spüren und Fühlen, Wahrnehmen und Verstehen, Hinschauen und Hinhören, Mitschwingen mit anderen, Lieben ...«, so die Psychologin Bettina Alberti.[2] Man könne sich eben nicht aussuchen, was man fühle. Das heißt, wer ein Gefühl unterdrückte, legte damit auch andere Gefühle auf Eis. So sei eine »pathologische Normalität« entstanden, die den Deutschen erst das Durchhalten und Funktionieren im Krieg und dann das Weitermachen und den Wiederaufbau nach dem Krieg ermöglichte, aber sie auch betäubt, innerlich leer und depressiv zurückgelassen habe.

Diese Diagnose beschreibt auch die Generation der Nachkriegseltern. Sie waren vom Klima der Kälte und Härte

2. Die Gefühle im Kühlschrank

noch direkt betroffen gewesen. Als der Krieg und das NS-Regime zu Ende gingen, waren sie zwar noch jung, aber sie hatten die entscheidende frühkindliche Sozialisation und vielleicht auch eine prägende Phase der Pubertät schon hinter sich. Unbedarft hatten sie an das »Dritte Reich« geglaubt oder zumindest die Welt, in die sie hineingeboren worden waren, nicht infrage gestellt. Orientierung gaben ihnen dabei das Elternhaus, die Führer und Führerinnen der Kinder- und Jugendorganisationen der Partei, die Lehrerschaft und die Gleichaltrigen. Mit den Konsequenzen ihrer ideologischen Sozialisation wurden sie kaum konfrontiert. Juden, Menschen mit Behinderung, sogenannte »Asoziale« waren frühzeitig aus ihrem Blickfeld geräumt worden, und so kann es nicht verwundern, dass gerade junge Leute zum Kriegsende hin zwar die Folgen für sich, die nicht verfolgte Bevölkerung, und für das untergegangene »Reich« betrauerten, aber nicht die Opfer der nationalsozialistischen Verbrechen. Juden und andere verfolgte Minderheiten hatten schon lange nicht mehr zum eigenen Kollektiv gehört, oft nicht einmal mehr zur menschlichen Gemeinschaft, sodass sich bei den Nachkommen der Tätergesellschaft kein Mitgefühl für sie einstellte. Moralisch sensible junge Menschen wie die Mitglieder der Widerstandsgruppe »Weiße Rose«, die sich den Judenmord, die Euthanasie und den Vernichtungskrieg im Osten zu Herzen nahmen und dagegen vorgingen, waren deutlich älter als die Generation der Nachkriegseltern gewesen und außerdem extreme Ausnahmen. Die Mehrheit der Bevölkerung wurde erst in den Sechzigerjahren in ihrer Selbstsicherheit erschüttert, als der Eichmann-Prozess in Jerusalem (1961), der Frankfurter Auschwitz-Prozess (1963 bis 1965) und spätere Prozesse sie mit Wucht mit der Vergangenheit konfrontierten. 20 000 Zuschauer sollen in Frankfurt dabei gewesen sein, darunter auch Schulklassen, als das Märchen vom »Befehlsnotstand«, dem sich die Täter eben nicht hätten entziehen können, im Gerichtssaal entlarvt wurde. Erst jetzt verschob sich der Fokus der Strafverfolger auf die Verbrechen an Juden und auf nicht deutsche Tatorte, besonders in Polen und in der Sowjetunion, während bis dahin 43 Prozent der Verfahren noch die Verbrechen aus der Endphase des Krieges behandelt hatten.[3]

Karl-Hans W. ist in dieser Hinsicht ein typisches Kriegskind. Geboren 1930 im hessischen Nidda, besucht er seit 1940 die Oberschule und gehört als Trommler dem »Deutschen Jungvolk« an, wird Hordenführer, Oberhordenführer, dann Jungenschaftsführer in der Hitlerjugend. Es ist die schönste Zeit in seinem noch nicht so langen Leben, wie er zu Jahresbeginn 1945 schreibt.[4] Ende März rücken die Amerikaner näher, und der Teenager wird zum Schanzen in den Odenwald geschickt. Er beobachtet seine Mitbürger, wie sie Lebensmittel horten und Wertsachen beiseiteschaffen. Als die US-Armee am 29. März Nidda friedlich einnimmt, nutzt W. wie viele damals die Gunst der Stunde, um sich anderer Leute Eigentum zu »organisieren«. Gleichzeitig hofft er noch immer auf eine Wendung für die Deutschen. Als sie kapitulieren, beschließt er, in die USA auszuwandern, weil die Amerikaner den Deutschen technisch (nicht etwa moralisch) überlegen seien und sein Land ohnehin nicht mehr hochkommen ließen.

2. Die Gefühle im Kühlschrank

Seine Ansichten über die Amerikaner sind so zwiespältig wie die der meisten Deutschen: Er unterstellt ihnen Kulturlosigkeit und Materialismus, ist aber gleichzeitig fasziniert vom Fortschritt der »neuen Welt«.[5] Dass sich deutsche Mädchen seiner Meinung nach »um ein bisschen Schokolade oder so was mit den Amis abgeben«, schockiert ihn, zumal er sich neuerdings selbst für das andere Geschlecht interessiert. Nach dem ersten halben Jahr der Okkupation resümiert der Teenager, er wisse nicht, was Demokratie sein solle: »Bis jetzt sehe ich nur, dass es früher viel schöner war. Da hatte <u>einer</u> was zu sagen. Aber jetzt? Jeder weiß etwas Besseres. Alles wird in den Dreck gezogen. Und das soll schön sein? Und dann, der ›Nürnberger Prozess‹! Wie lange wollen die eigentlich noch prozessen (sic)?«[6]

Wie lange es dauerte, bis dieser Jugendliche in der Demokratie ankam, zeigt seine weitere Entwicklung. Die ersten Wahlen im Januar 1946 erscheinen ihm unfrei, da die ehemaligen NSDAP-Genossen nicht wählen dürften und nicht zur Abstimmung stünden. »Das ist doch paradox!« Er hält beharrlich fest an der Ideologie, die ihm in seinen prägenden Jahren nahegebracht worden war. Schwarze Soldaten nennt er »Nigger«. Auch wenn seine Formulierungen erkennbar von alterstypischem Imponiergehabe gefärbt sind, unterstreicht er auch noch drei Jahre nach Kriegsende als Achtzehnjähriger, dass mit der Hitlerzeit seine Ideale untergegangen seien: »Hitler, Deutschland, Hitlerjugend, Kameradschaft, Wehrmacht, Offizier, (...), Gerechtigkeit, Anständigkeit, Ehre, Verantwortungsbewusstsein, Stolz und Würde, alle diese Werte, von denen ich dachte sie seien unantastbar, rein und edel, alles ist kaputt.«[7]

Wie viel Unbedarftheit und wie viel innere Überzeugung hier im Spiel sind, ist schwer zu sagen. Immerhin verbaut er sich selbst sein Auslandsstipendium in die USA, weil er im Antrag nicht die erwartete demokratische und völkerversöhnliche Einstellung bekunden will. Er gehört zu den mindestens 50 Prozent der Deutschen, die den Nationalsozialismus auch noch Jahre nach dem Krieg für eine gute Idee halten, die nur schlecht umgesetzt worden sei.[8] Die Reeducation in der Schule bewirkt offenbar wenig. Er nennt sie »politisiert«.[9] In der Freizeit engagiert er sich wie vor Kriegsende in diversen Jugendgruppen, geht wandern, spielt Schach, treibt Sport, singt und musiziert. Neben den Lehrern sind es die Eltern, besonders der Vater, die seinen Widerspruch reizen. Konflikte entzünden sich an seiner Lebenslust, vor allem an seinem gesteigerten Interesse an Tanzstunden und an Mädchen, vor denen ihn sein Vater pauschal warnt.

Die sich wiederholenden Berichte von Tanzstunden, Frauen, Fahrten und Konzerten nicht nur in diesem Tagebuch führen uns vor Augen, warum Zeitzeugen über die Deutschen damals den Kopf schüttelten und warum Historiker heute von einer »neo-biedermeierlichen« Phase nach dem Krieg sprechen. Es wirkt alles so normal, als sei nichts geschehen. Auf der einen Seite verfolgt W. begeistert die Neuerungen seiner Zeit, auf der anderen Seite hält er fest an den Hinterlassenschaften bürgerlicher Hochkultur des 19. Jahrhunderts und an den Sitten und Gebräuchen der Großväter.[10] Auch wie er sich auf das eigene

2. Die Gefühle im Kühlschrank

Fortkommen konzentriert und die Tagespolitik weitgehend ignoriert, passt ins Bild. Viele ehemalige Kriegskinder werden diesem Lebensprinzip auch später treu bleiben: Auf sich und das eigene Fortkommen bedacht, skeptisch, wenn es um Politik und Gesellschaft geht. W. arbeitet viel, ist in der Schule und im Studium zielstrebig, kalkuliert kühl seine Noten, die ihm reines Mittel zum Zweck sind. Gedanken über die Verbrechen der Deutschen im Nationalsozialismus scheint er sich nicht zu machen. Sein Tagebuch bezeugt eine gänzlich egoistische Lebenseinstellung. Ganz nach dem Motto: Erst komme ich, dann kommt lange nichts.

Karl-Hans W. war, soweit man das sagen kann, ein typischer Teenager – von der nationalsozialistischen Ideologie und von der Rolle Deutschlands in der Welt überzeugt, gekränkt von der Kapitulation. Er erlebte, wie die von ihm verehrten Menschen und Werte auf einmal nichts mehr galten, und musste auch seinen eigenen Bedeutungsverlust verkraften, nachdem die HJ aufgelöst worden war. Wie in so vielen anderen Familien büßte sein Vater, Prokurist in einem Tagebaubetrieb in Hessen, nach dem Krieg seinen beruflichen Status ein. W. empfand Ohnmacht auf allen Ebenen. Er sah fremde Soldaten in die Häuser der Nachbarn einziehen, spürte die Macht und Aura der Besatzer, und sein Vater drückte ihm Regeln auf, die ihm nicht gefielen. »Ich fühle mich immer irgendwie in meinem Willen eingeengt«, schreibt er in sein Tagebuch.

Was seinen Text so interessant und repräsentativ für die Generation der Nachkriegseltern macht, ist seine Idee vom Leben: Leben ist Existenzkampf. Es erfordert Stärke, um alles Schwache in sich zu unterdrücken. W. begreift sich als einsamer Bergsteiger, der ein Gebirge sieht, unerreichbar hoch, der Gipfel in dichte Wolken und ewiges Eis gehüllt. Überall sind andere Bergsteiger unterwegs, die alle das gleiche Ziel haben – hoch hinaus –, aber keiner weiß, welcher der richtige Weg ist. Er schreibt, er wolle eines Tages »Gewaltiges« leisten und müsse sich dafür von allem Kleinlichen und Alltäglichen lösen, »mutig, verwegen, furchtlos, mit (sic) einem gewaltigen Willen besessen, der nie aufgibt […]«. Dafür will er Opfer bringen. Das erste und womöglich größte Opfer, das er in seinem jungen Leben bringt, sind seine romantischen Gefühle. Er ist verliebt in Inge, eine junge Frau, die ihn scheinbar willenlos macht. Sie fesselt ihn mit ihrem in seinen Augen irrationalen Verhalten, will ihn binden, auf Abwege bringen und daran hindern, sich auf den »Lebenskampf« zu konzentrieren. W. wird sich mit Gewalt aus dieser Beziehung befreien, die ihn jahrelang begleitet hat. Inge, erklärt er, sei zu schwach, um mit ihm gemeinsam für seine Ziele zu kämpfen.[11]

Die Entdeckung der eigenen Gefühle

Zur Diskussion steht eine allgemeine Gefühlsdisposition der Härte in dieser Generation. Die späteren Nachkriegseltern gingen mit sich und ihren Gefühlen um, wie sie es gelernt hatten: immer schön auf Abstand bleiben. Sie haben eher nicht gelernt, über ihr Verhältnis zu sich selbst nachzudenken, geschweige denn zu sprechen. Die Philo-

2. Die Gefühle im Kühlschrank

sophie und die Soziologie greifen zu pompösen Begriffen wie »Selbstverhältnis« oder »Subjektkultur«, um diesen Umgang mit sich selbst zu beschreiben. Die Idee dahinter ist, dass der Mensch in der Geschichte veränderlich sei, und zwar im Inneren und in der Haltung zur Welt. Ändern sich die Bedingungen, in denen wir leben, ändern wir uns mit ihnen. Zum Beispiel in Hinblick auf die Position in der Welt: Wird sich der Mensch der Welt anpassen müssen, oder wird er sie nach seinem Wunsch gestalten können? Ist das Leben grundsätzlich feindselig oder ist es mir gewogen? Sind wir gezwungen, uns selbst und unsere Triebe und Schwächen immer wieder zu bezwingen, oder verfügen wir über innere Ressourcen, die uns auf unserem Weg unterstützen? Solche Grundannahmen sind historischer Natur. Für Karl-Hans W. war die Antwort klar: Er war auf der Welt, um einen Lebenskampf zu führen, um sich Ziele zu stecken und diese möglichst ohne Umwege zu erreichen. Spätere Generationen sahen das anders, wie unsere Fallbeispiele zeigen werden.

Karl-Hans W. könnte als typisches Subjekt des bürgerlichen Zeitalters beschrieben werden. Der Soziologe Andreas Reckwitz hat den Begriff »Subjektkultur« in den letzten Jahren populär gemacht und verschiedene historische Konstellationen wie die bürgerliche Subjektkultur, die Angestelltenkultur oder die kreativ-konsumptorische Subjektkultur beschrieben.[12] Die jeweiligen Subjektformen sind nur Möglichkeiten und Angebote, sie können nebeneinanderher existieren. Die bürgerliche Subjektkultur, die für die Generation der Eltern der Nachkriegseltern vorherrschend war, zielte vor allem auf die Welt der

Die Entdeckung der eigenen Gefühle

Arbeit, auf Verbesserung durch Selbstdisziplinierung. Zu ihren wesentlichen Merkmalen gehörten Leistungsdenken, Selbstdisziplin, Gefühlskontrolle. Das »kreativ-konsumptorische« Subjekt kommt mit weniger festen Prinzipien daher: Weniger klare Identitätsvorstellungen, zum Beispiel bei den Geschlechternormen und dem sexuellen Begehren, eine Sehnsucht nach Ausdrucksmöglichkeiten und Selbstverwirklichung. Diese Veränderungen waren eingebettet in einen allgemeinen Wertewandel in einer sich verändernden politischen und ökonomischen Landschaft. In Deutschland haben der Frieden, das Wirtschaftswunder und die größer werdende Rolle der Konsumindustrie ein Klima geschaffen, das »nicht mehr den selbstdisziplinierenden, sparsamen, arbeitsamen Menschen verlangt, der sein Geld zusammenhält. In der Konsumgesellschaft wird nun der verbrauchende, genussfähige, flexible, für Neues offene Mensch verlangt, ein Mensch, bei dem die Lust am Vergnügen im Vordergrund steht.« Diese neue Haltung zum Leben, dieser »konsumistische Hedonismus«, musste den nachfolgenden Generationen erst beigebracht, anerzogen, in ihren Körper eingeschrieben werden.[13] Unsere Nachkriegseltern waren die Protagonisten genau dieses Wandlungsprozesses, den man auf die Kurzformel bringen könnte: Vom Lebenskampf zur Selbstfürsorge.

Ein gut bekanntes Phänomen dieses Wandels war die gesellschaftliche Ausbreitung der Psychologie. In meiner Grundschulzeit zwischen 1968 und 1972 stürzte mich die Offenlegung des Berufs meines Vaters noch in Verlegenheit. Jedes Jahr zum Schulbeginn musste ich in einen Fra-

2. Die Gefühle im Kühlschrank

gebogen das komplizierte Wort »Diplom-Psychologe« eintragen. Ich wusste, für die meisten war das mindestens unverständlich. Später, auf dem Gymnasium, nahm meine Scham allmählich ab. Ich begann sogar heimlich stolz zu sein auf diese geheimnisvollen Buchstaben, »dipl.psych.«, und warf mit schicken Begriffen wie »Zwangsneurotiker« oder »präpotent« um mich. Manche meiner Freunde und Mitschülerinnen bekamen deshalb regelrecht Respekt vor mir. Es hieß, wer mein Elternhaus betrete, werde sofort »durchschaut«. Die angeblich überlegene Menschenkenntnis meiner Psychologeneltern färbte anscheinend auf mich ab. Der Unterschied zwischen »ein bisschen neurotisch« und »total verrückt« war damals noch niemandem so richtig klar, und so profitierte ich von der allgemeinen Angst davor, aus dem Rahmen zu fallen. Von seiner Therapie hätte damals noch keiner freiwillig erzählt. Das war nur etwas für Stadtneurotiker in New York. Die Psychologisierung der Gesellschaft war längst noch nicht so weit fortgeschritten wie heute. Und damit auch das Verständnis für die eigenen Gefühle und Bedürfnisse noch nicht so ausgeprägt.

Heute hat sich die Berührungsangst mit psychischen Leiden, mit der Psychologie und Psychoanalyse gewiss nicht ganz gelegt, aber deutlich verringert, wie auch die regelmäßigen Offenbarungen von Sportlern oder anderen Prominenten zeigen. Im Jahr 2014 sahen laut einer repräsentativen Befragung etwa zwei Drittel der Deutschen in einer Psychotherapie etwas überwiegend Positives. Männer und Personen mit niedrigerem Bildungsstand waren etwas skeptischer.[14] Das sich immer mehr ausbreitende

Die Entdeckung der eigenen Gefühle

psychologische Denken begleitete die Befreiung des Menschen von traditionellen Normen und Regeln, zum Beispiel von kirchlicher Sexualmoral oder von Geschlechterrollen. Die Achtundsechziger und ihre Kommunen, aber auch die zweite Welle der Frauenbewegung spielten eine wichtige Rolle in diesem Prozess. Die Aktivistinnen und Protagonisten benutzten die Psychoanalyse und die Psychologie, um sich ihre Begrenztheiten und Komplexe bewusst zu machen. Sie erklärten ihr Seelenleben zum politischen »Praxisfeld«. Ungefähr zur selben Zeit kamen psychotherapeutische Verfahren unter der Bezeichnung »Humanistische Psychologie« aus den USA nach Europa, die allen Menschen, auch und gerade denjenigen ohne schwere psychische Erkrankung, zu mehr Authentizität und emotionaler Ausdrucksfähigkeit verhelfen sollten. Psychiatrie, Strafvollzug, Pädagogik und nicht zuletzt die Erziehung in der Familie wurden im Namen der psychischen Gesundheit und eines humaneren Miteinanders reformiert.[15]

Der Psychoboom begeisterte natürlich nicht jeden in der Gesellschaft. Das hing nicht zuletzt vom Alter und dem Bildungshintergrund ab. Außerdem war er nur ein wichtiger Aspekt im größer angelegten Wertewandel im 20. Jahrhundert, der die Umgangsweisen der Menschen mit sich selbst, mit den eigenen Gefühlen, dem eigenen Körper, aber auch mit den Bedürfnissen der anderen ergriff. Nach dem Ende des Zweiten Weltkriegs waren die Menschen daran gewöhnt gewesen, die Zähne zusammenzubeißen, sich nichts anmerken zu lassen, sichtbare Zei-

2. Die Gefühle im Kühlschrank

chen von Schwäche und Krankheit zu fürchten. Auch die Babyboomer wurden, da ihre Eltern von dieser Zeit geprägt waren, auf eine gewisse Härte gegen sich selbst geeicht, auf Schmerzabhärtung und Autonomie von allzu viel Gefühl und enger Bindung. Sie konnten jedoch von den Veränderungen seit den Siebzigern profitieren, die zu mehr Nachsicht und Feinfühligkeit mit sich selbst geführt haben.

Neben der Psychologisierung im Allgemeinen machten sich die gewachsene Sensibilisierung und Emotionalisierung bei den sprunghaft gestiegenen »Selbsttechniken« bemerkbar. So werden die zahlreichen trendigen Therapieverfahren genannt, die den Menschen von seiner belasteten Kindheit, von Berufsstress, Unglück in der Liebe oder auch nur von einer allgemeinen Verspannung heilen wollten: Familienaufstellung, Yoga, Selbsterfahrungsgruppe, Meditation, Qigong, Fastenkur und vieles mehr. Es mochte manchmal lächerlich aussehen, wenn eine Babyboomerin im Jahresrhythmus ihren Lebensstil grundsätzlich reformierte. Wenn aus der passionierten Fleischesserin über Nacht eine überzeugte Vegetarierin wurde, wenn sie dann wieder umstellte auf Steinzeitdiät. Es fand sich eben immer ein neues Heilsversprechen, und jeder neue Guru ließ sich nur ungern an sein Geschwätz von gestern erinnern. Inzwischen hat sich der Wunsch der Selbstfürsorge sogar weiter gesteigert bis hin zu einem Zwang zur Selbstoptimierung. Dennoch ist dieses Phänomen erst einmal positiv, denn es zeigt, dass die Menschen gelernt haben, sich besser um sich zu kümmern.

Die Entdeckung der eigenen Gefühle

Das neue Verhältnis der Menschen zu sich selbst bildet sich in den folgenden drei Fallgeschichten ab. Diese werden uns zeigen, wie sehr die Nachkriegseltern und die Babyboomer zwar noch miteinander verbunden waren, aber auch, wie sich der Spielraum vergrößerte, sich um sich selbst zu kümmern und die eigenen Gefühle auszudrücken. Der uns schon bekannte Karl-Hans W. aus Nidda in Hessen steht noch für das ältere Prinzip: Er behält in seinem Tagebuch den gleichbleibenden Ton eines der äußeren Welt gegenüber souveränen jungen Mannes bei. Er urteilt über die Zeitumstände, über seine Mitmenschen, und auch wenn er unter Liebeskummer leidet, verfügt er immer über ausreichend innere Distanz, um seine Gefühlslage und Beweggründe zu analysieren und damit beherrschen zu können. Er hat einen scheinbar unerschütterlichen Persönlichkeitskern. Dazu tragen seine eingestreuten Bildungsfundstücke bei, wenn er sich etwa nach zwischenmenschlichen Enttäuschungen bei Nietzsche rückversichert. Sein Tagebuch entfaltet das klassische Motiv des sich zwischen Gefühl und Vernunft, Liebe und Wissenschaft aufreibenden faustischen Menschen. Er kleidet seine Erlebnisse in die Geschichte eines bürgerlichen Individuums, das nach Erkenntnis, persönlichem Glück und großartigem Beitrag zum Fortschritt der Menschheit strebt und auf dem Weg dahin den Sirenengesängen seiner Jugendaffäre widersteht. Anleihen bei Goethes *Faust* und *Wilhelm Meisters Lehr- und Wanderjahre* sind unübersehbar. Auch Karl-Hans W. hat »ein Gretchen« gefunden, die eine Welt der Konventionen und Gefühle repräsentiert. Sie heißt Inge und fällt wie das literarische Original in Ohnmacht, weil offenbar

2. Die Gefühle im Kühlschrank

ein böser Geist mit ihr redet. Nur ist der Geist in Inges Fall ein Trauma, das sie auf ihrer Flucht aus Pommern erlitten hatte, womöglich eine Vergewaltigung, die ihre seelische Gesundheit schwächt. Manchmal ist sie völlig verwirrt und muss von ihrem faustischen Freund vor dem Selbstmord bewahrt werden. Nach einigen Trennungen, Versöhnungen und rhapsodischen Frauengeschichten mündet das Tagebuch und damit das Leben von Karl-Hans W. in einen ruhigen Fluss. Er studiert an der Universität seiner Wahl Physik, wie er es sich vorgenommen hatte.

In einem Nachtrag, den er im Alter von achtzig Jahren anfügt, zieht der Hesse Bilanz unter ein gelungenes Leben, zu dem die Heirat der »richtigen« Frau, Kinder, Enkel und eine berufliche Laufbahn, wie er sie sich vorgestellt hatte, gehörten. Er brachte es zum Entwicklungschef einer mittelständischen Firma, spielte Klavier und Akkordeon. Seine alte Flamme Inge habe er nur bei Klassentreffen wiedergesehen, ohne großes Nachbeben. Aus dem Faust ist ein Wilhelm Meister geworden, der seine Lehr- und Wanderjahre absolviert hat und zu einem in der Welt tätigen Mann und Bürger herangereift ist. Er hat sich, ganz traditionell, die Hörner abgestoßen und mit Wirklichkeit und Vernunft ausgesöhnt.

Das Selbstverhältnis des Physikers ist (in seinem Tagebuch) das eines moralisch souveränen Mannes, der sich mithilfe von Arbeitsethos, Freundschaft und Liebe verwirklicht. Die in seinem Leben vorkommenden Hindernisse in Form von Leidenschaft, Ausschweifungen und Anfechtungen der spießbürgerlichen Tugendwächter umschifft er erfolgreich – eine Erfolgsgeschichte.

Die Entdeckung der eigenen Gefühle

Die Selbstbeschreibung des eigenen Lebens ändert sich in der Generation der Babyboomer. Für sie lässt sich das Leben nicht mehr ganz so leicht als Erfolgsgeschichte erzählen. Ihr Selbstverhältnis ist weniger zielgerichtet und rational, es orientiert sich stärker am inneren Wert der Selbstverwirklichung und materialisiert sich in individuellen und ästhetisierten Lebensstilen und weniger in der steilen Leistungskurve des bürgerlichen Subjekts. Die Hindernisse auf dem Lebensweg liegen außerdem weniger im Äußeren als im eigenen Selbst. Die Eltern der Babyboomer hatten die Hemdsärmel hochgekrempelt und Bremsblöcke wie ihr vaterloses Aufwachsen, womöglich unterbrochene oder verkürzte Ausbildungszeiten, die wirtschaftlichen Nöte der Anfangszeit (die zum Beispiel die Finanzierung eines Studiums ausschloss) oder die Folgen früh gegründeter Familien (die eine Selbstfindungsphase abrupt beenden konnten) aus dem Weg geräumt. Die Babyboomer hingegen suchen und finden andere Bremsblöcke in ihren Startlöchern, die sie manchmal ein Leben lang hinter sich herschleppen. Rainer E.s Beispiel erzähle ich hier, weil es im größtmöglichen Kontrast zu Karl-Hans W.s Geschichte steht. Geboren 1952 in Rostock, flieht er 1959 mit seiner Familie aus der DDR und lebt seit 1985 in West-Berlin. Seine Autobiografie beschreibt die Karriere eines straffällig gewordenen Junkies. Er beginnt in dem Moment zu schreiben, in dem sich »die Knasttüre« hinter ihm schließt.

Zu diesem Zeitpunkt hängt er seit vier Jahren an der Nadel. Der Weg in die Gefängniszelle führte mit klischeehafter Zwangsläufigkeit über das autoritäre Elternhaus, Pro-

2. Die Gefühle im Kühlschrank

bleme in der Schule, kleine Diebstähle, den autoritären Lehrherrn, die erste Fahrt nach Holland im Alter von fünfzehn Jahren mit gestohlenem Geld der Eltern, das Wochenende im Gefängnis zur Abschreckung, Hasch, die abgebrochene Lehre, Diebstähle, viele Jobs, LSD, Angstzustände, Selbstmordgedanken bis hin zum ersten Schuss, der alles auf einen Schlag veränderte. Dazwischen geschaltet lesen wir Tiraden über die verhängnisvollen Folgen seiner autoritären Erziehung: »Mir wurde auf einmal klar, dass ich aufgrund meiner Erziehung, den sehr schmerzhaften Erfahrungen, die ich in erster Linie mit meinen Eltern am laufenden Meter machte, so viele Probleme mit mir selber hatte, weil die ganze Prügel, die ich in meiner Kindheit erfahren hatte, zum großen Teil noch in mir war, denn ich hatte irgendwann einmal aufgehört, zu weinen und den ganzen Schmerz zu verarbeiten, hatte alles nur noch über mich ergehen lassen und in mich hinein gepresst, was jetzt auf meine Psyche drückte, und mich nicht mit meinem Leben klarkommen ließ, wie es andere Menschen können.«[16]

Es geht hier nicht um die Diagnose eines Lebens, dem Selbstverantwortung fehlt. Worauf es mir ankommt, ist, dass sich der EDVler ein deterministisches Selbstbild zugelegt hat – nicht er gestaltet das Leben, sondern die Voraussetzungen formen ihn. Rainer E. findet den Grund allen Scheiterns in seiner Psyche. Ihm sei klar, schreibt er, dass er ohne Prügel, Erniedrigungen und andere psychische Verletzungen in Kindheit und Jugend nicht auf die Idee gekommen wäre, seine Probleme mit Heroin zu betäuben. So aber brauche er das Heroin, um sich in seiner Haut wohlzufühlen und seinen Unsicherheiten, Ängsten,

Die Entdeckung der eigenen Gefühle

Depressionen und seinem mangelnden Selbstvertrauen zu begegnen. Die Idee des Babyboomers ist, dass jeder Mensch unversehrt und gesund zur Welt kommt und in Abhängigkeit von seinen Erfahrungen entweder aufblüht oder an ihnen zugrunde geht. Rainer E. nimmt auf der Suche nach einer sinnhaften Deutung seines Lebens einen ganz anderen Zugang als Karl-Hans W., der bei aller Beschäftigung mit sich selbst immer auf der Handlungsebene bleibt. Metaphorisch gesprochen durchsucht der eine nur die überirdisch liegenden Decks, während der andere gezielt die unterirdische Ebene ansteuert.

Ähnliche, wenn auch weniger drastische Beispiele für die Verankerung der Lebensgeschichte in der psychischen Biografie finden wir bei den Babyboomern häufig. Anna G. beispielsweise führt aus, ihre Eltern hätten sie stets kontrolliert, bevormundet und vor allem nie verstanden. Nur wegen ihnen lebe sie in »kaputten Beziehungen zu Männern«, denn sie möchte nicht in die gleiche Rolle »abrutschen« wie sie.[17] Auf dem Weg zu ihrem Selbst versucht sie es mit I-Ging, Körperarbeit, Bodybuilding, Psychoanalyse und politischer Arbeit. Dies alles soll ihr dabei helfen, »das Kind« in sich auszugraben, das verschüttet sei. Sie zerlegt minutiös ihre eigenen Gedanken und Handlungen: Wenn es um ihr Verhältnis zum anderen Geschlecht geht, vergleicht sie sich mit einem aus dem Nest gefallenen Vogel, der noch nicht fliegen könne, verdammt sich für das »Sisyphus-Spielen« mit den inneren Erwartungen, Ansprüchen und den tatsächlichen äußeren Gegebenheiten, ergeht sich in Wut- und Hasstiraden, auch gegen sich selbst, möchte sich stundenlang »ohrfeigen«, weil sie zu

2. Die Gefühle im Kühlschrank

feige sei.[18] Ihre Selbstvorwürfe reichen sage und schreibe bis zurück in das Alter von drei Jahren, als sie nicht gehandelt habe, als ihr Bruder ohne Grund verprügelt worden sei. Sie sei zu angepasst und zu lieb gewesen. »Warum nur? Was habe ich damals schon alles damit zugeschüttet?«[19] Solche Selbstzweifel waren Karl-Hans W. fremd.

Anna G. bezieht ihr Unglück zwar auf ihre Eltern, aber anders als der Physiker oder der Junkie führt sie bei der Spurensuche nicht alles pauschal auf andere zurück, die sie verantwortlich machen kann, sondern reflektiert sich selbst schonungslos. Ihr Selbstverhältnis ist weder so souverän wie das von Karl-Hans W. noch so abhängig wie das von Rainer E., sondern zersetzend und manchmal voller Häme, wenn sie sich als »angstbesetztes Frauchen« oder als jemand analysiert, die die Augen vor unangenehmen Realitäten verschließe.[20] Die Selbstzerfleischung führt erwartungsgemäß nicht zum Ziel. Anna G. erleidet einen Nervenzusammenbruch. Sie hat Panikzustände, nimmt Barbiturate ein, später folgen ein akuter Erschöpfungszustand, Agoraphobie und Herzschmerzen, die sie als psychosomatisch erkennt. Erst als sie im Jahr 1996 ihren 40. Geburtstag feiert, zieht sie eine vorsichtig optimistische Bilanz. Sie will ihre Vergangenheit hinter sich lassen und sich endlich der Gegenwart zuwenden, ehrlich gegen sich sein und sich in Gelassenheit üben.[21] Interessanterweise schließt sie in den Schauprozess, den sie sich selbst macht, ihre ganze Generation mit ein. Ihre Altersgenossen und ihr Umfeld seien zu »fünfundachtzig Prozent Alkoholiker« und verbrächten ihr Leben »auf dem Hintern«, bis sie senil würden.[22]

Die Entdeckung der eigenen Gefühle

Diese Beispiele sind bewusst wegen ihrer Überdeutlichkeit gewählt. Dass sie sich gehen ließen und mit Drogen ruhigstellten, war ein häufiger Vorwurf gegen die Babyboomer. Ihr mediales Bild der »Null-Bock« und »No Future«-Generation zeichnete eine sich in Selbstmitleid auflösende Figur. Historiker greifen zwar noch gelegentlich darauf zurück, wenn sie diese Generation in Angst, eine Generation der nie enden wollenden Selbstbespiegelung und Selbstbezüglichkeit beschreiben. Aber darum geht es meines Erachtens nicht. Frank Biess, der Pionier der deutschen Emotionsgeschichte, sieht zu Recht die »Sensibilisierung und Emotionalisierung« dieser Zeit im Vordergrund, die nicht nur Angst und Leiden, sondern auch mehr Eigenverantwortung ermöglicht habe. Man habe sich einerseits mit Drogen, Spiritualität und fernöstlicher Mystik zugedröhnt, aber andererseits auch auf gesundheitsförderliche Weise mit sich selbst beschäftigt, etwa psychisch, durch gesunde Ernährung und Krebsvorsorge.[23]

Die manchem heute vielleicht übertrieben vorkommende Selbstfürsorge war im Übrigen kein Privileg der Kinder akademisch gebildeter Eltern und der linksalternativen Szene. Mina U. wurde 1962 in Grevesmühlen in eine Maurerfamilie geboren. Ihre Kindheit und Jugend waren durch die Pioniere und die FDJ, die Kinder- und Jugendorganisation in der DDR, geprägt. Schon ihre jungen Jahre sind arbeitsam. Sie lernt erst Zahntechnikerin, bevor sie das Abitur nachholt, einen Sohn bekommt, promoviert und Lehrerin an einem Gymnasium in Greifswald wird. Dann wird sie erneut schwanger, zieht nach Braunschweig, arbeitet als Museumspädagogin und Dozentin

2. Die Gefühle im Kühlschrank

für Kreatives Schreiben. Trotz eines gewiss nicht auf Rosen gebetteten Lebens drehen sich ihre autobiografischen Schriften intensiv um ihr Innenleben. Schon an ihrem Lebensbeginn steht das Trauma: Ihre Mutter habe im Jahr 1961, als Abtreibungen in der DDR noch nicht erlaubt waren, versucht, durch Bäder und Sprünge vom Stuhl die Schwangerschaft zu beenden.[24]

Mina U. geht aber auch mit sich selbst und ihrer eigenen Eignung als Mutter äußerst streng ins Gericht. Sie bereut, dass ihr Sohn zu kurz gekommen sei, weil sie sich beruflich vor ihrem Vater habe beweisen müssen. Sie habe immer dessen Worte im Kopf gehabt, dass sie »stinkend faul« sei und zu nichts tauge. Er habe sie »Schlampe« genannt, wenn sie nicht seinen hohen Ansprüchen bei der Hausarbeit entsprach. Sie reagiert darauf mit Schuldgefühlen, Ängsten, Panik. Sie quält sich auch mit Gedanken darüber, wie enttäuscht ihr Vater wohl von ihr sei, weil sie kein Sohn ist, und sieht sich selbst als »früh gealterter Säugling, ein von Hautfalten zugedecktes Gesicht – im Ganzen ein vollkommen entartetes Mädchen. Ein Mädchen ohne die Vorzüge eines Mädchens.« Der erste Blick ihres Vaters sei bereits hasserfüllt gewesen, so hasserfüllt wie der Blick ihres Partners auf ihren eigenen Sohn, den er beinahe mit einer massiven Messingvase erschlagen hätte.[25]

Die Erfahrungen mit ihrem Sohn verknüpft sie mit ihren eigenen Kindheitsgeschichten – »vielleicht lernt ja das eine Kind vom anderen« – und entdeckt Parallelen, die in ihren Augen kein Zufall sein können. Besonders ihr gestörtes Verhältnis zu ihrem Vater, der sie immer nur mit

Die Entdeckung der eigenen Gefühle

»die« angeredet und ihr das verhasste gekochte Fleisch bis zum Anschlag in den Mund gestopft habe, scheint eine Blaupause für ihre Männerbeziehungen und ihr Verhältnis zum Sohn zu sein, aber auch für ihre Einstellung zur Arbeit. Ihr Vater habe sich aus der Arbeit »Heil« versprochen und jedes Wochenende mit Schwarzarbeit angefüllt. Er habe sich über die Parole »Schaffe, schaffe, Häusle baue« identifiziert, und wenn er nicht arbeiten konnte, habe er sich bis zum Umfallen betrunken. »Er war krank und armselig in seiner Kränke.« Aber sie fühlt sich in ihn ein und versteht, woher sein unebener Charakter kommt. »Ein Leichtes ist es, hinter seine Motive zu steigen: Seine Mutter hinterließ ihm ihre Fingerabdrücke und Fußspuren. Sie stellte ihren bettnässenden Sohn bloß, nackt bis unter die Haut. Vor der Tür musste er stundenlang stehen, in den Händen das Laken mit den Urinflecken, musste die rabiaten Späße der Gleichaltrigen ertragen. Vielleicht impfte er sich die Worte für immer ein.«[26]

Die Moral der Geschichte von Mina U. ist die Weitergabe erlittener Härten von den Nachkriegseltern auf die Babyboomer. Geschichten über das Essen, das bis zur Übelkeit aufgegessen werden muss, über den exzessiven Alkoholkonsum der Eltern, die peniblen Standards bei der Hausarbeit und die strikte Einstellung zur Arbeit finden sich immer wieder in den Erinnerungen der Babyboomer. Aber es sind nicht nur Erinnerungen, sondern auch Erbschaften.

Es erschrickt mich zu sehen, wie tief diese Nachkriegsmentalität heute noch immer sitzt. Auch wer mit sich inzwischen fürsorglicher umgeht, hat noch immer die alten

Vorurteile parat, wenn es um andere geht, die nicht ordentlich putzen, Alkohol missbrauchen, nicht auf ihre schlanke Linie achten oder zu wenig Ehrgeiz an den Tag legen. Wenn es schlimm kommt, fällt dann auch noch in meiner Generation das Stichwort »asozial«. Damit wurden im Nationalsozialismus soziale Randgruppen stigmatisiert, die als »minderwertig« galten, weil sie sich nicht anpassten und als »unnütze Esser« angeblich die »Volksgemeinschaft« sabotierten. Sie kamen mit einem schwarzen Stoffwinkel gebrandmarkt ins Konzentrationslager und sollten durch Arbeit vernichtet werden. Sowohl in der BRD als auch in der DDR ist der Begriff »Asoziale« mit den damit verbundenen Vorstellungen, es handele sich um Saboteure der Gesellschaft, bis heute lebendig. In der DDR konnten solchermaßen Stigmatisierte sogar in Arbeitserziehungslager oder in Haft geraten. Trotzdem ist das Wort noch immer nicht aus der Welt. Die Lehre, die darin mitschwingt, steckt den Babyboomern in den Knochen.

Über den Schmerz miteinander verbunden

Den Unterschied zwischen dem alten und dem neuen Selbstverhältnis verdeutlicht der Umgang mit dem eigenen Körper und mit Schmerz besonders gut. Frank Witzel, von dem wir weiter oben schon gehört haben, sieht sein eigenes Körpergefühl mit der Schmerzbiografie seiner Mutter verbunden. Seine Mutter, das Kriegskind, sei immer von einer »Aura der Schmerzen« umgeben gewesen. Jedoch seien diese Schmerzen nie konkret benannt worden, sondern immer nur diffus aufgetaucht. Das Besondere aber war, dass die Schmerzen der Mutter offenbar als viel wichtiger und bedeutungsvoller galten als die Schmerzen des Sohnes. Das bewirkte, dass sich der Sohn nicht mehr sicher war, ob er selbst wirklich Schmerz fühlte. »Es hieß, sie habe Rheuma, eine Krankheit, gegen die man allem Anschein nach nichts machen konnte und derentwegen sie auch nicht in Behandlung war, die sie aber immer wieder unerwartet überfiel. Anzumerken war ihr außer einer gewissen Verschlossenheit nichts, und genau das war das Heldenhafte, dass sie sich aus dem Bett zwang und alles genauso wie immer erledigte. Ich konnte mich nicht daran erinnern, dass meine Mutter in meiner Kindheit auch nur einen Tag krank gewesen wäre, gleichzeitig war sie auf eine für mich nicht zu begreifende Art und Weise jedoch beständig krank. Klagte ich selbst über Schmerzen, so kommentierte sie diese mit dem Satz, dass ich gar nicht wüsste, was Schmerzen seien. Das führte zu einer nachhaltigen Verunsicherung. Ich fragte mich, ab wann etwas ›wirklich‹ weh tat, fürchtete diese noch stärkeren Schmerzen und wusste gleichzeitig nicht, wie ich mit den Schmerzen, die angeblich keine waren, umgehen sollte.«[27]

Eines Tages stürzt Frank Witzel auf der Straße und fällt auf den Arm. Er hat die ganze Nacht Schmerzen, die von seiner Mutter mit dem Satz, er solle sich nicht so anstellen, kommentiert werden. Als er am nächsten Tag immer noch jammert, fahren ihn seine Eltern ins Krankenhaus. Als der Arzt feststellt, dass der Arm gebrochen ist, »führt das zu keiner Veränderung im Verhalten meiner Eltern oder gar einer Entschuldigung, wodurch die eigentliche Frage, ob

2. Die Gefühle im Kühlschrank

ich denn nun tatsächlich etwas hatte oder nicht, für mich weiterhin unbeantwortet blieb.«[28]

Ich selbst habe eine ganz ähnliche Geschichte erlebt, allerdings nicht mit meinen Eltern, sondern beim Urlaub auf einem Bauernhof von Bekannten meiner Eltern. Ich war erst sechs Jahre alt und musste auf einem Pferd einen Rucksack voller schwerer Lebensmittel transportieren. Kurz vor dem Hof fing mein Pferd an zu laufen, und dabei rutschten die schwere Last und ich ihm vom Rücken. Anders als Witzel traute ich mich gar nicht erst zu jammern, sondern versuchte die ganze Nacht, den Schmerz zu beherrschen. Erst als der Arm am nächsten Tag dick geschwollen war, ließ sich die Verletzung nicht länger verheimlichen. Ich bekam im Krankenhaus einen Gips. Auf die Vorhaltung, warum ich nichts gesagt hätte, konnte ich nichts antworten. Dass ich, nur weil mir etwas wehtat, fremde Leute alarmierte und ihnen damit womöglich noch Umstände bereitete, war für mich einfach nicht drin gewesen. Frank Witzel geht in seiner Interpretation weiter. Er glaubt heute einen Wettbewerb zwischen seiner Mutter und sich selbst um den größten Schmerz zu erkennen.[29]

Vielleicht erklärt das auch, warum viele meiner Altersgenossen so skeptisch gegenüber Schmerzmitteln sind. Nicht nur wurden wir dazu erzogen, die »Zähne zusammenzubeißen«, wir haben womöglich oftmals keinen Maßstab dafür, was Schmerz überhaupt ist und wie lange er ausgehalten werden muss.

Das lässt mich auch an unseren Umgang mit unserem Körper in der Arbeit denken. Es ist oft darauf hingewiesen worden, dass sich die Generationen in diesem Bereich unterscheiden. Die Babyboomer gelten in der Beratungsbranche als kompetitiv und leistungsorientiert. Sie hätten sich aufgrund ihrer großen Zahl durchsetzen müssen. »Mit Ellbogen, sehr viel Arbeit und Fleiß«, sagt Generationenforscher Rüdiger Maas. Für ihre Erfolge seien Babyboomer »dankbar«, sonst typischerweise »wenig anspruchsvoll«. Sie glauben noch an die »protestantische Arbeitsethik«. Die Kehrseite: Sie seien anfällig für Workaholismus und Burn-out. Der Wunsch, gebraucht zu werden, treibe sie immer weiter.[30] Neben materieller Absicherung streben Babyboomer nach Wertschätzung ihrer beruflichen Erfahrung. In einer analogen Welt und mit dem Telefon als Kommunikationsmedium sozialisiert, pflegen sie intensiv Netzwerke und Beziehungen. Ihr Arbeitsstil ist strukturiert. Neben der engen Konkurrenzsituation in einer Alterskohorte, die uncharmant als »Geburtenberg« bezeichnet wurde, hört sich diese Charakterisierung aber auch wie ein Nachhall des Erbes der Elterngeneration an. Viele arbeiten erst bis zur absoluten Erschöpfung, bis sie merken, dass sie die eigenen Grenzen überschritten haben – sie spüren es nicht früher. Auf der Habenseite steht ein ausgesprochen kritisches Verhältnis zur Leistungsgesellschaft. Babyboomer haben sich von der Gefühlstaubheit ihrer Nachkriegseltern emanzipiert. Als Trägergeneration einer allgemeinen Emotionalisierung der Gesellschaft können sie ihr problematisches Erbe in Sachen Selbstverhältnis wenigstens reflektieren und womöglich ändern. Eine Subkultur der Babyboomer-Alterskohorte kritisiert den von den Eltern ererbten Leistungsanspruch im Berufsleben grundsätzlich und

2. Die Gefühle im Kühlschrank

schaut voller Verachtung auf die Karrierewege der anderen. Eine vielleicht extreme Reaktion, aber doch immerhin eine, die den selbstzerstörerischen Zugang ihrer Vorgänger zum eigenen Körper nicht weiter hinnehmen will.

3.
Die Kinderfrage – ein über Generationen hinweg schwer befrachtetes Thema

Es ist früh am Morgen und noch stockdunkel. Ich friere und in meinem Magen sitzt die Angst. Wie jedes Mal, denn ich habe wieder einmal vergessen, dass es mir später besser gehen wird, wenn ich den ersten Skihang abgefahren bin. Mit müdem Gesicht suche ich auf dem großen Platz nach meinem Bus, der mich zum Skikurs bringen soll. Ein ruppiger Busfahrer nimmt meinem Vater die Skier aus der Hand, dann muss ich mich einreihen in die Schlange zum Einsteigen. Mein Vater setzt ein schiefes Lächeln auf. »Na, dann mal ab mit dir!« Ein fester Händedruck und schon schiebt er mich den schmalen Einstieg hinauf. Spätestens in einer halben Stunde am Autobahndreieck Brunnthal werde ich das erste Mal aussteigen müssen, weil mir schlecht geworden ist vom Geschaukel und dem Geruch der anderen ängstlichen Kinder.

Kein Bereich steht mehr für innere Kontinuität zwischen

3. Die Kinderfrage

unseren Generationen als die Haltung zum Kind und zur Erziehung. Die politische Verfasstheit eines Landes kann sich radikal ändern, Menschen können den Kontinent wechseln und ein ganz neues Leben beginnen, doch in der Sozialisation ihrer Kinder bleiben sie sich treu. Sie beharren auf Routinen und Erfahrungswissen, die noch aus Großmutters Zeiten stammen. Die Kontinuität bei den Erziehungsvorstellungen in der Familie (die in der Schule wirkt nicht ganz so stark) ist so selbstverständlich, dass es Jahrzehnte dauern kann, bis jemandem etwas auffällt. So lange hat es auch bei mir gedauert, bis mir aufgefallen ist, dass ich von meinen Eltern, wenn ich vom Busbahnhof aus in ein Ferienlager geschickt wurde, per Handschlag verabschiedet wurde. Waren wir die einzigen, die es so förmlich hielten? Von anderen Babyboomern höre ich freilich Ähnliches. Körperkontakt zwischen Eltern und Kind wurden vor allem in der Öffentlichkeit vermieden. Noch heute kostet es viele von uns Überwindung, mit Vater und Mutter auf Tuchfühlung zu gehen, selbst wenn wir seit den späten Siebzigerjahren ein verhuschtes Küsschen auf die Wange eingeübt haben.

In vielen Fällen wurde die körperferne Sozialisation von einem Buch propagiert. Auch bei uns kursierte der Erziehungsratgeber von Johanna Haarer *Die deutsche Mutter und ihr erstes Kind*. Meine Großmutter väterlicherseits las ihn und dürfte ihn für ihre sieben Kinder hilfreich gefunden haben. Denn sie gab ihn im Jahr 1962 an ihre Schwiegertochter, meine Mutter, weiter, mitsamt dem Stempel der NS-Frauenschaft. Meine Mutter sagt heute, sie habe von dem Machwerk der Haarer nicht viel gehal-

Die Kinderfrage

ten. Dennoch können wir in vielen Familien von einer großen Kontinuität bei den Erziehungsvorstellungen ausgehen, die nicht zuletzt auf den Ratgeberbestseller von Haarer zurückging. Ihr Buch war nun einmal der wichtigste und einflussreichste deutsche Erziehungsratgeber des 20. Jahrhunderts.

Das Werk erschien im Jahr 1934 und wurde vor Kriegsende genauso oft verkauft wie nach 1945 – insgesamt über 1,2 Millionen Mal. Keiner der vielen Neuauflagen bis 1987 konnte die Zeit etwas anhaben, auch wenn der Titel in *Die Mutter und das erste Kind* umgeändert und die Anrufung Adolf Hitlers und der deutschen Volksgemeinschaft entfernt wurden. Das Buch war eine Erziehungsbibel, so wichtig wie später der amerikanische Ratgeber *Baby and Child Care* von Dr. Benjamin Spock. Die Leiterin der Reichshebammenschaft empfahl Haarer, die Mütterschulungen im Dritten Reich nahmen sie zur Grundlage und instruierten damit Millionen Frauen. Nach 1945 fand Haarers Buch den Weg in die Berufs- und Fachschulen zur Ausbildung von Erzieherinnen und Kinderpflegerinnen. Und das, obwohl Johanna Haarer weder Kinderärztin noch Psychologin noch Pädagogin war, und obwohl sie 1945 wegen ihrer brennenden Liebe zu Hitler von den Alliierten inhaftiert und unter Berufsverbot gestellt worden war.

3. Die Kinderfrage

»Kinder nicht küssen!«

Haarer war beileibe nicht die Einzige ihrer Art, die einen zärtlichen Umgang mit dem Kind für unnötig oder sogar schädlich hielt. Die meisten Ratgeber verordneten Maßnahmen wie die Alete-Erziehungshilfe aus dem Jahr 1967: »Kinder nicht küssen!«[1] Die Stammautorin des *Völkischen Beobachters*, Johanna Haarer, ist uns heute nur so präsent, weil sie besonders erfolgreich war mit ihren Parolen. Früher gab es noch kein so breites und ausdifferenziertes Ratgeberangebot wie heute. Obwohl sich die Lungenfachärztin ihre vermeintliche Expertise nur angelesen hatte, verstand sie es, das gesammelte Wissen über Säuglingspflege und Kleinkinderziehung zu reduzieren und in den frühen Dreißigerjahren auf eine pragmatische und moderne Art und Weise konzentriert unter das Volk zu bringen. Sie war geschickt und wandte sich im informellen »Du« an die Mütter. Zudem setzte sie moderne Hilfsmittel wie Bildtafeln und Merklisten ein, um ihre Tipps, die in Wahrheit Anweisungen waren, zu veranschaulichen. So wurde sie zu einer Instanz, an der viele Mütter sich in Sachen Erziehung orientierten. Wer sich ihr Buch nicht anschaffen konnte oder wollte, wurde trotzdem von allen Seiten mit ihren Botschaften versorgt. Denn wie man Kinder stillte und wickelte, schien viel zu wichtig, um es dem hergebrachten Wissen der Großmütter zu überlassen. Nicht umsonst verteilten Standesämter Erziehungstagebücher, wurden Eltern, die ein Ehestandsdarlehen beantragten, in die Mütterschulung zitiert, erhielten Frauen

»Kinder nicht küssen!«

auch noch lange nach Kriegsende regelmäßig Post vom Staat, in der sie auf ihre Aufgaben im Umgang mit dem Kind hingewiesen wurden.

Es ist daher naheliegend, dass die meisten Nachkriegseltern mit Johanna Haarer großgezogen wurden. So wie die kleine Annette im Jahr 1936. Schon im Alter von vier Wochen steht sie im Zentrum einer Machtprobe mit der Mutter und wird zu ihrer Gegenspielerin erklärt. Die Lehrerin aus Dresden hatte bereits während der Schwangerschaft ein »Tagebuch von einem neuen Menschen« zu führen begonnen, aus dem wir erfahren, wohin die Reise gehen soll. Die Mutter will Annette »Kraft zum Kampf mitgeben«.[2] Das Kind soll einmal Gesundheit, Tapferkeit, Kraft und Stärke vorweisen. »Kämpfen sollst Du (…) ganz gleich, ob Du Junge oder Mädel bist, kämpfen um die größtmögliche Vollkommenheit. Und wenn Du Junge bist, dann sollst Du wissen, dass Dein Vater gerade jetzt Soldat sein wollte.« Die Rollen in der Familie sind klar verteilt. Der Vater soll sich an der Front beweisen, die Mutter bei der Entbindung tapfer bleiben und erbgesunden Nachwuchs auf die Welt bringen, das Kind eines Tages »tapfer« im Leben stehen. Das beginnt beim ersten Anlegen. Da habe Annette bereits »tapfer« getrunken, vermeldet die Mutter stolz. Der Kriegsbeginn verstärkt ihren Erziehungseifer. Als Annette erste Anzeichen eines eigenen Willens zeigt, werden diese einerseits begrüßt – ein gesundes Kind braucht einen eigenen Willen –, andererseits als Signal verstanden, dass die Eltern sofort dagegen ankämpfen müssen. Austragungsfelder des Machtkampfs werden, wie von Johanna Haarer empfohlen, die festen Zeiten beim Essen und Schlafen.

3. Die Kinderfrage

Das Familienleben in ganz Deutschland wird damals durch Haarer und Co. streng getaktet. Essen gibt es um 6 Uhr, 10 Uhr, 14 Uhr, 18 Uhr, 22 Uhr. Danach herrscht für acht Stunden Nachtruhe. Und zwar ab dem ersten Lebenstag. Sollte ein Kind andere Bedürfnisse haben, werden diese konsequent überhört. Dafür bietet sich eine Abstellkammer oder die Küche an, die möglichst schallsicher sein sollten. Als Annette einmal schon zwei Stunden früher hungrig wird als vorgesehen, schreibt ihre Mutter in das Tagebuch: »Und gestern sollte das der erste Versuch sein, wer stärker ist, deine Mutter oder du? Von 16 Uhr ab, als ich mich auf die Bank setzte, schriest du. Ich hätte nur aufstehen brauchen und weiter verfahren, und du wärest ruhig gewesen, das wusste ich. Ich tat es nicht, sondern ließ dich schreien. Der Erfolg: nach einer halben Stunde hörtest du auf, stecktest den Daumen in den Mund und blicktest munter umher.«[3]

Es ist allerdings zu einfach, diese brachialen Methoden als »nationalsozialistisch« abzutun. Sie waren im Rahmen der »neuzeitlichen Säuglingspflege« schon seit der Wende zum 20. Jahrhundert weitverbreitet und haben sich bis in die Siebzigerjahre gehalten. Auch in meiner Säuglingszeit im Jahr 1962 hielten es Eltern für angebracht, das Baby eine Nacht lang durchschreien zu lassen, damit es sich daran gewöhnte, störungsfrei zu schlafen.

Die heutige Entwicklungspsychologie hält diese Methode für traumatisierend. Sie basiert größtenteils auf Annahmen der psychoanalytischen Entwicklungspsychologie und der Bindungstheorie aus den Vierziger- und Fünfzigerjahren und auf der empirischen Säuglingsforschung, die mit Kamera und Experimenten immer näher an das Neugeborene herangekommen ist. Inzwischen wissen wir also mehr. Wir können aufgrund einer mit Kamera beobachteten angedeuteten Mikrokommunikation beweisen, dass Säuglinge vom ersten Lebenstag an fühlende und kommunizierende Menschen sind. Wir glauben, dass Menschen von Geburt an kommunikationsoffen sind und ein natürliches Bedürfnis nach Nähe und Liebe verspüren, dass eine Art Bindungsprogramm die ersten Interaktionen zwischen Mutter und Kind steuert. Wir fordern deshalb bindungsförderliche Maßnahmen wie den sofortigen Körperkontakt nach der Entbindung und befürworten das einfühlsame und verlässliche Eingehen auf kindliche Bedürfnisse. Doch damals sah die Säuglingsanthropologie noch anders aus.

In den Dreißiger-, Vierziger- und Fünfzigerjahren erkannten die Wissenschaften und Praktikerinnen etwas ganz anderes, wenn sie ein Baby betrachteten, und zwar ein abgekapseltes Wesen, das seinen Trieben hilflos ausgeliefert sei und das die Eltern erst an die Umwelt heranführen müssten, damit es sich im nächsten Schritt in die menschliche Gemeinschaft einfügen lerne. Deshalb war von der »Menschwerdung« des Kindes die Rede, als ob sich Babys zunächst noch auf tierischem Niveau bewegen würden. Säuglinge hatten angeblich noch keine Gefühle, weder körperlich noch seelisch, sondern waren abgeschlossene Reiz-Reaktions-Maschinen. Ihr Weinen wurde »Schreien« genannt und auf organische Zustände zurückgeführt, die, wenn das Kind gesättigt und trockengelegt war, kein Grund zur Besorgnis seien. Dieses Bild des empfindungslosen Menschleins war so dominant, dass noch bis in die Siebzigerjahre hinein Säuglinge ohne Narkose operiert wurden.[4]

Natürlich hatte das Konsequenzen. Ein Kind nächtelang weinen zu lassen, war kein Problem, sondern normal. Haarer und die vielen anderen weniger bekannten Erziehungsexperten des frühen 20. Jahrhunderts legten Eltern nahe, sich nicht zu lange und nicht zu oft mit dem Nachwuchs zu beschäftigen. Das würde das »System« Kind gewissermaßen zum Absturz bringen. Wenige Minuten am Tag während der Mahlzeiten und Pflegeroutinen sollten genügen. Zu viel Aufmerksamkeit oder gar Mitleid sei gefährlich, da das Kind dann nicht lerne, seine Triebe zu kontrollieren. Deshalb war es auch verpönt, das Kind nachts aus dem Bett zu holen, wenn es weinte, oder ein Kind zu trösten, das sich verletzt hatte. Mitleid verlängere nur das Weinen, hieß es. Zur Schau gestellte Liebkosungen wurden ebenfalls abgelehnt – welche Mutter zeige schon gerne ihre unangemessene »Affenliebe«.

Aus heutiger Perspektive hat der Diskurs, für den die nationalsozialistische Ratgeberautorin Haarer steht, viel Schaden angerichtet. Doch hat sie auch dazu beigetragen, dass Kinder nicht »sicher« gebunden werden konnten, wie inzwischen viele Psychologinnen und Journalisten behaupten? Tatsächlich standen ihre Regeln im krassen Widerspruch zur Idee, dem Kind durch einfühlsames bedürfnisorientiertes Handeln Urvertrauen in die Bezugspersonen und letztlich in die Welt zu ermöglichen. Eine unsichere Bindung kann lebenslange Probleme etwa bei der Beziehungsfähigkeit und der Herausbildung eines moralischen Bewusstseins nach sich ziehen. Nicht zuletzt neigen unsicher Gebundene mit größerer Wahrscheinlichkeit dazu, später ihre Kinder zu vernachlässigen und zu missbrauchen. So schließt sich der Kreis ewiger dysfunktionaler Eltern-Kind-Beziehungen und psychischer Störungen.[5]

In dieser Sicht ist es deshalb nicht übertrieben, das Buch *Die deutsche Mutter und ihr erstes Kind* als einen Ursprung deutscher Kaltherzigkeit und Gefühllosigkeit zu sehen. Die Ratschläge sind durchweg knallhart, herzlos, zynisch. Die Mutter (vom Vater ist bei Haarer praktisch keine Rede) wird aufgefordert, alle Maßnahmen in Machtproben durchzusetzen, die unbedingt mit dem Sieg der Mutter zu enden hätten. Auch Gewalt war kein Tabu. Wenn sich die Mutter sicher sei, dass sie ihr Kind gefüttert habe, gebe es keinen, aber auch gar keinen Grund, sich von dessen »Schreien« aus der Ruhe bringen zu lassen. Besonders perfide an dieser Erziehungsideologie war, worauf auch die Analytikerin Gudrun Brockhaus hingewiesen hat, dass sich Mütter von dieser Doktrin kaum lösen konnten. Denn einerseits wurde ihnen gedroht, was alles passieren würde, wenn sie nicht hart durchgriffen, andererseits wurden sie in ihrer Bedeutung für die Zukunft der Kinder, aber vor allem für die Zukunft Deutschlands dermaßen überhöht, dass es ihnen wirklich so vorkommen musste, als gebe es nichts Wichtigeres für das Überleben der deutschen Nation als ihre planmäßige Erfüllung der Sozialisationsziele.[6] Das ging so weit, dass die Rolle der Frau bei der Geburt des Kindes mit der Rolle des Mannes auf dem Schlachtfeld verglichen wurde. Beide durften

3. Die Kinderfrage

stolz darauf sein, für ihr Vaterland einen Blutzoll zu entrichten.

Was in der heutigen Rezeption der Johanna Haarer allerdings übersehen wird, ist die Tatsache, dass die Verhältnisse, in denen Kinder vor und bis weit ins 20. Jahrhundert hinein aufgewachsen sind, kaum je besser waren. Kinder wurden in früheren Zeiten zu Ammen gegeben und dort systematisch dem Hungertod ausgeliefert. Sie wurden während der Feldarbeit der Mütter in Steckwindeln an Bäumen aufgehängt und mit Mehlbrei gefüttert, was zu Darmkoliken und zum baldigen Ableben führen konnte. Mütter hatten bis zu fünfzehn Geburten und fast so viele Todesfälle – zeitweise starben fast zwei Drittel aller Neugeborenen im Säuglings- und Kleinkindalter. Mütter setzten ihre Kinder aus oder töteten sie im schlimmsten Fall als Form nachträglicher Geburtenkontrolle. Und Mütter starben selbst sehr oft im Kindbett und wurden von nicht immer sehr zugewandten Stiefmüttern ersetzt. Kinder wurden mit sechs Jahren zur Arbeit geschickt, was oft bedeutete, dass sie nie mehr zu Hause wohnten. Das alles waren gewiss keine Vorzeichen für bindungsförderliche Beziehungen. Wer die Bindungstheorie ernst nimmt, müsste konsequent sein und allen Menschen, die vor der Mitte des 20. Jahrhunderts geboren wurden, eine Bindungsstörung mit allen Konsequenzen unterstellen. Das aber wäre dann doch ein bisschen übertrieben.

Halten wir fest: Auch wenn Johanna Haarer mit ihrem Namen für die Säuglingspflege in der NS-Zeit steht, war sie keineswegs Anfang und Ende der typischen NS-Kindererziehung. Ihre Ratschläge basierten erstens auf dem

»Kinder nicht küssen!«

breiten Konsens in der westlichen Welt unter Kinderärzten und Pädagogen, wie mit Babys und Kleinkindern umzugehen sei. Diese Erkenntnisse hatten ihren Ursprung in der Verwissenschaftlichung und Rationalisierung der Säuglings- und Kleinkindpflege im 19. Jahrhundert. Damals schon wurde zum Standard erklärt, was die geschiedene deutsch-böhmische Ärztin Haarer zur nationalsozialistischen Erziehungsdoktrin erheben sollte: strengste Systematik, Rhythmisierung, Rationalität beim Umgang mit dem Kind. Zweitens beabsichtigte Haarer nicht, wie das heute behauptet wird, die Bindung zwischen Mutter und Kind zu unterlaufen. Ihre Empfehlungen standen vielmehr in einem uns heute fremden Interpretationsrahmen, was Kindheit bedeutet. Sie basierten auf einer Anthropologie des Menschen, die sich von der heutigen grundsätzlich unterscheidet. Denn damals kam der Mensch nicht auf die Welt, um sein Leben nach den eigenen Bedürfnissen zu gestalten, sondern er kam auf die Welt, um zu lernen, sich an die Härten des Lebens anzupassen.

Die Absichten der Haarer'schen Erziehungsrichtlinien waren zwar keineswegs kinderfreundlich. Sie waren Teil eines Rationalisierungsprozesses, der Haushaltsführung und Erziehung in durchgetaktete Arbeitsschritte untergliederte, wobei es um die Effizienz der Mütter ging und nicht um das Wohlbefinden des Kindes. Sie standen im Kontext der Bekämpfung der Säuglings- und Kindersterblichkeit, für die regelmäßiges Füttern und Ausscheiden, feste Schlafenszeiten und Hygiene auf breiter Front in der Bevölkerung durchgesetzt werden sollten, damit die

3. Die Kinderfrage

Nation groß und stark sei. Außerdem sollte das Kind moralisch erzogen werden. Seit der Jahrhundertwende galt die Devise, dass die Erziehung des Kindes am ersten Tag beginnen müsse. Das Kind müsse frühzeitig lernen, seine Bedürfnisse hinter höheren Prinzipien wie Pünktlichkeit und Gehorsam zurückzustellen. Ein klassischer Ratschlag aus der Erziehungsbibel von Johanna Haarer lautete: »Versagt auch der Schnuller, dann, liebe Mutter, werde hart! Fange nur ja nicht an, das Kind aus dem Bett herauszunehmen, es zu tragen, zu wiegen, zu fahren oder es auf dem Schoß zu halten, es gar zu stillen. Das Kind begreift unglaublich rasch, daß es nur zu schreien braucht, um eine mitleidige Seele herbeizurufen und Gegenstand solcher Fürsorge zu werden. Nach kurzer Zeit fordert es diese Beschäftigung mit ihm als ein Recht, gibt keine Ruhe mehr, bis es wieder getragen, gewiegt oder gefahren wird – und der kleine, aber unerbittliche Haustyrann ist fertig.«[7]

Wichtig scheint mir die Einsicht zu sein, dass sich die Menschenbilder und Mensch-Umwelt-Theorien in früheren Zeiten von den heutigen fundamental unterscheiden. Die Bindungsqualität war keine Kategorie, über die nachgedacht wurde. Ziel der grausamen und lieblosen Prozeduren war es, dass aus dem Kind einmal ein gesunder, wehrfähiger und sich einordnender Soldat beziehungsweise eine gesunde, wehrfähige und mitleidslose Mutter würde. Sensibilität, Empathie und Selbstverwirklichung standen nicht auf der Agenda. Die Aufgabe der Sozialisation wurde anders definiert als heute: Es ging nicht darum, Beziehungsfähigkeit zu entwickeln, sondern darum, die Fähigkeit zur »Lebensbemeisterung« zu fördern. Das

Leben, die Welt wurde als feindlich wahrgenommen, das Mensch-Umwelt-Verhältnis als prekär. Durch frühe Abhärtung auch gegen zu viel Gefühl und zu viel Abhängigkeit von den Eltern sollte das Kind in die Lage versetzt werden, das Leben zu »bemeistern«.

Wie leicht lässt sich das Kind trennen?

Ein ganz alltäglicher Testfall war, ob ein Kind Trennungen wegstecken konnte. In den Dreißiger- und Vierzigerjahren haben Eltern auch deshalb ihren Nachwuchs vorübergehend in Kinderheime geschickt, um ihn an die Trennung von sich und der vertrauten Umgebung zu gewöhnen. Dass diese Art von emotionaler Abhärtung den NS-Erziehungsinstitutionen sehr gelegen kam, die frühzeitig Einfluss auf die Kinder ausüben wollten, war eine willkommene Nebenerscheinung. Private und öffentliche Interessen griffen hier ineinander. Den Eltern der Nachkriegseltern fehlte damals die Einsicht für die Folgen, die diese Praxis haben konnte. Ein Beispiel aus dem Deutschen Tagebucharchiv: Eine Mutter empfand im Jahr 1939 die frühen Trennungen als einen Gewinn für sich und für ihre Kinder. In dem Heim sei alles »auf's beste und Modernste eingerichtet. Große Tagessäle, deren Wände ganz mit Märchenbildern bemalt waren, kleine Möbel, Waschbecken, (...) mittags gab es Tee oder Milch zum mitgebrachten Vesper, viele gut geschulte Tanten sorgten und spielten für u. mit Euch. Sobald Traudel stubenrein war, durfte auch sie mitkommen«, schreibt die Mutter begeistert über das Tageskinderheim. Sie schwärmt, sie könne seither ihre Kinder überall mitnehmen, sie seien überall gleich zu Hause, spielten mit fremden Kindern, »ohne nach Mutti zu schreien«. In einem anderen Fall gibt eine Mutter ihre knapp vierjährige Tochter in ein Kinderheim, obwohl sie im Haushalt bereits durch eine Zwangsarbeiterin unterstützt wird. Die Motive der Mutter sind Gesundheit und Erziehung: Das Kind habe nie Appetit, jeden Bissen müsse man ihr »reinquälen«, es schlafe zu wenig, und habe zu allem Überdruss auch noch starken Knickfuß. Sie schickt es in ein Kinderheim im Gebirge. Doch die erhoffte Generalüberholung des Kindes bleibt aus. Alle acht Tage erhält die Mutter Nachricht über ihre Tochter. Sie wird informiert, dass ihr Kind keinen Kontakt zu den anderen Kindern aufnehme, nicht mitspiele und das Bett einnässe. Sie kommentiert das so in ihrem Tagebuch: »Ja, das ist eine schlimme Geschichte! Ich hoffe, sie wird es sich dort abgewöhnen.« Nach acht Wochen erhält sie ihr Kind zurück. Brita hat zweieinhalb Pfund zugenommen und sieht besser aus. »Besonders aber in erzieherischer Hinsicht scheint es Brita gut getan zu haben.«[8]

Diese Praxis war weitverbreitet, besonders in gebildeten und bürgerlichen Kreisen, wo Eltern ausreichend Zeit und Ressourcen hatten, sich ausgiebig mit der Theorie und Praxis der Kindererziehung zu beschäftigen. Ihre eigenen Erziehungserfahrungen haben die späteren Nachkriegseltern in abgewandelter Form in der nächsten Generation wiederholt. Zum Beispiel die Sache mit der Trennung: Auch in den Sechzigerjahren sollte ein Kind möglichst autonom werden von seinen Bedürfnissen nach Nähe.

Wie leicht lässt sich das Kind trennen?

Heimweh zu haben, galt als ein Zeichen der Schwäche. Ob Ferienlager, Kuraufenthalt oder Auslandsaufenthalt mit Sport- und Fremdsprachen-Angebot – das ideale Kind gewöhnte sich immer noch schnell an neue Umstände unter fremden Menschen. Dabei blieben die Rituale und Institutionen, die sich schon in der NS-Zeit und nach dem Krieg bewährt hatten, unangetastet. Nach wie vor galt es, hart zu bleiben beim Abschied und zwischendurch keinen Kontakt aufzunehmen. Eltern hatten ihren Nachwuchs »abmarschbereit« am Bahnhof abzuliefern, danach gab es höchstens mal eine Postkarte als Lebenszeichen.

Ein besonders eindrückliches Beispiel für die Kontinuitäten über den Epochenwechsel 1945 hinweg waren die Zustände während der Kinderkuren. Erst in den letzten Jahren wird davon gesprochen, wie es in den fast tausend Heimen zuging, die von Kirchen, Wohlfahrtsverbänden oder von privater Hand getragen wurden. Nicht zuletzt auf der Grundlage von Erinnerungen ehemaliger »Verschickungskinder« wird inzwischen rekonstruiert, dass in den zahlreichen Kinderkurheimen zwischen Schwarzwald und Ostsee mit demselben Personal wie vor 1945 und nach denselben erbarmungslosen Prinzipien zu Werk gegangen wurde. Kinder mussten schon ab dem zweiten Lebensjahr sechs Wochen am Stück ohne jeden Kontakt zu den Eltern aushalten. In die Mühlen der Kinderkurwirtschaft geriet nicht nur, wer schwach und krank war, sondern auch Kinder aus der Großstadt, deren Eltern überfordert schienen. Die Entscheidung für einen Kuraufenthalt trafen nicht immer die Eltern selbst, sondern oft Kinderärzte. Deren Urteil galt, weil die Autorität des »Halbgott

3. Die Kinderfrage

in Weiß« wirkte und weil viele Eltern fanden, dass ihrem Kind nur guttäte, was sie selbst in jungen Jahren überstanden hatten. »Viele der im Krieg Verschickten verlangten offenbar später von ihren eigenen Kindern die gleiche Härte sich selbst gegenüber und eine stoische Ergebenheit in die Verhältnisse«, schreibt Hilke Lorenz.[9] Ärmere Menschen, die sich keinen Urlaub leisten konnten, dachten zudem, dass ihre Nachkommen auf diese Art und Weise zumindest auch eine Art von Reise erlebten.

Für ihr ergreifendes Buch *Die Akte Verschickungskinder* hat die Journalistin Lorenz ausführlich mit Babyboomern gesprochen, die bis in die späten Siebzigerjahre hinein in Kuren gelandet waren und oft bis zum heutigen Tag ihre traumatischen Erfahrungen für sich behalten hatten. Die Tagesabläufe und Essenspläne in den Einrichtungen waren rigide und wurden mithilfe drakonischer Strafen durchgesetzt. Gegessen werden sollte, was auf den Tisch kam, und manchmal musste sogar das Erbrochene wieder hinein. Bettnässer wurden vor den anderen Kindern gedemütigt und manchmal ohne medizinische Indikation und ohne Zustimmung der Eltern mit Spritzen ruhiggestellt. Warum die Kinder so viel Angst hatten, dass sie ins Bett machten, interessierte niemanden. Manches Kind, das in einem ungünstigen Alter und ohne Erklärung für sechs Wochen in die sogenannte Kur gesteckt worden war, erkannte hinterher seine Eltern nicht mehr und blieb nachhaltig verängstigt und verstört. Die Betroffenen behielten ihre Erfahrungen dennoch für sich, denn sie wollten ihre Eltern nicht enttäuschen, die große Hoffnungen in die »Erholung« des Kindes gesetzt hatten. Wenn sich doch einmal jemand über einen besonders rüden Kinderarzt oder eine besonders sadistische Heimmitarbeiterin beschwerte, setzten die Verantwortlichen dank ihrer Autorität als Mediziner und Experten ihre Sichtweise gegen die Schilderungen der Kinder durch. Selbst so fragwürdige Vorkommnisse wie das Befingern und Küssen nackter Mädchen blieben folgenlos. Nicht zufällig erinnert manches in der Kinderkur Erlebte an die notorischen sexualisierten Übergriffe in Erziehungsheimen, Internaten, Kinderchören und Sportmannschaften. Die deutsche Gesellschaft wird sich wohl inzwischen klarmachen müssen, dass die Gefährdungen der Kinder und Jugendlichen durch die Menschen, denen sie anvertraut wurden, in allen Institutionen groß waren. Überall, wo Babyboomer Personen überlassen wurden, die selbst noch das alte Erziehungsmodell durchlitten hatten oder die bereits in der NS-Zeit mit Kindern gearbeitet hatten, konnte es zu grausamen Übergriffen kommen.

Später, als die Babyboomer selbst Verantwortung für Kinder übernahmen, hatten sie immerhin die Chance, es besser zu machen. Die Veränderungen setzten in den späten Sechzigerjahren und frühen Siebzigerjahren ein, als sie im Teenageralter waren. Sie erlebten den Paradigmenwechsel also noch am Rande und am eigenen Beispiel mit. Deshalb war es ihnen, als sie selbst Nachwuchs bekamen, oft sehr wichtig, sich anders zu verhalten als die eigenen Eltern. Die Kinder der Babyboomer sollten nicht mehr für die Welt passend gemacht werden, sondern die Fähigkeit erhalten, die Welt selbst zu gestalten. Babyboomer halfen

3. Die Kinderfrage

mit, das Erziehungsziel der Lebensbemeisterung zu einem Erziehungsziel der Lebensgestaltung zu verändern.

Diese Wendung änderte alle Erziehungsgrundlagen. Jetzt kam es nicht mehr in erster Linie auf die ordnungsgemäße »Wartung« des kindlichen Körpers an, sondern auf die liebevolle Zuwendung zur kindlichen Psyche. Das neue Mantra, das sich über die westliche Welt verbreitete, lautete: Das Neugeborene ist von Kopf bis Fuß auf Liebe eingestellt und braucht sonst gar nichts. Praktisch bedeutete das unter anderem, dass der »Hygienewall« zwischen Mutter und Kind abgeschafft wurde – an seine Stelle trat der Hautkontakt. Eine Nachkriegsmutter erlebte den Geburtsvorgang im Kreißsaal oftmals gar nicht oder stark gedämpft unter Narkose. Ab Ende der Siebzigerjahre konnten Frauen ihre Kinder »sanft« auf die Welt bringen. Der Schauplatz veränderte sich vom abschreckenden Kreißsaal zum wohnzimmerartigen Ambiente. Babys wurden nicht mehr sofort auf die Neugeborenenstation gebracht, sondern der Mutter nach der Entbindung an die Brust gelegt und später in ihrem Zimmer belassen, wenn das die Mutter wünschte. Das neue Schlagwort war das Stillen »on demand«, also nach Bedarf, anstelle des strengen Rhythmus, der früher unter allen Umständen durchgehalten werden sollte.

In meiner Studie zur frühkindlichen Sozialisation im 20. Jahrhundert habe ich nachgewiesen, wie sehr sich Eltern immer bemüht haben, die jeweiligen Normen auch umzusetzen. In Babytagebüchern konnte ich nachvollziehen, unter welchen großen Druck sie dabei geraten konnten, wenn sie alles »richtig« machen wollten. Manches

Müttertagebuch aus der Zeit, als die Babyboomer noch klein waren, liest sich wie ein Kampf, in dem um jeden Preis die vorgegebenen Uhrzeiten, Schlafroutinen, die erwünschte Gefühlsknappheit im Umgang durchgesetzt werden sollte. Das Leben der allermeisten begann in den Fünfziger- und in den Sechzigerjahren nach einem gestanzten Programm, das so auch schon in den Dreißigerjahren gegolten hatte. So war die frühkindliche Sozialisation für die beiden Generationen, die uns hier interessieren, die Nachkriegseltern und die Babyboomer, eine große historische Klammer. Doch die Jüngeren hatten immerhin die Möglichkeit, bei ihren eigenen Kindern etwas anders zu machen. Ab den Siebzigerjahren konnten Mütter und Väter viel öfter selbst entscheiden, wie sie mit ihrem Neugeborenen umgehen wollten.

Aus der eigenen Kindheit lernen

Nicht der wissenschaftliche Fortschritt allein bringt Wandel. Damit neue Ideen und Erkenntnisse in der Praxis ankommen, müssen sich die Akteure erst einmal mit ihrer eigenen Erfahrung ehrlich befassen. Denn solange die Ansicht herrscht »Was mir nicht geschadet hat, wird auch meinem Kind nicht schaden«, gibt es keinen Anlass zur Veränderung. Wie schwer es aber fällt, den eigenen im Körper sitzenden Erfahrungsschatz kritisch zu beleuchten und aufgrund dieser Einsicht beim eigenen Kind etwas anders zu machen, zeigt das Tagebuch von Ernst S. Der Nachkriegsvater beginnt nach der Geburt seiner Tochter

3. Die Kinderfrage

Uta im Dezember 1964 zu schreiben. Ernst S. wohnt in Mönchengladbach. Er arbeitet als Buchhalter, spielt in seiner Freizeit Cello und lernt an der Volkshochschule Latein. Jetzt hat er ein weiteres Lebensziel: Sein Kind zum christlichen Glauben zu führen und, vor allem, es anders zu erziehen, als er selbst erzogen worden war. Das Verhältnis der beiden ist eng. Noch mit zwei Jahren darf das Mädchen beim Vater im Bett schlafen. Die Voraussetzungen scheinen gut, dass sich in dieser Familie zwischen den Generationen echter Wandel vollziehen kann. Der Vater ist sehr aufmerksam und bemüht sich, die Welt auch mit Utas Augen zu sehen. Denn von Anfang an treibt ihn eine Angst um: »Der Himmel bewahre mich davor, dass ich und Uta eines Tages ein solch schlechtes Verhältnis zueinander haben wie ich zu meiner Mutter. Darum muss ich mich schon jetzt davor hüten, das Kind auf meine Eigenarten festlegen zu wollen.«[10] Er ist unsicher, ob er das schaffen wird. Schließlich sei ihm noch nie ein schwieriges Vorhaben gelungen, und es würde ihn wundern, schreibt er, wenn er mit Utas Erziehung »zu einem Ergebnis« käme, das seinen Wünschen entspräche. Schon das klingt widersprüchlich: Er möchte das Kind einerseits nicht einengen, andererseits schwebt ihm sehr wohl ein wunschgemäßes »Ergebnis« vor.

Als Uta noch nicht einmal drei Jahre alt ist, beschäftigt ihn die Frage, ob er ihr die Natürlichkeit und Unmittelbarkeit erhalten könne, was er bei Mädchen für besonders wünschenswert, aber auch für besonders schwierig hält. Er verordnet sich selbst, sein Herz nicht an die Anmut des Kindes zu hängen, sonst würde ja seine Liebe vergehen,

Aus der eigenen Kindheit lernen

sobald das Mädchen nicht mehr so hübsch anzusehen sei. »Dein Gefühl muss eine tiefere Wurzel haben. Binde dein Kind nicht an dich. Gib ihm schon jetzt Gelegenheit, sich allmählich von dir zu lösen«, beschwört er sich selbst.[11] Im Alter von drei Jahren führt er Uta an die Musik heran. Sie hören Händel. Schwimmen soll sie auch schon lernen, und als sie sich dabei zu wenig bemüht, ist der Vater niedergeschlagen und fragt sich, wie es erst wird, wenn er ihr Wichtigeres als Schwimmen beibringen müsse.[12] Seine eigene Unbeherrschtheit macht ihm zunehmend zu schaffen. Als Uta nur widerstrebend ihr Zimmer aufräumen will, tritt er absichtlich auf ihr Spielzeug.

Das große Drama kommt aber mit dem Erlernen eines Instruments. Einen Moment lang erkennt der Vater die Wiederholungsgefahr, denn er selbst hatte wegen des Klavierunterrichts große Schwierigkeiten mit seinen Eltern, doch die Erkenntnis hilft ihm nicht. Schon zwei Monate später schreibt er von einem »ständigen Kleinkrieg« mit Uta, weil sie nicht genügend übe.[13] Er nimmt sich vor, weniger schroff zu sein, weil sie ihn sonst einmal in schlechtem Andenken halten werde. Als er auf das Jahr 1969 in seinem Tagebuch zurückblickt, schreibt er von einem unschönen Jahr mit heftigen Auseinandersetzungen, bei denen er sich seiner Tochter gegenüber ungezügelt und verständnislos benommen habe. Ihn wundere nur, dass sich das Mädchen noch nicht von ihm zurückziehe. Im zweiten Musikschuljahr wird es richtig schwierig. Im Mai 1971, Uta ist sieben, bekommt sie die erste individuelle Klavierstunde. Sie besteht zwei Schwimmprüfungen und bringt ein sehr gutes Zeugnis nach Hause, doch im

3. Die Kinderfrage

November, kurz vor ihrem Geburtstag, fragt sich Ernst E., was es ihr bringe, wenn sie gut rechnen und Klavier spielen könne, »aber seelisch und körperlich krank wird? Die feuchten Hände des Kindes, seine Magenschmerzen beim Üben sehe ich als deutliches Zeichen an, dass wir den Bogen überspannen. Ich mache das aber nicht mehr mit, selbst wenn ich liebgewonnene Wünsche aufgeben muss. Mir scheint es überhaupt am besten, den Kindern nicht mehr als das unumgänglich erforderliche Wissen beizubringen.« Beim Weihnachtsliedersingen in der Kirche ist der Vater überzeugt, dass er und Uta einander noch viel Kummer bereiten werden. Ein Dreivierteljahr später, als Uta eines Morgens nicht damit einverstanden ist, 45 statt nur 30 Minuten Klavier zu spielen, meldet er sie kurzerhand vom Unterricht ab. Nach drei Jahren Quälerei. Der Vater ist tief enttäuscht, offenbar wolle Gott nicht, dass ihn seine Tochter stolz und womöglich hochmütig mache.[14] Kurz darauf verkauft er auch das Klavier, so bestehe keine Gefahr mehr, in seinen alten Ehrgeiz zurückzufallen. Der letzte Eintrag des Tagebuchs, das Mädchen ist nun dreizehn, endet mit einem Gedicht. Darin heißt es: »Sieht man die Jahre nur, ist es nicht lange her, doch hat ein Abgrund zwischen uns sich aufgetan – unüberbrückbar wohl für immer.«[15]

Obwohl Ernst E. seine eigenen Kindheitserfahrungen kritisch hinterfragt und fest vorhat, es anders zu machen als seine Eltern, ist er sehenden Auges in die gleiche Falle getappt. Er wiederholt ihre Fehler, mit denen er einst selbst als Kind konfrontiert gewesen war. Trotz seines Einfühlungsvermögens scheitert somit letztlich die Beziehung zu seiner Tochter.

Aus der eigenen Kindheit lernen

Es kommt selten vor, dass Menschen so offen mit den eigenen Verletzungen und so selbstkritisch mit dem eigenen Verhalten umgehen. In meiner Studie über den Erziehungswandel im 20. Jahrhundert habe ich Eltern gefragt, wie sie im Nachhinein auf den Umgang mit ihren Kindern blickten. Ganz selten waren sie erschrocken darüber. Meistens fanden sie, ihr Kind zum Beispiel zu schlagen, habe diesem schon nicht geschadet. Die eigenen Sozialisationserfahrungen nicht am Kind zu wiederholen, war anscheinend schwierig, und zwar nicht nur für Nachkriegseltern, sondern auch für Babyboomer. Der Versuch, es anders zu machen, endete häufig mit Schuldgefühlen. Wer in den Achtzigerjahren und später Kinder bekam, konnte sich schließlich nicht mehr auf Tradition und altes Wissen berufen. Nun wurde von Eltern erwartet, sich reflektiert und jederzeit »intuitiv« der Erziehung ihrer Kinder zu stellen. Es gab ein schier unübersehbares und ausdifferenziertes Ratgeberangebot. Jedes Kind sollte als individueller Fall behandelt werden. Zudem hatte die Achtundsechziger-Bewegung einen moralischen Zungenschlag in die Erziehungsdebatte gebracht. Am Umgang mit Kindern musste sich die Demokratiefähigkeit der Bevölkerung erweisen.[16] Besonders im alternativen, feministischen und umweltbewegten Milieu schraubten sich die Hoffnungen auf gesellschaftliche Erneuerung und persönliche Selbstverbesserung durch Kinder höher und höher. Jetzt sollten junge Leute nicht mehr den langen Marsch durch die Institutionen antreten, sondern durch die Generationen: Erst die Arbeit am »inneren Kind« und später auch am eigenen Kind ermögliche gesellschaftlichen Wandel, hieß es.

3. Die Kinderfrage

In der Akademikerzeitschrift *Kursbuch* beschrieb im Jahr 1983 eine Psychotherapeutin unter der Überschrift »Krönung der Therapie«, was es neuerdings bedeute, ein Kind zu bekommen. Während die Nachkriegsmütter noch unreflektiert und sich selbst vernachlässigend Nachwuchs in die Welt gesetzt hätten, sollten die Babyboomerinnen durch »emanzipatorisches Kinderkriegen« zu ihrer Identität finden. Die Magie des Neubeginns bei der Geburt eines jeden Kindes erscheine den Zeitgenossen, so Franziska Gronau, als Erlösung aus der persönlichen Misere genauso wie aus der Legitimationskrise der Moderne.[17] Schon die Empfängnis, Schwangerschaft und Geburt, durch die ein angeblich naturhaftes Programm installiert werde, das Mutter und Kind aufeinander einstimmen sollte, würden über die Maßen bedeutungsvoll. Mütter und seltener Väter bezögen sich auf die Erziehungshaltung der sogenannten Naturvölker, öffneten sich spirituell für den Kreislauf des Lebens, verbänden die Zukunft des Planeten mit der des eigenen Kindes und vergrüben in ihrem utopischen Überschwang die Plazenta unterm Birnbaum im Garten.

Den Überschwang, der mit der Kinderfrage verbunden sein konnte, veranschaulicht das Tagebuch von Sibos Mutter aus den späten Siebzigerjahren, die im sechsten Schwangerschaftsmonat zu schreiben beginnt, um bereits ihre Beziehung zum Ungeborenen zu reflektieren: Die Schwangerschaft nimmt die Sozialpädagogin als metaphysisches Ereignis wahr, die »Natur« habe das Regiment über ihren Körper übernommen. Schon kurz nach der Befruchtung der Eizelle verspürt die Mutter Liebesgefühle.

Aus der eigenen Kindheit lernen

Sie nennt ihren Embryo »Waldbewohnerin«. Den Geburtstermin im Frühjahr deutet sie naturphilosophisch, sage er doch etwas über die Persönlichkeit des Kindes (im Sternzeichen »Stier«) und dessen Bedeutung für die Mutter aus: »Ich freue mich, dass Du in dieser Jahreszeit geboren wirst. Es passt zu meinem I-Ging: wie der Frühling, der aus der Stockungszeit des Winters in die fruchtbare Zeit des Sommer führt. […].« Die Beziehung zum Kind im Uterus empfindet sie als Symbiose. »Ich ändere mich durch Dich – zuerst leicht depressiv werde ich stabiler, froher, sicherer – ich vertraue mir.« Sozialisation funktioniert in beide Richtungen.

Die Mutter von Sibo, deren Babytagebücher ich auswerten durfte und die auch für ein Interview zur Verfügung stand, sah die moderne Schwangerenvorsorge und Geburtshilfe kritisch und setzte auf alternative Methoden. Statt über Ultraschall oder Herztöne-Schreiber suchte sie unmittelbare Kommunikation mit dem Ungeborenen. Sie streichelt ihren runden Bauch und fühlt sich von innen gestreichelt. Als es so weit ist, verlässt sich die zu Hause Gebärende ganz auf Massage und Atmung und die Unterstützung ihres Mannes, bis es ihr gelingt, den Sohn »rauszuatmen«.[18]

Der Perspektivwechsel im Vergleich zur Generation der Nachkriegseltern wird in diesem Beispiel überdeutlich. Die Mutter erkennt schon im Embryo den vollwertigen »Menschen«, in den sie sich hineinversetzen will. Sie identifiziert sich mit dem Kind und idealisiert es von Anfang an. Ihr Wunsch, es möglichst frei von gesellschaftlichen Zwängen aufwachsen zu lassen, spiegelt ihre eigene Vorstellung von einem freien Leben. An dem grundguten Wesen des Kindes besteht für sie kein Zweifel.

Das Kind wird, zumindest in diesem hoch reflektierten Milieu, als ein Mensch im Idealzustand verklärt. Es muss nicht, wie in dem älteren Sozialisationsmuster, nach bürgerlichem Maßstab an die Welt angepasst werden, sondern es ist schon vollwertig und sogar dem von der Zivilisation deformierten Erwachsenen überlegen. Durch eine solche Einfühlung in das Kind wollen die Eltern für sich selbst profitieren. Sie erblicken sich selbst im Kind und hoffen bis zu einem gewissen Grad darauf, von ihm erlöst zu werden. Sie wollen eine Liebesbeziehung zu ihm gestalten, selbst wenn sie dabei scheitern. Anders als die Nachkriegseltern betonen die Babyboomer die Bindung. Sie vermeiden nicht notwendige Trennungen, fahren zusammen mit ihrem Kind in den Urlaub und opfern sich manchmal so sehr auf, dass ihr eigenes Leben völlig in den Hintergrund tritt. Ich hatte Freundinnen, von denen man hätte meinen können, sie seien zwanzig Jahre lang von Außerirdischen entführt gewesen, als sie wieder aus der Kinderphase auftauchten. Es anders zu machen als die Nachkriegseltern spielte dabei eine wichtige Rolle. Das war anstrengend und letztlich doch unfrei, denn alles, was geschehen sollte, war eine Antwort auf das Verhalten der eigenen Eltern. Insofern waren Babyboomer wiederum enger an die Generation der Nachkriegseltern gebunden, als es ihnen immer bewusst war.

Zwiespältige Gefühle
zwischen Eltern und Kindern

Dass Eltern sich mit ihren neuen Ansprüchen an sich auch überforderten, kann nicht verwundern. Die Forschung zu diesem nicht intendierten Ergebnis des an sich gut gemeinten Erziehungsstilwandels hat in den späten Neunzigerjahren zugenommen. Bis dahin hatte noch die Idee gegolten, dass Eltern-Kind-Beziehungen entweder gut oder schlecht laufen. Dass »positive und negative Einstellungen gleichzeitig möglich sind«, sprich auch ambivalente Gefühle mitmischen, wird erst neuerdings offener besprochen.[19] Seither mehren sich Erfahrungsberichte von Kindern, aber auch von Eltern, die sich voneinander abgewandt haben, weil sie keine gemeinsame emotionale Basis mehr finden konnten.[20] Zwar wissen wir seit Sigmund Freud, dass Kleinkinder Liebe und Hass gleichzeitig für ihre Erzeuger empfinden, und wir kennen mindestens aus Romanen und Spielfilmen stolze und gleichzeitig auf ihre Kinder neidische Mütter und Väter. Dennoch wurde über Mütter, die nicht lieben können, und Kinder, die sich von ihren Eltern vollständig abwenden, lieber geschwiegen.[21] Ich denke, das neue Interesse an diesem Problem erklärt sich auch mit den gegenseitig gestiegenen Erwartungen seit dem großen Erziehungsstilwandel der Siebzigerjahre. Das Tragische dabei ist, dass häufig Eltern, die selbst ein schwieriges Verhältnis zu ihren Eltern hatten, weil sie vernachlässigt worden waren, nun ebenfalls erleben müssen, wie sich ihr Kind von ihnen trennt. Diese

3. Die Kinderfrage

Eltern hatten ihr Kind oft unwissentlich dafür missbraucht, ihre eigenen Bedürfnisse nach Liebe und Nähe zu befriedigen. »Manche haben ihre Kinder dann mit ihrer Nähe erstickt oder ihnen jede Verantwortung abgenommen«, so die Psychotherapeutin Claudia Haarmann.[22]

Toxische Beziehungen zwischen Eltern und Kind und die damit einhergehende Generationenambivalenz sind aber nicht nur Folgen persönlichen Scheiterns, sondern auch ein gesellschaftliches Problem. Die Sozialisationsaufgabe ist immer anspruchsvoller geworden. Eltern müssen sich viel länger um ihre Kinder kümmern als zu früheren Zeiten, als der Nachwuchs schon in jungen Jahren in Ausbildung und Arbeit gegeben wurde. Auch treten die Werte in der Erziehung immer mehr in Konflikt miteinander. Einerseits gilt die Unabhängigkeit der Eltern und der Kinder nach wie vor als ein Maßstab, andererseits werden lebenslange Fürsorglichkeit und Rücksichtnahme in den Eltern-Kind-Beziehungen immer größer geschrieben. Der heutige Mensch soll beides gleichzeitig sein – frei und ungebunden, aber auch sorgend und gebunden. Ein weiterer Grundwiderspruch in den Generationenbeziehungen ist die Hoffnung auf Ähnlichkeit und auf Unterscheidung. Wenn beispielsweise Mütter ihren Töchtern die Bedeutung von Mann und Familie nahelegen und dazu noch betonen, wie wichtig für eine Frau Schönheit und Schlankheit seien, hoffen sie insgeheim, dass die Töchter einmal ihnen selbst ähneln. Gleichzeitig hoffen Mütter aber auch, dass sich ihre Töchter von ihnen unterscheiden, nicht zuletzt, indem sie sich vom alten Weiblichkeitsideal emanzipieren und selbst für sich sorgen können.

Zwiespältige Gefühle zwischen Eltern und Kindern

Im 20. Jahrhundert änderte sich die Welt rasant, sodass die Unterschiede zwischen den Lebensverhältnissen der Eltern und der Kinder immer größer wurden. Das beginnt mit den ökonomischen Voraussetzungen – hier die Aufbaugeneration, dort die Erbengeneration, hier die Wirtschaftswundergeneration, dort die postmaterielle Generation. Während die Nachkriegseltern oft bescheidene Anfänge erlebten, von denen aus es wirtschaftlich verlässlich bergauf ging, bis sie ihre eigenen Eltern ökonomisch überholt hatten, erlebten die Babyboomer, dass sie mit einem hohen Lebensstandard gestartet waren, aber nach Auszug aus dem Elternhaus und auch noch nach Jahrzehnten der Arbeit schlechter dastanden. Sie schafften es nicht, wie einst ihre Eltern, durch Fleiß und Sparsamkeit ein Haus zu bauen und von nur einem Einkommen zu leben. Oft mussten sich Babyboomer sogar noch im Erwachsenenalter von ihren Eltern unter die Arme greifen lassen und mit dem erpresserischen Druckpotenzial eines in Aussicht gestellten Erbes umgehen.

Zentrale Fragen der Lebensführung – Liebe, Ehe, Sexualität, Erziehung – erzeugten zusätzlich Spannung zwischen den Nachkriegseltern und den Babyboomern. Als selbstverständliche Norm gilt, dass sich Kinder in der Adoleszenz von ihren Eltern abgrenzen und abnabeln, aber gleichzeitig sollen sie zu einem Lebensentwurf finden, der nicht zu weit von den Vorstellungen der Eltern entfernt ist. Es herrscht die naive Vorstellung von harmonischen Familienbeziehungen, die ein Leben lang unverbrüchlich bleiben und alles aushalten, selbst wenn die ältere Generation von Krieg und Nachkriegszeit geprägt

3. Die Kinderfrage

waren und die Kinder vom großen Wertewandel der Sechziger- und Siebzigerjahre. Eltern sollen heute die besten Freunde ihrer Kinder sein, aber sie wollen auch nicht ihr eigenes Leben von ihnen zu sehr infrage gestellt sehen. Aber: »Kinder werden nie genau so sein können wie ihre Eltern, selbst wenn die einen oder die anderen dies wünschen bzw. anstreben. Und: So sehr Kinder einmal werden sollen wie ihre Eltern, so sehr gilt auch, dass sich dieses Ideal nicht erfüllen lässt.«[23]

Zwiespältige Gefühle zwischen den Generationen sind nicht zuletzt geschlechtsspezifisch, wie die Genderwissenschaftlerin Dagmar Lorenz-Meyer gezeigt hat. In der Babyboomergeneration stehen Töchter häufig ambivalent dem Lebensmodell der Mütter gegenüber. Besonders die Aufopferungsmentalität der Mutter als Hausfrau und Ehefrau empfinden sie als selbstausbeuterisch und freiheitsraubend. Auch stoßen sich Töchter am Widerspruch der dominanten Rolle der Frau gegenüber den Kindern und der unterwürfigen Rolle der Frau gegenüber dem Ehemann. Eine Probandin erzählte der Wissenschaftlerin, sie habe von klein auf gewusst, dass sie nicht das Leben ihrer Mutter fortsetzen wolle. In ihrer Schulzeit in den Siebzigerjahren sei erwartet worden, aus dem Lebenskonzept der Mütter auszusteigen. Sie empfinde es nun als großes Dilemma ihrer Generation der Babyboomer, dass sie von ihren Eltern und Großeltern traditionelle Werte nahegebracht bekommen habe, die jetzt irgendwie in ihr steckten, vor denen sie aber gleichzeitig fliehen wolle. Väter, obwohl häufig abwesend und inkonsequent in den moralischen Standards für andere und für sich selbst, lösen

Zwiespältige Gefühle zwischen Eltern und Kindern

offenbar bei ihren Kindern weniger ambivalente Gefühle aus.[24]

Auch Frank Witzel hat sich mit den eigenen und den elterlichen Ambivalenzen auseinandergesetzt. Sein Vorsatz als Sohn von Nachkriegseltern sei es gewesen, in allen Bereichen das Gegenteil zu machen: Wenn sie an Gott glaubten, würde er ihn leugnen, wenn sie heirateten, würde er ungebunden bleiben, wenn sie Kinder in die Welt gesetzt hatten, würde er genau das verweigern. »Es war ein pubertäres, reflexhaftes und nie bewusst durchdachtes Verfahren, mit dem ich dem aus dem Weg gehen wollte, was ich am Leben meiner Eltern als falsch erkannte.«[25] Reflexhaft reagierten aber auch seine Eltern auf diese Zumutungen ihres Sohnes. Dann drohte Prügel, oder dem Vater »rutschte« die Hand aus. »Da ich am Kopfende des Esstischs saß und mein Vater links von mir an der Längsseite, war ich immer in direkter Reichweite seiner Rechten, die mich oft völlig unvorbereitet während dem traf, was ich noch für eine Diskussion hielt, er jedoch bereits als Subordination empfand.«[26]

Mina U.s Tagebuch aus den Jahren 1992 bis 1995 gibt das Beispiel einer Babyboomerin, die viele generationenübergreifende Ambivalenzen gleichzeitig verspürt. Zunächst ist sie sich der Tatsache bewusst, ein unerwünschtes Kind gewesen zu sein. Ihre Mutter sei vom Stuhl gesprungen und habe Dampfbäder genommen, um die Schwangerschaft zu beenden. »Ich hätte an ihrer Stelle einen Marathonlauf ausprobiert«, schreibt die Tochter. »Aber sie war nie darauf aus, an die Grenzen ihrer Kräfte zu gelangen.

3. Die Kinderfrage

Sie wurde mich einfach nicht los, jedenfalls nicht mit ihren Mitteln, und haderte mit sich, kurz nach der Geburt von A. wieder schwanger geworden zu sein. ›Mich muss ein Mann nur ansehen und schon habe ich ein Kind im Bauch‹, rechtfertigte sie sich.«[27]

Dieses Motiv, unbeabsichtigt gezeugt worden, ein »Unfall« gar gewesen zu sein, prägt viele Erzählungen von Babyboomern, die ja vor der Verbreitung der Antibabypille geboren wurden. Oft knüpfte sich daran eine tragische Erzählung, an der das Kind dann »schuld« war: ein Zerwürfnis zwischen Mutter und Großmutter, die das unmoralische Verhalten der Tochter verdammte, oder die verloschenen Zukunftsträume des Vaters, der lieber noch eine langjährige Ausbildung gemacht hätte als aufgrund der ungeplanten Familiengründung frühzeitig einen Beruf anzutreten. Die harte Landung in einem ungeliebten Familienalltag strapazierte die Nachkriegseltern und ihre Ehen, was sie ihre Kinder häufig spüren ließen. So blicken die Babyboomer oftmals auf einen negativen Ursprungsmythos zurück, den sie auf die Kurzformel bringen können: Ohne mich wäre das Leben meiner Eltern ganz anders und zwar schöner verlaufen. Das konnte sogar die eigene Entscheidung für oder gegen eine Familie beeinflussen. Die Geschichten der eigenen Eltern von den Härten der Mutterschaft oder des Vaterseins waren kaum Ansporn, selbst Mutter oder Vater zu werden.

Mina U. glaubt, auch nach ihrer Geburt ein ungeliebtes und wohl auch schlecht behütetes Kind gewesen zu sein. Ihr Vater habe ihr von Anfang an Feindschaft geschworen, weil er »in seinen Männerträumen einen zukünftigen

Zwiespältige Gefühle zwischen Eltern und Kindern

Stammhalter, vorläufig einen drallen Burschen, der es mit sich und der Welt aufnahm« gesehen hatte und stattdessen mit einem »Mädchen ohne die Vorzüge eines Mädchen« habe vorliebnehmen müssen: »Eine Kränkung, der sprichwörtliche Handschuh, der das Gesicht meines Vaters wutrot belebte. Ungewiss, ob er mir nach dem ersten Blick bereits Hass schwor.«[28] Die Enttäuschung, »nur« ein Mädchen bekommen zu haben, war in den Fünfziger- und Sechzigerjahren weitverbreitet. Männer hofften damals noch mehr als heute, sich in einem Sohn spiegeln zu können, weil sie sich damit auskannten und von den Vorteilen und Privilegien wussten, die das Mannsein mit sich brachte. Mit einem Sohn konnte der Vater in seiner männlichen Welt bleiben und darauf hoffen, dass der Nachfolger eines Tages seinen Pfad fortführen oder sogar seine geheimsten Träume erfüllen würde. Als Mina U. selbst Mutter wird, pflanzen sich die ambivalenten Gefühle fort. Anfangs wohnt die junge Familie auf sechzehn Quadratmetern zusammen. In der Enge entbrennen heftige Streits, die in Gewalt gegen das Kind ausarten. Nach der Trennung vom Kindsvater erlebt Mina U., dass sie als alleinerziehende Frau in ihrer Nachbarschaft durch die Türspione argwöhnisch beobachtet und überwacht wird. »Ich war eine enttarnte Verräterin […], eine Frau, die allein das Leben genießt und wenn nicht genießt, so doch meistert, das stieß die meisten Männer und etliche Frauen ab.« Aber auch die Kinder stoßen in den Sechzigerjahren in der DDR auf Feindseligkeit, wie die Autorin schreibt. Sie dürfen nicht in den Höfen der Siedlung spielen. Als ihr Kind sechs Wochen alt ist, gibt sie es, wie in der DDR üblich, in

3. Die Kinderfrage

die Kinderkrippe und setzt ihr Studium fort. Doch der Sohn hält es nicht länger als vier Tage aus und bekommt eine chronische Bronchitis. Die Mutter interpretiert das als »Notwehr« des Kindes. »Notwehr, weil ich dir das Grundverlangen nach der Mutter vorenthielt. [...] Heute muss ich eingestehen, dass es ein Fehler war, dich nach sechs Wochen der Krippe überantwortet zu haben. Heute würde ich nicht das Studium fortsetzen wollen, wenn ich mit deinen Unwohlgefühlen leben müsste. Damals musste ich mir noch was beweisen, meinem Vater musste ich auch beweisen, dass ich zu etwas nütze war. Ich lebte nicht nach meiner Intuition, sondern musste schaffen, denn die Stimme meines Vaters war in meinen Weichhirnteilen eingemeißelt: Du bist stinkend faul! Du taugst nichts! Ich wollte endlich für diesen Mann, der nur Hass und Verfolgung für mich übrig hatte, fleißig und brauchbar sein. Das Ergebnis meiner Lebensführung gegen dich waren Schuldgefühle, Ängste, die sich zur Panik steigern konnten, und die nur nachließen, sobald du krank gemeldet warst und ich bei dir blieb.«[29]

In der Folgezeit verfolgen Mina U. Fantasien, was ihrem Sohn in der Krippe durch die Unaufmerksamkeit der Erzieherinnen alles passieren könnte. Sie verspürt eine tief sitzende Verlustangst und fürchtet, ihr Sohn könnte ihr nachts durch den plötzlichen Kindstod entrissen werden. Sie vergleicht ihr Mutterdasein mit einem »erweiterten und verknappten Lebensgefühl.« Die beste Grundlage für ambivalente Gefühle.

»Einerseits war ich gebunden, gezurrt an deine Wiege, war deinem Rhythmus unterworfen, machte mich an dein

Gängelband fest, andererseits verstand ich mich als Hüterin deines Lebens. […] Die Angst ist eine dem Tod nahestehende Verwandte. Immer erwachte ich in der Nacht, sobald deine Atemgeräusche einen fremden Ton annahmen. Später kam ich zu der Ansicht, dass die gesteigerte Angst mit einem Trauma meiner verlorenen Kindheit zu tun haben könnte. […] Ich kam nach langem Hin und Her zu dem Schluss, dass die überalterte Mutterstimme, die nicht aus meinen Ohren zu treiben war, über Mutterleichen ging, nicht weniger als das Leben der Mutter einforderte, dass diese Stimme auf das Mutteropfer baute, dass sie in Jahrhunderten Opferung ihre wirklichen Worte, ihre eigentlichen Berufungen eingebüßt hatte und anderen statt lebensmordende Worte aus dem gegnerischen Lager übernahm.«

Es fällt mir auf, dass sich in Mina U.s Beschreibungen und Reflexionen immer wieder Fantasien des eigenen Todes und Fantasien des Todes ihres Sohnes mischen. Sicher gingen ihre Probleme auch auf ihre bedrängten Lebensverhältnisse zurück. Doch gleichzeitig tauchten mit den Erlebnissen ihres Kindes Erinnerungen aus der eigenen Kindheit auf, die sie belasteten.

Zusammenfassend lässt sich feststellen: Anlass für ambivalente Gefühle gab es für Nachkriegseltern und für Babyboomer genug. In den Sechzigerjahren herrschten noch extrem fordernde Normen der Säuglingspflege und Kleinkinderziehung. Das streng rhythmisierte Protokoll der Sauberkeitserziehung, die einzuhaltenden Fütter- und Schlafintervalle zerrten an den Nerven der jungen Eltern.

3. Die Kinderfrage

Die Mutter von Christian, der 1964 geboren wurde, führte Protokoll über eine zermürbende Prozedur, die alle jungen Familien durchzustehen hatten. Als ihr Sohn zwei Jahre und acht Monate alt ist, wechseln sich für das Toilettentraining Beschwörungen und Züchtigungen rituell ab. Sie versucht es mal mit Bitten, mal mit Versprechungen, mal mit Drohungen, mal mit Schlägen. Die Frau eines Richters ist hin- und hergerissen zwischen Gewalt und geradezu ekstatischen Liebesgefühlen.[30] Im alltäglichen Kampf um die Erziehungsnormen passieren der Mutter Missgeschicke, die sich wie unbewusste Racheakte lesen. Nachdem sie ihren Sohn versehentlich beim Duschen verbrüht hat, schreibt sie dem Kind zur Entschuldigung: »Glaub mir, Putzchen, ich hätte nichts lieber getan als in die Erde zu versinken vor Scham über meine Unachtsamkeit und wegen der schlimmen Schmerzen, die ich Dir bereitete. […] Ich sehn mich einerseits wegen dieser Geschichte richtig zusammengeschimpft zu werden, andererseits bin ich zu feige, Papi nachträglich nochmals in Angst und Aufregung zu versetzen.«

Eine Generation später sind die Ambivalenzen mindestens nicht vorüber, vielleicht sogar stärker geworden. Auch Mina U. ist als Säugling nur knapp dem Erstickungstod entgangen. Eines Tages, als ihre Mutter gerade im Waschkeller war, fing ein Kachelofen an zu qualmen. Als ihre Mutter der Qualm im Keller erreichte, stürzte sie herbei, riss die Fenster auf, befreite das Kind von Erbrochenem und rief einen Krankenwagen. Wenn man bedenkt, dass dieselbe Mutter zuvor alles getan hatte, um einen Abgang herbeizuführen, könnte man fragen, wie viel Versehen bei diesem Unglück wirklich im Spiel war. War es das Ergebnis einer unheilvollen Ambivalenz der Mutter dem Kind gegenüber?[31] Die schiere Zahl verbrühter Kinder in meiner Generation ist jedenfalls auffällig. War jeder dieser Unfälle wirklich unvermeidbar? Für Mina U. ist das Thema jedenfalls nicht ausgestanden, als sie selbst Mutter wird. Auch sie beschäftigen quälende Vorstellungen davon, was ihrem Kind aufgrund ihres eigenen Versagens passieren könnte.

Noch heute müssen jährlich in Deutschland fast 100 000 unter fünf Jahren wegen eines Unfalls ins Krankenhaus. Unfallschwerpunkt ist das Zuhause. Über 200 Kinder unter fünfzehn Jahren verunglücken tödlich. Hauptrisikofaktoren sind die sozioökonomische Lage der Familie, die psychische Situation, die Kompetenz und die Sensibilität der Eltern. Überforderung, vielleicht auch nicht mehr kontrollierbare Wut auf das Kind mögen mit im Spiel sein. Tröstlich ist, dass sich die Zahl der tödlichen Unfälle von Kindern seit dem Jahr 2000 immerhin halbiert hat.[32] Das Bewusstsein um die Gefährdungen, aber womöglich auch die Fähigkeit, sich in das Kind hineinzuversetzen und die möglichen Risiken aus seiner Warte besser zu beurteilen, scheinen in der jetzigen jungen Generation zugenommen zu haben. Das ließe sich auch damit erklären, dass die Kinder der Babyboomer mit weniger Erblasten im Umgang mit dem eigenen Nachwuchs umgehen müssen.

4.
Sex und Liebe zwischen bürgerlicher Pflichtübung und Freiheitsversprechen

Als die Sexwelle in unseren Münchner Vorort kam, war ich zehn Jahre alt. Die meisten Nachbarn links und rechts in unserer Straße versammelten sich noch immer jeden Samstag mit dicken Schwämmen vor der Garage und seiften ihren Audi oder Opel ein. Sie trennten das Leben der Erwachsenen und das Leben der Kinder säuberlich und gingen mit Informationen aus dem Schlafzimmer sparsam um. Mittags gab es Leber mit Kartoffelbrei und vorher wurde gebetet. Dennoch lag etwas in der Luft. Es ließ sich greifen, wenn uns Kindern damals ein Buch mit erotischen Geschichten in der hinteren Reihe des Bücherregals in die Finger geriet oder wenn wir uns gegenseitig mit Gerüchten versorgten, was letzte Nacht im Partykeller zwischen den Erwachsenen vorgefallen war.

Unser Haus war das einzige in der Straße, das nicht eine makellose Fassade direkt an der Straße präsentierte,

4. Sex und Liebe

sondern sich sich weit zurückgebaut hinter Bäumen und Büschen verbarg. Durch eine Holztür, die kein Warnschild vor dem Hunde trug, was eigentlich besser gewesen wäre, weil unser Hund vor allem Männer nicht ins Haus lassen wollte, ging es über moosige Stufen hinunter in einen riesigen Garten. Auf den Fotos, die ich als Teenager in mein Album klebte, sehe ich, wie meine Mutter und ich im Sommer auf der Wiese lagen. Meine Mutter trug gemäß der damaligen Mode nahtlose Bräune. Unserem Hund, einem Chow-Chow, hing in der Hitze hechelnd seine blaue Zunge aus dem Maul.

Meine Eltern hatten sich mit Anfang dreißig angesagte Möbel zugelegt und eine weiße Stereoanlage, die bald ein Zigarettenbrandmal verunzierte, das ich zu verantworten hatte. In ihr dunkelbraun gestrichenes Wohnzimmer mit Sisalteppichboden, braunen Schaumstoffplatten und schwarzen Ledersesseln, aus denen übergewichtige Besucher kaum mehr hochkamen, wenn ihr Hintern erst einmal knapp über dem Boden hing, luden sie häufig Freunde ein; Werbeleute, Journalisten, Psychologen und ein paar Kommunarden aus Schwabing. Wenn ich am nächsten Morgen vom Kinderzimmer herunterkam, quollen die Aschenbecher über und auf dem Esstisch, der aus Beton gegossen war, trockneten die Weingläser ein. Während meine Eltern ausschliefen, ließ ich mich vom undressierten Hund durch die Nachbarschaft ziehen, immer in Angst vor anderen Rüden, mit denen er sich hätte anlegen können. Einmal traf ich meine Freundin unterwegs, deren Eltern auch auf der Party gewesen waren. Sie erzählte mir, ihre Mutter sei bei unserem Nachbarn auf dem Schoß gesessen. Es habe einen Skandal gegeben deshalb. Ich dachte an das Piratenhemd, das sie bis zum Bauchnabel geöffnet getragen hatte, und wunderte mich nicht. Die Frauen trugen damals eine Sexyness vor sich her, die nicht nur die Männer, sondern auch uns Kinder beschäftigte. Immer klebte ihnen irgendeine Männerhand auf dem Rücken, und sie lächelten tapfer darüber hinweg. Heute weiß ich, dass die Frauen auch damals schon gerne »Me too« gerufen hätten. Aber sie konnten es nicht, denn sie sollten sich jederzeit offenherzig zeigen, und sie hatten gelernt, dass ihr Marktwert das Ansehen ihres Mannes steigerte.

Auch wir Mädchen lebten in einer Art Belagerungszustand. Morgens auf dem Weg zur Bushaltestelle rief jemand einen dreckigen Spruch herüber. Wenn ich mit einer Freundin durch das Wäldchen des Vorortes lief, sprang uns sicher ein Spanner in den Weg. Die anzüglichen Gedanken lagen einfach in der Luft. Selbst beim Besuch in der Verwandtschaft war immer jemand mit einem lockeren Spruch zur Stelle. »Na, hat die Miriam schon?«

Fünf Jahre später, im Jahr 1977, hatte ich meinen ersten Freund. Ich war fünfzehn, er sechzehn. Als seine Eltern herausfanden, dass wir miteinander nicht nur Briefmarken teilten, erhielt ich »Hausverbot«. Dann kam heraus, dass meine Eltern inzwischen in Trennung lebten, und sie verboten ihrem Sohn den Umgang mit mir ganz. Offenbar hatte in ihren Augen die Trennung meiner Eltern etwas Ansteckendes. Wenn ihre Familie mit unserer verkehrte, wer weiß, vielleicht zerbräche ihre Ehe dann auch.

Die sexuelle Liberalisierung war natürlich nicht nur eine Wasserscheide zwischen den Generationen, sondern

4. Sex und Liebe

zunächst auch zwischen den Milieus. Mein Vater als Psychologe, meine Mutter auf dem Weg zur Psychologin, hatten einen gewissen Vorsprung. Sie lasen die einschlägige Literatur und bewegten sich unter Menschen ihresgleichen. Und im Gegensatz zu den Eltern vieler meiner Mitschüler reflektierten sie ihre Erziehung und erkannten dort die Ursachen ihrer Hemmungen.

Die Nachkriegseltern waren in eine Welt hineingeboren worden, in der sich Frauen noch den Männern zur Verfügung halten und dabei Lust vorgaukeln sollten, wenn sie nicht eines Tages die Schuld an einem »Fehltritt« des Mannes tragen wollten. Noch 1966 urteilte der Bundesgerichtshof in Karlsruhe nämlich, dass eine Frau ihren »ehelichen Pflichten« nicht schon dadurch nachkomme, dass sie »die Beiwohnung« teilnahmslos über sich ergehen lasse. Sollte sie dabei unbefriedigt bleiben, »so fordert die Ehe von ihr doch eine Gewährung in ehelicher Zuneigung und Opferbereitschaft und verbietet es, Gleichgültigkeit oder Widerwillen zur Schau zu tragen. Denn erfahrungsgemäß vermag sich der Partner, der im ehelichen Verkehr seine natürliche und legitime Befriedigung sucht, auf die Dauer kaum jemals mit der bloßen Triebstillung zu begnügen, ohne davon berührt zu werden, was der andere dabei empfindet.«[1] Auf gut Deutsch: Die Frau musste ihrem Mann beim Sex Lust vorspielen, damit er zu seinem angestammten Recht kam.

Männliches Begehren galt als triebhaft und war als eine Art Naturgewalt zu akzeptieren, jedenfalls wenn er heterosexuell war. Deshalb kam die aufblühende Zweite Frauenbewegung auf die Idee, in allen Männern poten-

Sex und Liebe

zielle Täter und in allen Frauen potenzielle Opfer zu sehen, wie es Alice Schwarzer in ihrem Buch *Der kleine Unterschied und seine großen Folgen* im Jahr 1975 der Öffentlichkeit predigte. Frauen waren die Objekte der Begierde, Penetration war angeblich verkappte Vergewaltigung. Frauen, die Lust suchten, sollten sich besser an andere Frauen halten, fand die oberste Feministin des Landes. Doch die Mehrheit sah das natürlich anders.

Die Ehen der Nachkriegseltern waren zu 70 bis 75 Prozent wegen einer ungeplanten Schwangerschaft geschlossen worden. Das heißt, die meisten Ehen entstanden nicht ganz so freiwillig, zumindest was den Zeitpunkt betraf. Der Geburtengipfel fiel in den fünften Monat der Ehe.[2] Entsprechend belastet war das Thema Sex. Dann kamen die Siebzigerjahre, die früh in die Ehe gesperrten Nachkriegseltern wurden dreißig, es gab die Antibabypille, und das Leben geriet in vielen Fällen aus den Fugen. Wie das aussehen konnte, erzählt der amerikanische Film *Der Eissturm*, den ich heute wie eine Nacherzählung der Verhältnisse in meiner Jugend empfinde, wenn auch auf einem viel schickeren Niveau. Er handelt von einer Mittelklassefamilie in New England, zwei Erwachsene, zwei Söhne, die an einem Wochenende im Jahr 1973 auseinanderbricht. Die Jugendlichen erkunden heimlich und vorsichtig ihre Körper. Die Eltern veranstalten inzwischen eine Party, auf der es sehr viel weniger verschämt zugeht. Bei der sogenannten Schlüsselparty soll es zum Partnertausch kommen. Die Frauen wählen einen Autoschlüssel aus einem Korb und müssen mit dem dazugehörigen Mann schlafen. Während die Vorstadtschönheit mit dem besten Freund der Familie

4. Sex und Liebe

auf der Autorückbank verschwindet, erlebt ein Teenager, ganz sich selbst überlassen, sein letztes Abenteuer. Er gerät in einen Eisregen und ohne dass es die Erwachsenen überhaupt mitbekommen, stirbt er an einem Stromschlag.[3]

Diese etwas peinliche Erfahrung, dass sich die Eltern wieder wie Pubertierende verhielten, machten viele Babyboomer. Sie erhielten davon Anschauungsunterricht, manchmal expliziter, als ihnen lieb war. Dass sie dabei nicht selbst in Stimmung kamen, scheint mir evident. Später entwickelten sie ihre eigene und individualisierte Sexualmoral, die weniger zwanghaft war als die der Nachkriegsgesellschaft, aber auch als die der Eltern, bei denen die Selbsterkenntnis über das Sexuelle laufen sollte. Die jüngere Generation erlaubte sich nur, was einvernehmlich passierte. Die Erfahrung ihrer Kindheit, dass sich Frauen mit verkniffenem Lächeln anbaggern und im schlimmsten Fall als prüde beschimpfen lassen mussten, wenn sie nicht mitmachten, sollte ausgelöscht werden. Trotzdem gab es auch in diesem Thema Kontinuitäten.

Sexualforscher um Gunter Schmidt haben sogar überraschende Übereinstimmungen zwischen den Generationen gefunden. Sie haben 776 Männer und Frauen der Geburtsjahrgänge 1942, 1957 und 1972 aus Hamburg und Leipzig nach ihrem Sexleben befragt und die Aussagen miteinander verglichen. Die Interviewten waren zu diesem Zeitpunkt 60, 45 und 30 Jahre alt. Was die Forscher beeindruckte: Sechzigjährige hatten bei gleich langer Beziehungsdauer im Schnitt genauso viel Sex wie Dreißigjährige.[4] Rund 95 Prozent der Sexkontakte fanden in einer festen Beziehung statt, nur 1 Prozent in einer sogenannten Außenbeziehung. Auch die Praktiken unterschieden sich in den Altersgruppen nicht sonderlich. Die Jüngeren trugen häufiger Reizwäsche und benutzten häufiger einen Dildo, bei SM oder Partnertausch zeigten sich hingegen keine Unterschiede. Treue stand immer gleich hoch im Kurs, trotzdem war im Untersuchungssample jeder fünfte Mann im Durchschnitt in den letzten drei Jahren einmal untreu gewesen.

Am meisten hatte sich noch für die Frauen geändert. Sie holten beim Alter der ersten Sexkontakte auf, überholten die jungen Männer sogar. Das heißt, sie fingen früher an, was kein Zeichen von Frühreife war, sondern mit der altmodischen Idee zusammenhing, dass Mädchen jünger sein mussten als Jungs. Insgesamt hatten aber die unterschiedlichen gesellschaftlichen Voraussetzungen der Alterskohorten zu ähnlichen Resultaten geführt. Vermutlich, weil die Babyboomer das Neuland nicht ohne das Gepäck ihrer Eltern betreten konnten.

Es kann sein, dass sich die Älteren eine routinierte Frequenz beim Sex erhalten hatten, während die Jüngeren eher lustlos auf die neue soziale Norm der sexuellen Freizügigkeit reagierten. Dafür spricht, dass Langzeitstudien einen immer schwächer werdenden sexuellen Hunger registrieren. Nach den sagenumwobenen umtriebigen Achtundsechzigern ist offenbar eine große Müdigkeit ausgebrochen. Der Sexualforscher Volkmar Sigusch sieht im »Selfsex« den letzten Trend und meint damit mehr Masturbation und eine wachsende Zahl von jungen Menschen, die sich dabei selbst nie aus dem Kamerafokus verlieren.[5]

4. Sex und Liebe

Die »unerklärliche Doppelliebe« einer bürgerlichen Ehefrau in den Fünfzigerjahren

Bernhardine S. gehört zur Generation der Nachkriegseltern. Elvis »the pelvis« Presley kam für sie zu spät, genauso wie der Aufklärungsboom der Fünfziger- und Sechzigerjahre. Ihre sexuelle Lebensreise musste sie ohne die Aufklärung durch Oswald-Kolle-Filme antreten. Vielleicht war ihr, wie das oft in ihrer Altersgruppe vorkam, erst durch heimlich gekaufte Broschüren vollends klar geworden, wie das mit dem Kindermachen ging. Vielleicht erfuhr sie sogar erst darin, dass sie schon ein Kind erwartete. Die körperliche Reifung in der Pubertät hatte sie vermutlich beschämt. Die Normen des bürgerlichen Zeitalters und der katholischen Morallehre nahmen in ihrem Hinterkopf viel Platz ein. Dazu gehörte die Überzeugung, dass sich Frauen sexuell passiv und empfangend verhalten müssten, wie es ihrem angeblichen Wesen entspreche, dass sie Liebe und Sexualität nicht trennen dürften. Aber auch, dass sie ihre Gefühle und Begierden weniger gut im Griff hätten als die angeblich mit mehr Vernunft und Selbstbeherrschung ausgestatteten Männer. Und gleichzeitig lockten die Verheißungen eines individualisierten Lebensentwurfs.

Die Bonnerin führte in den Jahren 1953 bis 1963 »Selbstgespräche in Tagebuchform«. In dieser Zeit bekam sie sieben Kinder. Mit 25 Jahren hatte sie geheiratet und aus ganzem Herzen auf Liebe und Treue zwischen den Geschlechtern gesetzt. Sex ist etwas, das sie nur mit einem

Die »unerklärliche Doppelliebe« einer bürgerlichen Ehefrau

Mann erleben möchte, mit dem sie Gemeinsamkeiten hat.⁶ Gleichwohl fürchtet sie sich davor, dass plötzlich etwas »aufbrechen« könnte, dass möglicherweise »die Dämme einreißen« könnten.

Für sie sind allerdings wie für die meisten Frauen in dieser Zeit Sexualität und Gefühle zumindest diskursiv unlösbar miteinander verbunden. Männer dagegen blicken auf eine Tradition der unromantischen Sexualität zurück: Ihre Väter pflegten noch sexuelle Kontakte vor und außerhalb der Ehe, vor allem mit sozial Schlechtergestellten wie Prostituierten oder Hauspersonal, was ihre Respektabilität nicht gefährdete. Erst ab der Mitte des 20. Jahrhunderts romantisierte sich auch die männliche Sexualität mehr und mehr.⁷

Dann begegnet Bernhardine S. ein anderer Mann, Knut, und sie findet ihn nicht nur geistig, sondern auch körperlich anziehend. Sie verliebt sich. Phasenweise überkommt sie ein »erotisch gefesseltes, sinnlich erregendes Fühlen«. Obwohl sie sich als sehr begehrlich und manche Situation als »rauschhaft« empfindet, gelingt es ihr aber, »Herr« ihrer selbst zu bleiben. Bei einem Medizinerball lässt sie sich zwar von Knut küssen, aber sie bleibt dabei angeblich »kalt und unbefriedigt«. Von dem Moment an beginnt ein Jagen und Sich-jagen-Lassen. »Ob der erotisch so ergiebige junge Mann glaubt, er kriegt mich noch?«, fragt sie sich.

Da sie von einer Affäre nichts als »unhaltbare Verhältnisse, Schuld und unlösbare Verstrickungen« erwartet, hält sie Knut beim nächsten Karnevalsball, auf dem er wieder versucht sie zu küssen, auf Abstand. Sie schreibt,

4. Sex und Liebe

sie finde es nicht selbstverständlich, dass sich eine eigentlich sehr glücklich verheiratete Frau in einen jungen Mann verlieben, besser gesagt, ihn »begehren« könne. Ihre Selbstachtung basiere auf ihrem reinen Gewissen. Doch trotz aller Vernunft und Moral fühlt sie sich von dem anderen Mann sehr angezogen, ist ihm fast schon »verfallen«.[8]

Umso mehr sie reflektiert, umso verworrener wird sie. Immer wieder möchte man sich vergewissern, dass der Text wirklich von einer verheirateten, inzwischen über dreißigjährigen Ehefrau und Mutter geschrieben wurde und nicht von einem Teenager.

Bernhardine S. steckt mitten in ihrem höchstpersönlichen Wertewandel, der in jenen Jahren die ganze Gesellschaft in unterschiedlicher Geschwindigkeit erfasst. In historischer Perspektive steht sie an einem Punkt, an dem Ehe und Familie ihren »Verpflichtungscharakter« verlieren. Sie sind nicht mehr die einzig erwünschte und legitime Institution, in der sich die Gesellschaft ihrer sozialen Ordnung, Stabilität und Reproduktion versichert. Dieser globale Wandel erfasst die Figur der Hausfrau und Mutter des »Goldenen Zeitalters der Familie« der Fünfzigerjahre, wie der Familiensoziologe Trutz von Trotha schreibt.[9] Sie »entfamiliarisiert« sich, womit nicht gemeint ist, dass sich Frauen keine Familie mehr wünschen. Im Gegenteil – die wenigsten halten die Familie als solches für überholt –, gemeint ist, dass Frauen sie nicht mehr als reine Pflichtveranstaltung wahrnehmen, sondern als wichtigen Moment ihrer Selbstverwirklichung und ihres persönlichen Lebensglücks. Dinge, die vorher als unvereinbar galten,

Die »unerklärliche Doppelliebe« einer bürgerlichen Ehefrau

Liebe, Begehren, Ehe und Freiheit, sollen jetzt alle zusammen und gleichzeitig stattfinden. Doch das wird schwierig. Sexuelle Treue wird zwar weiterhin hoch geschätzt, aber die Menschen wissen zwischen dem moralisch wünschenswerten und dem realen Leben zu unterscheiden.[10] Ein fruchtbarer Nährboden für Doppelmoral und Doppelleben.

Eine Generation später, im Leben der Babyboomer, materialisieren sich diese Zwiespalte in Gestalt unvermutet auftauchender unehelicher Halbgeschwister. Allein in meinem Bekanntenkreis haben drei Freunde beim Tod eines Elternteils erlebt, dass plötzlich ein unbekannter Miterbe auftauchte – Ergebnis eines Seitensprungs des Vaters in den Fünfziger- und Sechzigerjahren –, der zeitlebens verschwiegen worden war. Aber auch Frauen haben jahrzehntelange Doppelleben geführt. Im Umfeld meiner Eltern gab es mindestens zwei Frauen, von denen man wusste, dass sie jahrzehntelang zwei Männer nebeneinanderher hatten.

Bernhardine S. dämmert eine beunruhigende Einsicht. Es erscheint ihr nicht mehr sicher, dass man sich nur dann in einen Menschen verliebt, wenn man auch eine Ehe mit ihm führen möchte und kann. Ihre Verliebtheit bringt Bernhardine S. dazu, ernsthaft über die Qualität ihrer Ehe nachzudenken und die beiden Männer zu vergleichen. Sie findet ihre Ehe gut, wenn es auch keine »rosarote Traumehe im ständigen Glückstaumel« sei, sondern das, was sie als reiferer Mensch unter einer guten Ehe verstehe: »sich verstehen, füreinander da sein, sich achten können.« Aber auch mit Knut fänden sich gemeinsame Interessen, und er sei einfühlsamer als ihr Mann. Ihr Mann gängele sie oft, doch könne es sein, dass der potenzielle Liebhaber sie eines Tages ebenfalls gängeln würde. Bei ihrem Mann finde sie nicht genug Halt, aber bei Knut würde ihr das sicher auch so ergehen, da er so »kompliziert und verworren« und so »abgründig, süchtig und lebensunsicher« wie sie selbst sei. Im Übrigen empfände sie eine Affäre als Schwäche, ein »Nichtverzichtenkönnen«. Deshalb beschließt sie, genau das zu tun – zu verzichten.[11]

Sie könnte es hierbei belassen, doch da Bernhardine S. einmal angefangen hat zu zweifeln, kann sie nicht mehr aufhören. Ihr Tagebuch wird zum Obduktionstisch der Liebe einer westdeutschen Mittelschichtfrau in mittleren Jahren. Ein Jahr nach der Ball-Affäre schließt sie ihr spätes Medizinstudium ab. Sie sieht sich selbst jedoch nicht als Ärztin, der Gedanke an ein Berufsleben ist ihr fremd. Gleichzeitig kann sie sich auch nicht ganz auf ihren häuslichen Aufgabenbereich beschränken. »Eine ›Frau fürs Haus‹ bin ich nicht, aber auch nicht eigentlich eine Frau für den Beruf.« Ihr Plan sei, ihre Ausbildung bis zur Berufsreife zu bringen – und dann aufzugeben. Noch so ein typisches Symptom des Wertewandels. Frauen tauschten die berühmten drei Ks »Kinder, Küche, Kirche« gegen die drei neuen Mantras »Ausbildung, Krippenkind, Erwerbstätigkeit«, aber blieben emotional auf halben Weg hängen und konnten weder das eine noch das andere Modell in Reinform verwirklichen. Manche Frauen häuften Ausbildungen und Qualifikationen an und blieben doch immer in erster Linie die Mitarbeiterinnen ihrer Männer und Kinder.

Die »unerklärliche Doppelliebe« einer bürgerlichen Ehefrau

Mittlerweile scheint zwischen Bernhardine S. und Knut mehr vorgefallen zu sein. Ihr Mann entzieht ihr wegen einiger »gestohlener Stunden« das Vertrauen.[12] Vier Monate später kommt es zur Aussprache mit Knut, der ihr sagt, er empfinde für sie »lediglich Leidenschaft«, liebe sie nicht, sondern wolle sie nur »eine Zeitlang mitbesitzen«. Er schlägt eine Ehe zu dritt auf Zeit vor. Längst hat sich das Verhältnis verkehrt, nun ist sie machtlos und lässt sich von Knut die Bedingungen diktieren. Wir erkennen wieder das bürgerliche Geschlechterideal – die schwache, unbeherrschte Frau und den auf Autonomie pochenden Mann. Inzwischen 33 Jahre alt, weiß sie immerhin, dass sie sich nicht mehr wie früher den Normen der Gemeinschaft unterordnen muss. Sie empfindet sich nicht mehr in erster Linie als Frau, Katholikin, Studentin, sondern als Individuum, »dem es wohl möglich gewesen wäre, sich den Sozietäten einzuordnen, das es aber einfach nicht mehr als Selbstverständlichkeit wollte«.[13] Sie maßt sich an, eine eigene Lebensform zu finden.

Die Erkenntnis, dass viele ihrer Alterskohorte jetzt um eine eigene Lebensform ringen, tröstet Bernhardine S. nicht. »Manchmal komme ich mir vor wie Adam, der so sein wollte wie Gott und dann glaube ich, dass ich mich doch wieder den Institutionen unterordnen sollte, die mich als Kind geformt haben. Denn die haben mich geprägt.«[14] Wenig später bekommt sie ihr viertes Kind und promoviert. Inzwischen klagt sie über erotische »Unerfülltheit« in ihrer Ehe. Sie darf ihre Familienbindung nicht zerstören, muss verzichten, hämmert sie sich ein und denkt sogar an Selbstmord.[15]

4. Sex und Liebe

Mit 35 Jahren interessiert sie sich für Politik und Wirtschaft, Literatur, bildende Kunst und Musik. Und sie liebt immer noch Knut. Ihr Mann wirft ihr vor, nur aus Gewohnheit, Sympathie und Pflichtgefühl bei ihm zu bleiben. Bernadine S. selbst glaubt, dass sie den Boden christlicher Moral nie verlassen kann, dass sie sich der Ordnung, der Ehe und der Familie unterordnen muss, obwohl sich alle ihre Gefühle und alles Begehren auf Knut richten und sie ihren Mann nur noch erduldet.[16] Sie hat in sich zwei Seelen entdeckt, eine leidenschaftliche, losgelöste, erlebnishungrige und eine pflichtbewusste.

Knut steht für die Verlockung, aus ihrer Rolle der Mutter und Hausfrau, »aus der Ernsthaftigkeit des geordneten und konventionellen Lebensstiles« auszubrechen, ihr Mann Heinrich steht für Sicherheit, Wärme und Verlässlichkeit. Er bietet ihr einen »großzügig bemessenen Lebensraum«, Aufgaben und Pflichten, deren Erfüllung sie befriedigt, und ein gutes Gewissen. »Ich bin einfach beides.«

Im Jahr 1962 hat Bernhardine S. sieben Kinder. Ihre Familie ist nach Dortmund gezogen. Knut auch. Bei einem Juristenball kurz vor ihrem 40. Geburtstag beschreibt sie sich jedoch als »abgeblühte Wiese«. Ihr schwant, weder ihr Mann noch andere Männer finden sie noch sonderlich reizvoll. Dies sei »die Quittung« für den falschen Weg, den sie gegangen sei: »Zu viel Pflicht, zu wenige Ansprüche, Verzicht auf Zuneigung und Anerkennung.«[17] Ihr letzter Eintrag, zumindest in dem im Deutschen Tagebucharchiv vorliegenden Tagebuch, endet ernüchtert. »Ohne Leidenschaft zu sein, ist es das, was alt und müde

Die »unerklärliche Doppelliebe« einer bürgerlichen Ehefrau

macht? War es nicht vielleicht so, dass die Leidenschaftlichkeit mir verloren gegangen war – nicht überwunden, in einem heroischen Verzicht – sondern erstorben?« Doch sie wisse, dass sie noch nicht vollends lahm sei, noch nicht ganz tot. Ihr letzter Satz lautet: »Was werde ich tun?«[18]

Ihre Geschichte liest sich aus heutiger Sicht vielleicht deprimierend. Eine Frau versagt sich zeitlebens ihren Spaß und ihre leidenschaftlichen Gefühle und stellt eines Tages fest, dass es jetzt dafür zu spät sein könnte. Die Ambivalenzen, die in ihrem Fall eine besondere Zuspitzung haben, werden aber auch in der nächsten Fallgeschichte eine Rolle spielen, wenn auch mit viel dramatischeren Folgen.

Auch ein Mann hatte mit den widersprüchlichsten Normen umzugehen: Von seinem Vater bekam Franz-Xaver E. noch die alte, gewissermaßen »raubtierhafte« männliche Sexualität vorgelebt. Seine Umgebung erwartete von ihm die Rolle des früh Verantwortung tragenden Ehemannes und Familienoberhauptes. Und dann erreicht ihn die Kunde von einer neuen Liberalität, von der offenkundig all die anderen Männer profitieren, nur er nicht, wie er sich einbildet. Die unterschiedlichen Botschaften und Aufträge lassen ihn, um es vorwegzunehmen, als Geschlechtswesen spektakulär scheitern. Die Geschichten der beiden können komplementär gelesen werden – milieumäßig, weil Bernhardine S. Ärztin und Politikerin war und in einer Großstadt lebte, während Franz-Xaver E. als Bauernsohn auf dem Land wohnte, aber vor allem in Hinblick auf ihre unterschiedliche Geschlechtersozialisation. Beide Protagonisten haben ein großes Thema gemeinsam: Liebe und Sexualität in und außerhalb der Ehe in der

Zeitspanne zwischen Nachkriegszeit und sexueller Befreiung. Sie stehen, wenn auch an Extrempositionen, für die Sex- und Moralvorstellungen der Nachkriegseltern, an denen sich die Babyboomer später abzuarbeiten hatten.

Männliche Sexualnöte auf dem Dorfe

Passen die Bekenntnisse eines Sexualstraftäters überhaupt hierher? Was die kriminelle Seite anbelangt, natürlich nicht. Die Straftat, der sich Franz-Xaver E. schuldig gemacht hat, war das wiederholte Sich-Entblößen vor Schulkindern. Das gehört nicht ins Spektrum der sogenannten normalen Sexualität. Dass er dafür über achtzehn Jahre in Sicherheitsverwahrung weggesperrt wurde, ist eine andere Geschichte. Sie sagt etwas aus über die Grenzen der Zumutbarkeit von Sexualverhalten in dieser Zeit. Was den Fall von Franz-Xaver E. jedoch in unserem Rahmen interessant macht, ist die Art und Weise, wie er sich selbst als männliches sexuelles Wesen wahrnimmt und erklärt. Der Bauernsohn aus Niederbayern hat immer wieder über sich geschrieben und die Texte an das Deutsche Tagebucharchiv weitergegeben. Seine Intention ist klar: Er will sich rechtfertigen. Er will, dass wir wissen und verstehen, wie es in einem wie ihm aussieht, welche Vorstellungen von Männlichkeit, Liebe und Sexualität er hatte und warum er glaubt, ein Opfer seiner Zeit zu sein.

Franz-Xaver E. hätte mit seinem Geburtsjahrgang 1947 ein veritabler Achtundsechziger werden können. Doch er kommt in einer Gemeinde namens Gangkofen zur Welt,

Die »unerklärliche Doppelliebe« einer bürgerlichen Ehefrau

deren Wikipedia-Eintrag hauptsächlich aus geografischen Koordinaten besteht: 16 Kilometer westlich von Eggenfelden, 26 Kilometer südlich von Dingolfing. Das ist weit weg vom großstädtischen, studentischen und künstlerischen Milieu der aktiven Achtundsechziger. Unbeeinflusst bleibt Franz-Xaver E. davon trotzdem nicht.

Der erstgeborene Sohn der Bauersleute Maria und Max soll selbstverständlich eines Tages auch Landwirt werden. Bis es so weit ist, arbeitet er daheim mit und hilft in anderen Betrieben aus, absolviert den Wehrdienst, zu dieser Zeit eine schikanöse Erfahrung, wie er sich ausdrückt. Mit 23 Jahren heiratet er, wie es ihm vorgezeichnet ist, eine Bauerstochter. Die jungen Leute bekommen zwei Söhne und bestellen das Land. Weil sich damit nur das Nötigste verdienen lässt, heuert E. eines Tages als Fließbandarbeiter an, dann als Museumswärter. Die drei Jahre im Bayerischen Nationalmuseum werden sein »schönstes und beliebtestes« Dienstverhältnis. Nach siebzehn Jahren Ehe kommt die Scheidung. E. verkauft seine »Heimat-Stätte«, den elterlichen Hof, und zieht in die Kleinstadt Vilshofen, die mehr Anonymität ermöglicht. Soweit der biografische Schnelldurchlauf in seiner Akte im Deutschen Tagebucharchiv.

Der ausführliche Versuch, seine Geschichte aufzuschreiben, setzt mit einer Landschaftsbeschreibung ein. Sie ist zugleich die Skizze seiner inneren Landschaft, denn zum Zeitpunkt der Niederschrift sitzt E. schon im Maßregelvollzug. Er zeichnet eine an Fernsichttagen von den Alpen und dem Bayerischen Wald gerahmte Region, in der sich die Einödhöfe über zig Kilometer verstreuen. Es

4. Sex und Liebe

ist noch nicht lange her, dass die Menschen hier als Taglöhner von der Weberei von Flachs und Leinen lebten und schon im Kindesalter an die umliegenden Bauern verdingt wurden, weil nur der älteste Sohn auf dem Hof bleiben durfte.

Seine Eltern heirateten 1939 und bald darauf kommt der Vater an die Ostfront, wo er zum Feldwebel befördert wird, während Frauenhände sein Land bestellen. Zurück von der Front, erwartet er im eigenen Haus den gleichen Gehorsam wie beim Militär, was zu »heftigen Diskrepanzen« führt. Als der Sohn geboren wird, steht ein Heim im Rohbau da, selbst errichtet. Ein neuer Bulldog steigert die Reputation des Bauern noch. Die Affäre, die er sich mit einer Nachbarin leistet, führt zu schrecklichen Szenen im Haus. Geschirr und Gläser zerschellen, wenn der Vater in Tobsucht gerät. Doch die Mutter, eine unterkühlte Frau, harrt aus, und der Hof gedeiht weiter, obwohl sich der Vater auf abschüssiger Strecke mit seinem Traktor schwer verletzt. Auch dem Sohn widerfährt ein Unglück. Er läuft, als sein Vater altes Gerümpel verbrennt, mit nackten Füßen über die glühenden Feuerrückstände und kann lange Zeit kaum stehen und gehen. Für Abwechslung sorgen fahrende Händler und eine Zoowärterin, die in der Grundschule Schlangen vorführt. Und einmal wird Franz-Xaver beim Vorlesewettbewerb Klassenbester.

Im Jahr 1962, im Alter von fünfzehn Jahren, wird er aus der Schule entlassen, und die harte körperliche Arbeit in Vollzeit beginnt. »Beileibe keine romantische Bilderbuchgeschichte«, wie er selbst schreibt. Freizeit gibt es vor allem in den Sommermonaten nicht. Die ganze Familie steht

Die »unerklärliche Doppelliebe« einer bürgerlichen Ehefrau

von früh bis spät unter dem Kommando des jähzornigen Vaters. Der Sohn hat Angst vor diesem Mann. Mit seiner Herkulesstatur und mit der Mistgabel bewaffnet habe er schon einmal drei Landstreicher abgewehrt. Auch beim Feilschen um Vieh und neues Gerät ist er unschlagbar. Als sich der Vater Ende der Fünfzigerjahre für seinen Fleiß mit einer Borgward Isabella belohnt, kennen Neid und Bewunderung der anderen Dorfbewohner keine Grenzen mehr. In seinen Memoiren schreibt der Sohn: »Es war noch die alte volkstümliche Welt, in der ich großgeworden bin. Ich lebte glücklicher und fühlte mich wesentlich wohler als in späteren Jahren des versexualisierten Industriezeitalters.«[19]

Das Unglück kommt also in Gestalt der Sexualität. Franz-Xaver E. verrichtet seine Arbeit gewissenhaft, doch er ist nicht aus dem Haus zu bekommen. Wenn es in der Nähe eine Tanzveranstaltung gibt, überlegt er lange, ob er hingehen soll, denn vor hübschen Mädchen fühlt er sich unbeholfen. Dann sitzt er abseits und schaut missgelaunt zu, wie sich die anderen amüsieren. Über Sex habe seine Familie immer »dezent geschwiegen« oder nur hinter vorgehaltener Hand über die »delikaten Dinge« getuschelt. Zur Aufklärung besorgt er sich ein illustriertes Buch.

Schon in der Schule wurde er gemobbt, und auch später beim Bund tut sich ein Stabsoffizier als Sadist hervor. Einzelheiten verrät Franz-Xaver E. nicht, aber insgesamt zeichnet er ein Bild von sich als einen unterdrückten und verklemmten jungen Mann. Als er mit anderen Soldaten in einer Kleinstadt ausgeht, sieht er zum ersten Mal im Leben

4. Sex und Liebe

Mädchen, die sich ganz anders kleiden als im Dorf – weniger hochgeschlossen. Ein Kamerad zeigt ihm Magazine mit skandinavischen »Topmiezen«. »Ich konnte mich einfach nicht sattsehen an diesen wohlproportionierten Geschöpfen.« Der künftige Erbe des elterlichen Gehöftes muss allerdings schon ans Heiraten denken, denn seine kränkelnde Mutter droht als Arbeitskraft auszufallen. Aber er ist schüchtern und gehemmt, und so nehmen seine Eltern die Sache für ihn in die Hand. Sie suchen ihm geeignete Frauen.

Einer Hauswirtschaftsschülerin schreibt Franz-Xaver E. Briefe, sie treffen sich, und er fühlt eine zarte Zuneigung. Doch alles steht unter Beobachtung der Verwandten, der Nachbarn, der Kirche. Im Jahr 1966 mit vollendetem 19. Lebensjahr bekommt er einen Ford Taunus geschenkt, mit dem er sich erhofft, »vielleicht ein heiratswilliges Maid« zu finden. Während der Spazierfahrten mit Anwärterinnen kommt es zu ersten Küssen und zaghaften Pettingmanövern. Er ist dabei äußerst zurückhaltend und überlässt den Mädchen die Initiative. Die Vorauswahl aber trifft der Vater, und der entscheidet nicht nach Attraktivität oder Sex-Appeal, sondern nach der Höhe der Mitgift. Eine ältere Hoftochter mit hässlichem Gesicht, wie er findet, aber 25 000 Mark Kapital bringt den Hoferben dann trotzdem auf den »Geschmack«. Seine Hoffnung, wie ein Adam von einer »Eva« verführt zu werden, erfüllt sich jedoch nicht. Die ersten wackeligen Schritte in Sachen Sex bilanziert er so: »Als ein stets liebebedürftiger Rottaler Landmann hätte ich mich stets sehnlichst nach intimen körperlichen ›Petting-Kontakten‹ zu vornehmlich attrak-

Die »unerklärliche Doppelliebe« einer bürgerlichen Ehefrau

tiven, sowie intelligenten und gepflegten langhaarigen Eva-Grazien in Domina-Wesensart gesehnt. Doch diese erquickenden wonnevollen Liebesgelüste sind mir zum größten Teil auf diesem ›ruppigen Erdendasein‹ versagt geblieben.«

Die geschwollene Sprache, in der er sich selbst als liebesbedürftig und unterwürfig beschreibt, wenn es um Sex geht, stehen in merklichem Kontrast zu den Vorstellungen von Männlichkeit, die ihm sein Vater und seine Kameraden bei der Bundeswehr vorgelebt haben. Die fortschreitende Krankheit seiner Mutter zwingt ihn, ohne Rücksicht auf seine Bedürfnisse die Heirat zu beschleunigen. Es soll eine schöne, ländliche Hochzeit werden, bestimmt sein geselliger Vater, doch noch vor dem Termin ereilt ihn ein Gehirnschlag, und Tanz und Hochzeitsnacht gehen »in Tränen unter«. An Flitterwochen ist nicht zu denken, Mutter und Vater sterben innerhalb von nur zwei Tagen.

Jetzt ist E. auf sich gestellt und trifft bald Fehlentscheidungen für den Hof: Er verkauft seinen Wald und handelt sich einen Pächter ein, der in den Hof mit einzieht und das frischgebackene Ehepaar gängelt. Auch die junge Liebe entwickelt sich nicht weiter. Zwar bekommt das Paar zwei Kinder, doch ihre Beziehung bleibt distanziert. Die Frau scheut die Intimität, und wenn E. spätnachts aus Animierlokalen heimkehrt, sperrt sie ihn aus. Die Sonntage verbringt das Paar mit den Schwiegereltern vor dem Fernseher. Sein Wunsch nach einem zeitgemäßeren Styling seiner Frau wird ihm abgeschlagen, sie trägt ihre Haare und Kleidung weiterhin auf traditionelle Weise hochgesteckt und hochgeschlossen. Franz-Xaver E. wünscht sich romantische Liebesszenen in der Natur, doch sie will sich nicht vor den Nachbarn schämen müssen. In dieser Situation wird E. das erste Mal als Exhibitionist verurteilt und muss neun Monate ins Gefängnis. Die Haft in der Festung Landsberg soll seinen »sexuellen Notstand und Liebeshunger« heilen. Das funktioniert natürlich nicht. Er wird weiterhin mit seiner Frau über ihre »verschlossene« Art streiten. Während die Welt draußen seiner Meinung nach von jungen Mädchen in Minikleidern und Hotpants bevölkert wird, weigert sie sich, ein T-Shirt oder einen Bikini zu tragen. Er überlegt, Prostituierte zu besuchen, doch das ist in der ländlichen Gegend schwierig und passt auch nicht zu seinen Vorstellungen.

Die Sexualisierung der Gesellschaft

An dieser Stelle wollen wir die Geschichte des niederbayerischen Bauernsohnes mit den objektivierbaren Aussagen über diese Zeit abgleichen. Wo verläuft die Grenze zwischen den durchsichtigen Rechtfertigungsversuchen eines verurteilten Sexualstraftäters und verwertbaren Aussagen über die Entwicklungsbedingungen männlicher und weiblicher Sexualität in jener Zeit? In den Fünfzigerjahren, als E. sexuell heranwächst, machen sich die ersten Anzeichen der von ihm verteufelten Sexualisierung der Gesellschaft bemerkbar. Beate Uhse gründet ihren Versandhandel vor allem mit Verhütungsmitteln, um die »sexuellen Nöte« der Bevölkerung zu lindern und Frauen von ihrer vermeintlichen Frigidität zu erlösen. Ihr erstes »Fachgeschäft für

Die »unerklärliche Doppelliebe« einer bürgerlichen Ehefrau

Ehehygiene« öffnet 1962 in Flensburg. Wie der Name schon sagt, steht zunächst die Liberalisierung der ehelichen Sexualität auf der Tagesordnung. Sex sollte sich bestenfalls innerhalb der Ehe abspielen. Es gibt noch keine sichere Verhütung, und »ledigen Müttern« droht Stigmatisierung. Die großen Medien greifen jedoch das Thema auf, in Frauenzeitschriften wird das Bild der selbstbestimmten Amerikanerin gezeichnet, die sich ihr Recht auf ein befriedigendes Sexleben einfach nehme.

Konservative und Kirchen sind entsetzt, doch sie bestimmen den sexuellen Moraldiskurs nicht mehr allein und müssen sich an öffentliche Diskussionen gewöhnen wie etwa die über den Film *Die Sünderin* mit Hildegard Knef aus dem Jahr 1951. Die kolportagehafte Geschichte einer Prostituierten provoziert dramatische Sitzungen der für die Altersfreigabe zuständigen Freiwilligen Selbstkontrolle der Filmwirtschaft (FSK). Es kommt zu Demonstrationen, Stinkbombenanschlägen auf Kinosäle und zeitweiligen Aufführungsverboten. Anlass der moralischen Entrüstung ist, dass der Film von »wilder« Ehe, Prostitution, Vergewaltigung, Sterbehilfe und Selbstmord erzählt, also von Problemen, die in der Nachkriegszeit ganz real sind, aber im öffentlichen Diskurs verleugnet werden.

Aus Amerika hört man aufregende Töne. Die großen Befragungen zum Sexleben der Amerikaner von »Dr. Sex« Alfred Kinsey und die Laborversuche von William Howell Masters und Virginia Johnson erregen auch in Deutschland großes Aufsehen. Nicht nur die Zeitschrift *Wochenend* beginnt mit freizügigen Bildern und Texten hohe Auflagen zu erzielen; unter dem Mäntelchen der Aufklärung

4. Sex und Liebe

helfen die Massenmedien bei der Erotisierung der aufblühenden Konsumgüterindustrie mit.

Die Einführung der Antibabypille im Jahr 1961 bleibt in den ersten Jahren noch folgenlos, da sie nur verheirateten Frauen, die schon Kinder haben, ärztlich verschrieben wird. Doch die Aussicht auf risikofreie Sexualität ist bestechend. Anfang der Siebzigerjahre nutzt schon jede dritte Frau zwischen 15 und 44 Jahren die hormonelle Verhütung. Die traditionelle Sinnstiftung einer Partnerschaft, nämlich das gemeinsame Kinderkriegen und die damit verbundene Arbeitsteilung zwischen den Geschlechtern, relativiert sich. Frauen verbrennen symbolhaft ihre Büstenhalter. Auch das Pornografieverbot fällt scheibchenweise – nicht mehr jede »unzüchtige Schrift« gerät unter das Verdikt. Sex wird mehr und mehr von einer verschämt verborgenen Privatsache zum Königsweg des persönlichen Glücks. Eine große Rolle spielt dabei die öffentliche Aufklärung. Oswalt Kolles Aufklärungsbücher wie *Das Wunder der Liebe. Sexualität in der Ehe* (1968) oder *Dein Mann, das unbekannte Wesen* (1967) öffnen Millionen Menschen die Augen. Im Jahr 1970 produziert die deutsche Filmindustrie außerdem den international erfolgreichen Dauererfolg *Schulmädchenreport*. Die Jugendzeitschrift *Bravo* erreicht 60 Prozent der westdeutschen Mädchen und Jungen zwischen zehn und achtzehn Jahren mit ihren Fotostorys und Ratgeberkolumnen. In der Schule wird ab 1966 der Sexualkundeunterricht eingeführt, wenn auch manche dafür zuständige Biologielehrerin weiterhin von den lieben Bienen erzählt. 1969 gibt die Bundeszentrale für gesundheitliche Aufklärung einen

Die »unerklärliche Doppelliebe« einer bürgerlichen Ehefrau

Sexualkunde-Atlas heraus, der in trockener Sprache und mit aseptischen Bildern einen Kontrapunkt setzt zur schmuddeligen Zurschaustellung der Geschlechtsmerkmale in den Medien. Ob es in Ordnung ist, dass sich der Staat in die Aufklärung der Jugend einmischt, bleibt indes umstritten. Noch 1978 fällt das Bundesverfassungsgericht ein Urteil, das die Wissensvermittlung in der Schule zwar legitimiert, aber vor jedem Versuch der Beeinflussung der Kinder warnt und die Eltern zu den Hauptzuständigen für Fragen zur Sexualität erklärt.[20]

Erhebungen unter Studierenden in den Jahren 1966 und 1981 zeigen, dass die sexuelle Aktivität immer weiter vorverlegt wird. Vor allem Frauen holen auf und werden experimentierfreudiger. Sie fühlen sich sexuell nicht mehr an einen, möglichst zu heiratenden Partner gebunden. Die serielle Monogamie wird zur häufigsten Paarungsvariante. Auch für Homosexuelle wird das Leben leichter, nachdem 1969 der in der NS-Zeit verschärfte § 175 StGB gelockert wird. Die frühen Feministinnen versuchen sich von der »Sexfron« in der Kommune zu befreien, fördern selbstbestimmte weibliche Lust durch Selbsterkundung, Selbstbefriedigung und lesbische Liebe. Ob diese Zeit als »sexuelle Revolution« zutreffend beschrieben ist, darüber ist sich die Forschung allerdings bis heute uneinig. Fest steht: Die Menschen werden etwas freier, erobern sich ihre Körper, verteidigen mit der Abtreibungsdebatte ihre Reproduktionsrechte und verstehen sich als Sex-Subjekte, denen, solange sie rechtsfähig sind und sich gegenseitig keinen Schaden zufügen, prinzipiell alles erlaubt sei. Aus der Sünde wird ein Akt der Selbsterkenntnis und Selbstbefreiung.

4. Sex und Liebe

Im Jahr 1967 tragen nur 4 Prozent der westdeutschen Frauen unter dreißig einen Minirock, 1969 sind es 26 Prozent und 1971 sogar schon 51 Prozent. Gleichzeitig nähert sich das Styling von Frauen und Männern bei den Frisuren oder in der Jeansmode an.[21] Franz-Xaver E. hat also recht mit seiner Einschätzung, dass die Mode freizügiger wird, aber das passiert eben nicht überall gleichzeitig. Auch er selbst ist übrigens kein Ausbund des Fortschritts. Fotos zeigen ihn in soldatischer Haltung mit Kurzhaarschnitt und Trachtenjacke. Er muss damals selbst über einen allzu schmalen Grat wandern: zwischen dem, was er in der eigenen Familie gelernt hat, und der medial vermittelten Jugendkultur. Als er im Hochsicherheitstrakt der Psychiatrie im Bezirkskrankenhaus Haar landet, bleiben seine sexuellen Vorstellungen natürlich unausgegoren. Er bezieht sich auf eine nicht reale, eine medial erzeugte Welt und vergleicht sich mit dem Fußballer Lothar Matthäus. E. glaubt, dass dieser ständig von »übermächtigen rassigen Lockvögeln« umgeben sei. Sein anderes sexuelles Rollenvorbild erkennt er ausgerechnet in seinem gefürchteten Vater, der untreu und ständig voller Sehnsucht für das weibliche Geschlecht gewesen sei. Nur fehlt E. die draufgängerische Art seines Vaters.

So kann es niemanden wundern, wenn er in den ausführlichen, immer wieder neu ansetzenden Selbstbekenntnissen keine Verantwortung für seine Taten übernimmt. Er weist sie anderen zu: Seinem Milieu, das ihn angeblich zwang, eine Bäuerin zu heiraten, damit der Hof weiter bestehen konnte, der rohen ländlichen Kultur mit ihren Initiationsritualen, für die er nicht geschaffen war, dem Ein-

Die »unerklärliche Doppelliebe« einer bürgerlichen Ehefrau

fluss von Männlichkeitsbildern in der Bundeswehr, die seinem Leben nicht gerecht wurden, der angeblich fehlenden Aufgeschlossenheit seiner Ehefrau und nicht zuletzt dem schlechten Beispiel seiner Eltern. Zur Geschichte seiner sexuellen Verfehlungen, die E. uns erzählt, gehören die strukturelle Gewalt der Familie, der Peergroup und der gesamten dörflichen Umwelt sowie die Ungleichzeitigkeit des gesellschaftlichen Wertewandels. Bilder sogenannter loser Frauenzimmer und maskuliner Helden aus den Medien, wahre oder imaginierte Begegnungen mit städtischen Mädchen, die ihre Körper in Bikinis und T-Shirts zur Schau stellten, wechseln mit älteren Motiven wie der biblischen Eva, die den unschuldigen Adam mit sich in den Abgrund zieht. Er fantasiert sich eine Domina, die ihn zum unschuldigen Opfer seiner Triebe macht.

Die Geschichte von Franz-Xaver E. kommt uns heute vielleicht exotisch vor, doch sie führt uns die Sozialisation und Lebensumstände eines großen Teils der deutschen Bevölkerung im ländlichen Bereich in dieser Zeit vor Augen. Sexualität ist immer das Ergebnis einer sozialen Konstruktion. Erst Wissen und Aufklärung, Disziplinierung durch die Umwelt und individuelle Erfahrungen mit anderen Menschen ergeben zusammengenommen das Mischungsverhältnis, das die persönliche Sexualität ausmacht. Dass Franz-Xaver E. so fehlgeleitet ist in seinem Verhalten, wenn er sich öffentlich entblößt, hatte sicherlich auch persönliche, tiefer liegende Facetten, die hier nicht interessieren sollen. Wichtig im Kontext unserer Fragen ist vielmehr, dass sein Beispiel und auch das von Bernhardine S. zeigt, wie der Übergang von der restriktiven zur liberalen

4. Sex und Liebe

Sexualmoral individuell wahrgenommen wurde und welche Friktionen er auslösen konnte. Die Zeit, in der die Babyboomer aufwuchsen, war mithin geprägt von widersprüchlichen Vorstellungen weiblicher und männlicher Sexualität. Männliche Sexualität wurde noch als raubtierhaft gedeutet, weibliche als Reizauslöser und gleichzeitig als möglichst zurückhaltend. Der Überhang von strengen Normen aus der Nachkriegszeit kollidierte mit den ersten Auswirkungen der Liberalisierung. Milieumäßige und familiäre Traditionen waren noch ausgeprägt und standen den individualisierten Befreiungsversprechen entgegen. Die Erwartung an Männer, auf Eroberung zu gehen, aber nur, bis die »Richtige« gefunden ist; auf visuelle Reize wie Miniröcke zu reagieren, aber nicht übergriffig zu werden; sowie die Erwartung an Frauen, reizvoll zu sein, aber dafür auch die Konsequenzen zu tragen; nicht aktiv zu werden, treu zu sein, aber sich offen für neue Erfahrungen zu zeigen, bilden einen komplexen Deutungsrahmen für die sexuelle Sozialisation der Babyboomer. Das macht verständlich, wenn sie sich gerade in der Zeit, in der sie in die Pubertät kamen, verwirrt, überwältigt und eingeschüchtert fühlen konnten, obwohl sie nach außen hin anscheinend mit den Freiheiten der Aufklärung, der Sexfilme, der expliziten Jugendzeitschriften und der sexuell aufgeheizten Popkultur aufwuchsen.

Verklemmte Nachkriegseltern, befreite Babyboomer?

Heute haben sich das quälende Dilemma von Lust und Liebe wie bei Bernhardine S. und die Zweiteilung der Sexualität in eine triebgesteuerte und eine familienkonforme Ausprägung wie bei Franz-Xaver E. weitgehend überlebt. Aber man sollte sich davon nicht täuschen lassen. Unter der Oberfläche wirken immer noch starke Kontinuitäten. Der moralische Wandel zog sich über zwei bis drei Generationen hin und ist natürlich auch keine Einbahnstraße. Manche echte oder vermeintliche Freiheit der Siebziger- und Achtzigerjahre wurde wieder zurückgenommen, wie zum Beispiel das damals allgegenwärtige »Oben ohne«-Baden. Und seit Jahren gibt es die Tendenz einer Retraditionalisierung in Ehe- und Familienleben, was sich zum Beispiel an dem enormen Aufwand, der heute für Hochzeitsfeiern betrieben wird, ablesen lässt. Für die Nachkriegseltern öffnete sich die Tür zur größeren sexuellen Selbstbestimmtheit erst, als sie schon in der Familienphase waren. Die nächste Generation, die Achtundsechziger, erlebten den Wertewandel schon in der Adoleszenz, allerdings dominierte bei ihnen eine eher männliche und heterosexuelle Definition sexueller Freiheit. Schwulen- und Frauenrechte blieben zurück.[22] Als die Babyboomer in den Siebzigern in die Pubertät kamen, lagen die individuellen Voraussetzungen noch immer weit auseinander.

In meinem Elternhaus zeigten wir uns nackt voreinander. Es war auch kein Problem, dass die Tochter mit fünf-

4. Sex und Liebe

zehn Jahren die Pille nahm, ihr Freund durfte mit im »Kinderzimmer« übernachten. Mein Vater, seine Freundin, mein Freund und ich fuhren zusammen in den Urlaub. Es gehörte zum Selbstverständnis meiner Eltern, liberal zu sein. Sie ließen mich gewähren. Mein Vater übernahm in einer kurzen belehrenden Ansprache beim Hundespaziergang meine Aufklärung, meiner Mutter wäre das wohl schwerer gefallen. Von der Vermittlung einer körperpositiven Weiblichkeit war das, was ich auf diesem Weg erfuhr, allerdings noch weit entfernt. Urteile über mein Aussehen erhielt ich trotzdem, und die konnten gnadenlos sein. Ich habe in meinem Elternhaus gelernt, dass für eine Frau das Aussehen von zentraler Bedeutung ist, aber nicht, wie ich mit meinem Körper in ein versöhnliches Verhältnis treten kann. Ich wurde, wie es auch die Schriftstellerin Ulrike Draesner, Jahrgang 1962, in ihrem autobiografischen Buch *Eine Frau wird älter* beschrieben hat, in den entscheidenden Momenten der weiblichen Biografie allein gelassen. Angefangen bei der Menstruation bis hin zu den Wechseljahren. Eine Tochter könne theoretisch anhand der Körperlichkeit ihrer Mutter die weiblichen Veränderungsprozesse beobachten und sich darauf einstellen, schreibt Draesner. »Aber dieser Austausch hat nie in nennenswerter Weise stattgefunden, der Kanal wird nicht bespielt, zumindest nicht von ihrer [der mütterlichen] Seite.«[23]

Babyboomer lernten bei ihren Eltern in mancher Hinsicht nur wenig, in anderer Hinsicht viel Zweideutiges. Liebe wurde enger gefasst als früher und hatte sich weitgehend von den materiellen und institutionellen Rahmenbedingungen wie Haus und Heiratsurkunde gelöst. Während die Eltern oft noch durch die Herkunft und gemeinsame Lebensleistungen zusammengeschmiedet waren, wollten Babyboomer nur um ihrer selbst willen zusammen sein, und nicht, weil Geld, Konventionen oder Eltern sie dazu drängten. Die Beziehung sollte für beide Beteiligte einen »emotionalen Gewinn« bringen. Wenn der nicht mehr erkennbar war, wurde eben die nächste »reine« Liebe begonnen. Auch die Rollen waren dabei nicht mehr ganz so festgelegt wie früher, sondern konnten theoretisch ausgehandelt werden. »Selbst-Reflexivität, Paar-Reflexivität und die Fähigkeit des Aushandelns von Wünschen und Interessen sind an die Stelle von geschlechtsrollen-bestimmten Regelungen getreten.«[24] Das heißt auch, dass Frauen aktiver sein durften. Die einstige Norm, sich stets erobern lassen zu müssen, wurde schwächer, Frauen konnten nun selbst einen Heiratsantrag aussprechen und mussten nicht freundlich lächelnd auf einen Interessenten warten.

So waren die Babyboomer Kinder einer eingehegten und widersprüchlichen sexuellen Liberalisierung. Der gängige Blick auf diese Zeit ist meist etwas getrübt von den äußerlich sichtbaren und medial gefeierten Phänomenen: Küsse auf offener Straße, Miniröcke und Sexbeichten in den Medien, nackte Menschen in der Werbung, in Pornos und im Kino. Oder den lockeren Sprüchen einiger Machos der linken Szene wie »Wer zweimal mit derselben pennt [...]« und nackten Brüsten auf dem Cover von *Pardon*.[25] Weil sich die Presse so sehr auf diese Erscheinungen gestürzt hat, ist der falsche Eindruck entstanden,

4. Sex und Liebe

dass die Babyboomer jenseits der prüden Nachkriegszeit aufgewachsen seien. Doch die kindliche und pubertäre Wirklichkeit war in der Regel nicht von der philosophisch-sexuellen Selbstsuche der politisierten Studentenbewegung, der Sexualisierung der Medien und der Verwissenschaftlichung der Sexualität geprägt, sondern von dem, was den Babyboomern im Elternhaus und im näheren Umfeld vorgelebt wurde.

Die Veränderung spielte sich weniger im öffentlichen Raum als in der zähflüssigen Privatsphäre ab. »Alte Leute verteufelten vorehelichen Sex, hatten diesen aber meist selbst praktiziert. Sie tratschten über ›Muss-Ehen‹, unterstützten im Falle des Falles aber doch ihre Kinder und Enkel. Viele Mütter, die nur ungern über Sex redeten, verschafften ihrer unverheirateten Tochter die ›Pille‹. Über moralische Fehltritte der abstrakten Jugend – wie der aus dem Fernsehen bekannten Gammler und Studenten – wurde hart geurteilt, während ähnliche Vorkommnisse in der Verwandtschaft vertuscht wurden.«[26]

Trotzdem profitierten die Babyboomer natürlich stärker von der allgemeinen gesellschaftlichen Liberalisierung als ihre Eltern. Sie hatten mehr Wahlfreiheit, ob sie Kinder alleine erziehen, sich noch spät im Leben mit der Familie eines anderen zusammentun, mit dem Verflossenen oder der Ex unter einem Dach leben oder auch einfach ganz ohne Anhang bleiben wollten. Während in der Generation der Nachkriegseltern Scheidungen noch oft zu einem dramatischen Ende mit Kontaktabbruch geführt hatten, was die Begriffe »Ehebruch« und »Scheidungswaise« gut veranschaulichen, bestanden für die Babyboomer schon mehr

Verklemmte Nachkriegseltern, befreite Babyboomer?

Möglichkeiten, weiterzumachen und ihren Kindern endgültige Abschiede und Loyalitätskonflikte zu ersparen.

Wie leicht den Babyboomern diese Lebensstilreformen aber letztlich fielen, war individuell und hing vom jeweiligen Familienhintergrund, Milieu und Wohnort ab. Nicht zuletzt bestanden Unterschiede zwischen der BRD und der DDR. Zumindest auf diesem Gebiet wollte sich der real existierende Sozialismus dem kapitalistischen Westen überlegen zeigen. Inzwischen haben vergleichende Studien den ideologisch verbrämten Graben zwischen der eher verklemmten BRD und der eher freizügigen DDR ein Stück weit bestätigt. Die Nuancen hatten mit der unterschiedlichen Stellung der Frauen in der Arbeitswelt und mit den jeweiligen sozioökonomischen Verhältnissen zu tun. In der DDR rückten Frauen früher im Bereich Bildung nach, erlangten häufiger einen Hochschulabschluss und verhielten sich bei der Berufswahl nicht ganz so traditionell wie die Frauen im Westen. Deshalb profitierten sie auch früher von der sexuellen Aufklärung und Befreiung. Die Studierenden waren außerdem jünger als im Westen, sie zogen meist gleich von zu Hause ins Wohnheim, und sie erhielten unabhängig vom elterlichen Einkommen ein Grundstipendium, das sie finanziell autonom machte. Studiert wurde zielgerichtet und nicht so oft als Warteschleife wie in der BRD. Die jungen Leute blieben über den ganzen Zeitraum des Studiums hinweg in festen Gruppen zusammen, mit vielen Kontakten, auch in der Freizeit, was die Partnersuche erleichterte. Zwar spielte im Osten der Feminismus eine geringere Rolle als im Westen. Aber trotzdem konnten sich DDR-Frauen sexuell freier fühlen,

4. Sex und Liebe

weil sie materiell weniger abhängig waren und weil sie bessere Voraussetzungen hatten, wenn sie schon in frühen Jahren eine Familie gründeten. Bekamen sie ein Kind, mussten sie nicht gleich um ihre Existenz fürchten. Im Gegenteil, Kinder zu haben half bei Wohnungssuche und beim sogenannten »Abkindern« von Krediten.[27] Auch war die Rechtsprechung zum Schwangerschaftsabbruch liberaler, und ab 1972 war die Antibabypille kostenlos verfügbar. Aus diesen Gründen war für DDR-Jugendliche eine längere und sich verselbstständigende Pettingphase (wie in der BRD) nicht so typisch, vorehelicher Geschlechtsverkehr war selbstverständlicher als im Westen, und seit Ende der Siebzigerjahre machten es die Frauen genauso früh wie Männer.[28] Das alles führte angeblich – im Jargon der Sexualwissenschaften – zu sexuell aktiven und zufriedenen Paarungen, einer »stärkeren partnerschaftlichen Gebundenheit«, einer intensiven »partnerschaftlichen Sexualaktivität« und einer »höheren koitalen Orgasmusrate der Frauen«.[29] Ach ja, und in Sachen Nacktheit ging es in der DDR ohnehin lockerer zu als in der BRD. Nicht nur am Strand, sondern teilweise auch im staatlichen Schwimmunterricht einiger Städte, in dem kleinen Kindern das Gefühl vermittelt werden sollte, dass Nacktsein ganz natürlich sei.[30]

5.
Frauen im doppelten Einsatz als eine Hypothek der Nachkriegszeit

Die Theaterpädagogin Anna G., geboren 1956 in Detmold, ringt laut ihrem Tagebuch mit allem und jedem in ihrem Leben. In den frühen Achtzigerjahren hadert sie mit der klassischen bürgerlichen Familie, der sie entstammt, zieht in eine Kommune, wo sie aber auch nicht glücklich wird. Sie findet als alleinerziehende Mutter nur schwer eine Wohnung, weiß nicht, wie sie Kind und Beruf unter einen Hut bringen soll, hat Beziehungsprobleme, trinkt viel, wird süchtig, ist psychisch labil und immer voller Selbstvorwürfe und Vorwürfe gegen ihre Eltern. Antworten sucht sie – natürlich – in der Psychologie, in anderen Selbsttechniken wie Yoga, im Feminismus. Nach der Lektüre von Simone de Beauvoirs *Das andere Geschlecht* notiert sie: »Was im Wesentlichen der heutigen Frau fehlt, um große Dinge zu vollbringen, ist das Selbstvergessen. Aber um sich selbst zu vergessen, muss man zunächst unbedingt sicher sein, dass man bereits zu sich selbst gefun-

5. Frauen im doppelten Einsatz

den hat.«[1] Im Alter von 35 Jahren forscht sie sich immer noch verzweifelt selbst aus. Auch wenn es natürlich nicht alle Frauen der Babyboomer-Kohorte so schwer hatten wie sie, erinnert mich die Geschichte von Anna G. doch an manche meiner Weggefährtinnen; Frauen, die scheinbar immer kämpfen mussten und nie ankamen. Als steckten sie in einer falschen Haut. Ihre Probleme wirkten für manche Spötter immer wie hausgemacht. Sie problematisierten, wo es eigentlich nichts zu problematisieren gab, sei es die Beziehung zur eigenen Mutter, zum Partner, oder sei es der Beruf, in den sie scheinbar versehentlich hineingestolpert waren.

Sie zogen um, und die neue Wohnung schien noch weniger zu passen als die alte. Mal war sie zu ländlich gelegen, dann zu städtisch, mal lebten andere Leute zu nah, mal zu weit entfernt. In dem einen Haus nervte der Eigentümer, der sie keinen Blumentopf im Treppenhaus aufstellen ließ, in dem anderen die klinisch ordentliche Nachbarin, die sich am Kinderwagen im Flur störte. Sie stritten sich mit ihren Eltern und mit ihren Männern, mit den Chefs und Vermietern, mit Freundinnen, aber vor allem lagen sie ständig mit sich selbst im Clinch. Sie wollten perfekte Mütter sein und sich beruflich verwirklichen und sahen sich doch an beidem scheitern. Knackpunkt ihrer Schwierigkeiten schien ihr Selbstverständnis als Frau zu sein.

Oft standen die eigenen Mütter an der Wiege der Konflikte, die diese Frauen auszutragen hatten. Sie schienen sie ein Leben lang wie an einer langen Leine mit sich zu führen. Sie klagten, kein Blick könne strenger auf ihr Äußeres gerichtet sein als der ihrer Mutter, keine Kritik ätzender, kein Desinteresse an den beruflichen Erfolgen der Tochter verletzender. Diese Mütter schienen an sie völlig unvereinbare Forderungen zu stellen: Krieg ein Kind, aber bekomme bloß keines, denn dann hört das Leben für dich auf. Ohne Mann bist du nichts, aber wenn du einmal heiratest, wirst du in ein Gefängnis geraten. Mach Karriere, Kind, aber werde gleichzeitig eine vortreffliche Ehefrau und Mutter. Führe ein ganz anderes Leben, als ich es getan habe, aber stell damit bloß nicht meinen Lebensentwurf infrage!

In keinem anderen Bereich scheint der Einfluss, aber auch die Belastung der vorangegangenen Generation so offensichtlich zu sein wie beim weiblichen Rollen- und Selbstverständnis. Ursula Ott schreibt in ihrem autobiografischen Buch *Das Haus meiner Eltern hat viele Räume* sie sei in den Sechzigerjahren noch mit dem vollen Hausfrauenprogramm aufgewachsen. Ihre Schwester und sie hätten zwei Botschaften gleichzeitig begleitet: »Sei erfolgreich und mach uns stolz! Sei hübsch und bekoche deinen Mann!«[2] In der Kindheit der Mädchen passte nichts so richtig zusammen: »Die Erwartungen des Vaters, das Vorbild der Mutter, die Aufträge und Botschaften, es ging ganz schön viel durcheinander in unserer Generation.«[3]

Das begann bei vielen damit, dass die Mutter zunächst gearbeitet hatte und dann, nach einem guten Berufsstart, auf Drängen des Mannes (oder aus eigenem Antrieb?) von einem Tag auf den anderen ihre Erwerbsarbeit an den Nagel gehängt hatte. Das Ende deutete sich entweder schon bei der Hochzeit an, nach der Geburt des ersten Kindes oder spätestens dann, wenn der Mann den ersten ordentlichen Gehaltsscheck nach Hause brachte. Ein paar Jahre lang konnte, sollte oder wollte die Frau die Familie mit ihrem Einkommen unterstützen, dann wurde ihr Beitrag nicht mehr gebraucht. Ein mehr oder weniger wichtiger Aspekt ihres Selbst wurde einfach stillgelegt.

Bis 1977 durfte ein Mann seiner Frau die Erwerbsarbeit untersagen, wenn sie ihren hausfraulichen Pflichten seiner Ansicht nach nicht ausreichend nachkam. Ein Anruf beim Arbeitgeber genügte. Aber es wäre nicht richtig, die aufgegebenen Karrieren der Frauen allein der Intervention ihrer Ehemänner anzulasten. Einflussreich war die tradierte Aufgabenverteilung der bürgerlichen Familienideologie, die von Frauen und Männern gleichermaßen akzeptiert wurde. Im 19. Jahrhundert war ein bürgerlicher Haushalt noch ein kleines Unternehmen gewesen, in dem sehr viele Gebrauchsgegenstände und Nahrungsmittel selbst hergestellt werden mussten. Die Hausfrau leitete dieses Unternehmen, sie führte das Personal an und füllte damit eine wichtige Rolle aus. Im 20. Jahrhundert schrumpften die Aufgaben im Haushalt zusammen. Die Wohnungen wurden kleiner und praktischer, Seife, Gardinen, Konserven wurden gekauft und nicht produziert, Waschmaschinen und Staubsauger übernahmen die körperliche Arbeit. Die Tiefkühltechnik machte Lebensmittel und vorgekochte Gerichte länger haltbar, wodurch sich der Alltag flexibler gestalten ließ und Zeit eingespart werden konnte, die vorher zum Einkaufen und Kochen benötigt wurde. Der wachsende Wohlstand ermöglichte Restaurantbesuche. Kinderkleidung wurde günstiger. Trotzdem schien die

Mittelschichtsfrau immer noch unverzichtbar im Haushalt. Oder, was noch schwerer wog, eine verheiratete Frau hatte es schlicht »nicht nötig« zu arbeiten, wenn ihr Mann genug verdiente. Sie durfte frohgemut im Hause schalten und walten, denn das war ihre »eigentliche« Aufgabe.

Nie glänzten die Böden sauberer, nie strahlte die Wäsche weißer als in Westdeutschland in den Fünfziger- und Sechzigerjahren. Der Meister-Proper-Hausrat schwoll an und mit ihm wuchsen die Tätigkeiten der Frauen. Mit jedem neuen Tischgrill, Schnellkochtopf, Eierschneider und Rührgerät ergaben sich Spielfelder. Was als Arbeitserleichterung getarnt angeschafft worden war, wurde zur nie endenden Beschäftigungstherapie. Um nicht alles den Maschinen zu überlassen, befleißigten sich die Frauen zusätzlich noch der überflüssigen Handarbeit. Das spezielle Geschirrservice, die holzgerahmten Bestecke und die Kristallgläser durften auf keinen Fall in die Maschine. Als die Mülltrennung aufkam, begann manche Frau damit, leere Joghurtbecher abzuspülen, bevor sie in den Schredder kamen.

Eine weitverbreitete Selbstbeschäftigung waren Nähen, Stricken und Häkeln, kaum war der Handel in der Lage, günstige Textilien zu beschaffen. So wurde der Burda Verlag groß. Ich sehe noch meine Mutter vor den Schnittmustern am Boden knien und mit einem gezackten Rädchen die gestrichelten Linien auf dem Stoff nachzeichnen. In meiner Kindheit wurde ich gleich von drei Frauen eingekleidet: Eine Großmutter fabrizierte mit ihrer neuen Strickmaschine gestreifte Strickkleider, die andere Großmutter häkelte meinen ersten Bikini, und meine Mutter nähte virtuos einen Schottenrock.

5. Frauen im doppelten Einsatz

Auf Ursula Ott wirkte die ganze hausfrauliche Geschäftigkeit abschreckend. Weil ihre Mutter immer erzählt hatte, wie traurig sie darüber gewesen sei, nicht mehr arbeiten gehen zu können, machte die Tochter Putzeimer und Staubtücher für dieses Unglück verantwortlich und mied sie deshalb. Sie wurde Chefredakteurin. In anderen Familien waren die Botschaften der Mütter mehrdeutiger. Aber auch ich wusste, was es bedeutete, wenn meine Mutter gelangweilt den Staubsauger mitten im Wohnzimmer fallen ließ: Wenn du erst einmal kochen und nähen kannst, hast du dein Leben verwirkt. Deshalb lernte ich das lieber nicht. Schließlich waren die Mütter früher einmal Frauen gewesen, die ihr Leben im Griff gehabt hatten, bis sie mehr oder weniger begeistert mit der Sektflasche Rüttgers Club in Sichtweite »verhausfraulicht« worden waren. Da konnten sie noch so viele Berufsqualifikationen ansammeln – am Ende zählte es mehr, ob das Treppenhaus ordentlich geputzt war.

Warum ließen sich die Nachkriegsmütter und später sogar noch ihre Töchter diese Rolle gefallen? Es hatte doch schon einmal Mütter gegeben, die im Krieg, als die Männer im Feld waren, allein ihre Familien über Wasser gehalten hatten. Doch dieses Vorbild war offenbar genau das Problem. Die alleinerziehenden Kriegswitwen mit ihren Depressionen und ihrer Überbeanspruchung taugten eher zur Abschreckung als zur Nachahmung. Ihre Töchter, die späteren Nachkriegsmütter, eroberten lieber einen Ehemann, der sie vor dem Schicksal der Autonomie bewahrte – und mit dem sie das Familienideal nachholen konnten, das ihnen als Kriegskind vorenthalten worden war.

Die doppelten Botschaften an die Frauen der Nachkriegszeit

Dass Nachkriegsmütter lange vor der neuen Frauenbewegung der Sechzigerjahre sozialisiert worden und deshalb schon ein wenig zu alt gewesen waren, um die Freiheitsversprechen des Feminismus noch für sich ganz umzusetzen, war für manche Babyboomerin eine Hypothek. Einerseits nervte die Überbetonung der traditionellen Hausfrauenrolle der Mutter, andererseits machte sie es für die Tochter umso schwerer, für sich selbst eine andere Rolle zu finden. Mit den kratzigen selbst genähten Stoffhosen, die wir als Kinder verpasst bekamen, entwickelten wir eine lebenslange Allergie gegen Wolle am Bein und gegen die Vorstellungen von Weiblichkeit aus der Nachkriegszeit. Gleichzeitig bekamen wir ein schlechtes Gewissen. Dabei hätten wir, wenn wir uns die Biografien unserer Mütter näher angeschaut hätten, unsere schwierige Erbschaft vorhersehen können.

Meine Mutter hatte, was durchaus typisch war, einen klassischen Frauenberuf gelernt. Die Ausbildung zur Grundschullehrerin sollte sie notfallmäßig absichern, falls sie keinen Mann fände. Falls doch, konnte ihr das pädagogische Studium als Vorbereitung auf die Mutterrolle nützlich werden, so war damals das Kalkül. Das wichtigste Ziel für meine Großmutter war die wirtschaftliche und soziale Absicherung der Tochter gewesen. Als eines Tages ein Bewunderer auftauchte, wurde er von meiner Großmutter zum idealen Kandidaten erkoren, denn er würde einen

5. Frauen im doppelten Einsatz

anständigen und gut gestellten Ehemann für ihre Tochter abgeben. Doch dann lernte meine Mutter einen Studenten kennen, schlimmer noch, einen Psychologiestudenten, und sie sagte nicht Nein, wurde schwanger und bestätigte damit die schlimmsten Befürchtungen meiner Großmutter. Dem 21-jährigen Hallodri verweigerte sie zeitlebens den Handschlag und das »Du«, ihrer Tochter wies sie die Tür. Erst als ich schon auf der Welt war, brachte meine Großmutter es über sich, wieder ein Wort mit ihrer ach so unmoralischen Tochter zu wechseln. Dabei war sie politisch keineswegs rückwärtsgewandt. Sie war eine stramme Antifaschistin, Sozialdemokratin, durchaus selbstbewusst in ihren Anschauungen und Urteilen über die Welt. Aber sie hatte keine hohe Meinung von Männern (abgesehen von ihrem so früh verstorbenen Mann), und sie glaubte, Frauen würden zur leichten Beute. Außerdem war sie von der Bedeutung der Ehe für die Frau überzeugt. Wenn erst einmal ein Mann da war, musste er mit allen Mitteln festgehalten werden. Das ging so weit, dass sie von meiner Mutter in der finalen Ehekrise mit meinem Vater Toleranz und Leidensfähigkeit verlangte. Als sich meine Eltern trotzdem trennten, hielt sie zu meinem Vater, den sie nie hatte leiden können, und glaubte, meine Mutter hätte ihn nur besser behandeln müssen, dann wäre er ihr nicht abhandengekommen.

Dabei waren Frauen wie meine Mutter, Jahrgang 1939, eigentlich in eine Welt der Frauen geboren worden. In der sentimentalen Rückschau auf die Nachkriegszeit wird immer von der »Stunde der Frauen« gesprochen, die einen Emanzipationsschub gebracht habe. Doch passender wäre

Die doppelten Botschaften an die Frauen der Nachkriegszeit

es, von einer Welt der abwesenden Männer zu sprechen, denn ihr Nichtvorhandensein machte sie umso wichtiger. Frauen waren zwar im Krieg massenhaft in die Arbeitswelt eingerückt und hatten direkt und indirekt der Kriegswirtschaft und der Verteidigung des Landes zugearbeitet. Sie hatten nach der Kapitulation beim Wiederaufbau eine wichtige Rolle gespielt. Doch das geschah weder freiwillig noch freudig. Sie waren oft sehr belastet von der ungewohnten Verantwortung, konnten sich deshalb wenig um die Kinder kümmern, waren unsicher und vermissten die alte Aufgabenteilung. Und was noch schwerer wog: Die Gesellschaft betrachtete die von Frauen dominierte Zeit als einen Irrtum und tat alles, um so schnell wie möglich die gute alte Ordnung mit dem Mann am Drücker wiederherzustellen.

Gertrude F., die Frau eines Getreidebauern und Gärtnereibesitzers aus Fellbach bei Stuttgart, wartete seit 1943 auf ein Lebenszeichen ihres Mannes. Unsicher, ob er gefallen oder in Kriegsgefangenschaft geraten sei, schreibt sie Tagebuch in Form von Briefen an ihn. Sie hat zwei kleine Kinder und muss die Leitung der großen Gemüsegärtnerei übernehmen. Mitarbeiter fallen aus, Treibhäuser gehen bei Luftangriffen zu Bruch, die Nächte verbringt sie mit den Kindern im Keller. Dann wird im Frühjahr 1944 auch ihr Wohnhaus zerstört. Sie steht mit den Kindern und den Möbeln auf der Straße. Zusätzlich zu den objektiven Schwierigkeiten zweifelt sie ständig an sich selbst, an ihrer Eignung für die Arbeit im Betrieb. Die Mitmenschen bestärken sie darin noch und drohen, ihre Felder wegzunehmen, oder wollen ihr die Gärtnerei abkaufen. Die Landes-

5. Frauen im doppelten Einsatz

bauernschaft kündigt an, die Kredite für neues Glas zu streichen, da der Betrieb keinen Chef mehr habe. Auf ihren Protest hin, dass ihr Mann für seine Opfer im Krieg nicht auch noch mit dem Verlust seines Geschäftes bestraft werden dürfe, erhält sie schließlich doch die beantragte Beihilfe. Sie hört gerüchteweise, dass ihr Mann gefallen sei, und verzweifelt über der Frage, wie sie alleine die Kinder aufziehen und die Firma erhalten soll. Sie schreibt ihm ins Tagebuch, er wisse doch, wie wenig ihr an Selbstständigkeit liege. »Und doch, ich muss. Bei allem denke ich, wie wird Paul über dich urteilen, wenn er wiederkommt? Wird er mit mir zufrieden sein? Noch nie war ich so unzufrieden mit mir. [...] Ach könnte ich nur einmal Dich fragen, ob ich es so recht mache.«[4] Sie ist so niedergeschlagen, dass sie sich wünscht, sie läge unter den Trümmern. Von einem Emanzipationsschub ist das weit entfernt. Alles, was sie tut und leistet, geschieht zum Überleben und gemäß der Wünsche und Vorstellungen des abwesenden Mannes, dem sie ohne zu Zögern die Verantwortung zurückgeben würde, wenn sie nur könnte. Bei aller Selbstständigkeit fehlt ihr jedes Selbstvertrauen. War sie also ein emanzipatorisches Vorbild für die nächste Generation?

Von den Müttern der Nachkriegsmütter wurde erwartet, dass sie nach vorne blickten, dass sie halfen, das Land wieder aufzubauen und die Männer, wenn sie denn heimkehrten, mit offenen Armen empfingen und deren Wunden linderten. Da vom Staat finanziell wenig geleistet werden konnte, musste ein Gutteil der Fürsorgeleistungen in der Familie erbracht werden. Dann aber sollten die Männer, so versehrt sie auch waren, so schnell wie möglich auf

Die doppelten Botschaften an die Frauen der Nachkriegszeit

ihre angestammten Posten als Familienoberhäupter zurückkehren. Diese leicht schizophrene Rollenerwartung warf ihren Schatten in die nächste Generation. Wenn wir uns heute wundern, warum Jungen noch immer eher Kfz-Mechatroniker, Industriemechaniker oder Elektroniker werden und Mädchen eher soziale oder Dienstleistungsberufe lernen, dann müssen wir in die Nachkriegszeit zurückblicken. Damals lernten Frauen, dass all ihre Kraft nicht reichte, um sich einen gleichberechtigten Platz in der Arbeitswelt und in der Familie zu erhalten. Schließlich glaubten sie oft nicht einmal selbst daran, dass ihnen mehr zustünde als die Rolle der Ausputzerin. Deshalb gaben sie ihren Töchtern oft nicht genügend Selbstbewusstsein mit, um sich gegen die Hausfrauenrolle oder ihren schlechter bezahlten Einsatz als »stille Reserve« auf dem Arbeitsmarkt zu wehren.[5]

Seither hat sich, wie wir aus heutigen Statistiken lernen, manches, aber noch nicht alles geändert. Frauen sind immer noch im doppelten Einsatz. Einerseits als Stütze des Bollwerks Familie, andererseits als jederzeit abrufbare Feuerwehr auf dem Arbeitsmarkt. Ihre hergebrachte Frauenrolle erlegt es ihnen noch immer auf, aus der zweiten Reihe und immer in Hinblick auf Mann und Kind zu wirken. Der Ursprung dieser widersprüchlichen Botschaften, die auch noch die Babyboomer-Töchter hören sollten, ist in der Nachkriegssituation zu verorten. Frauen sollten in erster Linie solidarisch mit ihrer Familie sein, dem Familieneinkommen zuarbeiten, den öffentlichen Haushalt entlasten und die Bindungskraft der Familie stärken. Auch dass nach dem Krieg ein Viertel aller Kinder ohne Väter aufwuchs und ein Drittel aller Haushalte von geschiedenen oder verwitweten Frauen repräsentiert wurde, änderte daran nichts. Das war nur eine historische Anomalie.

Wie viel ist eine Frau ohne Mann wert?

Das historische Erbe der Babyboomerinnen war mithin eine doppelte Lebensführung als Familienmensch und nachgeordnete Erwerbstätige. Sie erbten eine Vorstellung davon, wie wichtig ein Ehemann sei. Auch das geht vor allem auf die Nachkriegszeit zurück, als ihre Mütter mit einem Modell vor Augen heranwuchsen, das ihnen ein abschreckendes Beispiel bot. Kriegswitwen hatten wegen des beachtlichen Frauenüberschusses nach 1945 geringe Chancen, wieder zu heiraten. Sie blieben, so wie auch meine Großmutter, nach dem Verlust ihres Mannes oft zeitlebens alleinstehend. Gleichzeitig erhielten sie nur eine kärgliche Rente, was es eigentlich logisch erscheinen ließ, sich wieder mit jemandem zusammenzutun. Sollte das gelingen und eine Frau wieder den gesellschaftlich erwünschten Status der Ehe erreichen, wurde ihr jedoch die Witwenrente weggenommen. Eine einmalige Prämie zur Wiederverheiratung in Höhe von 1200 Mark deckte alle weiteren Rentenansprüche ab, was dazu führte, dass es finanziell klüger war, unverheiratet zu bleiben und mit einem neuen Partner eine sogenannte »Onkelehe«, also eine »wilde Ehe« zu führen. Darunter litten die Betroffenen durchaus, besonders, wenn sie kirchlich gebunden und vom unverheirateten Zusammenleben nicht überzeugt waren. In

Wie viel ist eine Frau ohne Mann wert?

einer Eingabe an den Bundesfamilienminister schilderte eine 48-jährige Kriegswitwe im Jahr 1955 ihre Not. Sie wolle sich kirchlich, aber nicht standesamtlich trauen lassen, damit sie die Rente nicht verlöre, aber wenigstens im Sinne der Kirche handele: »Er ist mir ein treuer und uneigennütziger Kamerad geworden, aber standesamtl. kann ich nicht heiraten, da sonst die Rente verloren geht u. wir Beide weiter gesundheitlich vernichtet würden, mein Verlobter bekommt nur ca. 90 Mk. Rente den Monat u. sonst kann er nichts dazuverdienen. Wir Beide leben sehr glücklich zusammen, möchten aber gerne unseren Bund kirchlich segnen lassen ohne Standesamt wegen der Rente, die ich bekomme. Mit meinen Angehörigen lebe ich nun getrennt u. in einer gewissen unfreundlichen Art, da sie es nicht billigen, dass ich einen Rentner als Verlobten genommen habe ins Haus.«[6]

So inkonsequent war staatliches Handeln. Durch Streichung der Rente glaubte man verhindern zu können, dass sich Frauen scheiden ließen. Doch gleichzeitig verhinderte man, dass Witwen erneut heirateten. Gegen eine Erhöhung der Abfindung von 1200 Mark wurde argumentiert, dies würde nur Eheschwindler anlocken.

Schließlich erlaubte der Staat, dass die Rente nach einer erneuten Trennung wieder einsetzte – allerdings nur, wenn die Frau schuldlos geschieden worden war. Damals galt noch das Verschuldungsprinzip bei der Scheidung. Das heißt, finanzielle Unterstützung erhielten nur diejenigen Frauen, die von ihren Männern verlassen worden waren oder die ihren Männern gravierendes Fehlverhalten gerichtlich nachweisen konnten. Das war nichts anderes

5. Frauen im doppelten Einsatz

als eine Aufforderung zur Unterordnung der eigenen Bedürfnisse. Mehr noch – eine Aufforderung zur Scheinheiligkeit, denn Frauen waren, wenn sie ihr Überleben sichern wollten, gezwungen, die betrogene Unschuld zu spielen. Eine Frau, die von sich aus die Trennung durchsetzte, wurde doppelt bestraft: Sie ging bei der Scheidung leer aus und bei der Rentenkasse ebenfalls. Erst im Jahr 1974 endete diese Diskriminierung. Die Schlechterstellung der kriegsgeschädigten Frauen gegenüber den kriegsgeschädigten Männern bestand also darin, dass ihnen Renten nur in Hinblick auf ihren Familienstand und für ihr »sittliches« Betragen gewährt wurden. Männer erhielten hingegen finanzielle Zuschläge auf ihre kriegsbedingte Rente, wenn sie Familienmitglieder versorgen mussten. Geschlechternormen und politische Absichten hatten sich nach Kriegsende gegen die Frauen verbündet. Es war die Ära der auf den Mann ausgerichteten patriarchalen Familienpolitik.

Das starre Festhalten am bürgerlich-männlich geprägten Familienmodell durchdrang die Gesetzgebung bis in die hintersten Ecken der Nachkriegsgeschichte. Es bewirkte letztlich, dass der westdeutsche Staat 1956 Frauen, die von Besatzungssoldaten vergewaltigt und unfreiwillig schwanger geworden waren, aus dem Fonds für »Besatzungsschäden« entschädigte. Über die Schwierigkeiten der Vergewaltigungsopfer, in der Gesellschaft und sogar in ihren eigenen Familien gehört zu werden, habe ich an anderer Stelle ausführlich geschrieben.[7] Der politische Kampf, von wenigen Abgeordneten und einigen Betroffenen betrieben, währte lange, um wenigstens materielle

Wie viel ist eine Frau ohne Mann wert?

Rechte für einen Teil der rund 860 000 Vergewaltigungsopfer in Deutschland durchzusetzen. Gegen die Täter, die Soldaten der Siegerarmeen, hatten die Opfer keine rechtliche Handhabe, denn als Militärangehörige unterlagen sie der Militärgerichtsbarkeit. Dennoch galten die Frauen, denen von GIs, französischen, britischen oder sowjetischen Soldaten bei Kriegsende und in der Besatzungszeit Gewalt angetan worden war, nie als Kriegsgeschädigte und durften nicht mit im Krieg verwundeten Soldaten gleichgestellt werden. Sie hatten somit eine doppelte Bürde zu tragen: neben den körperlichen und psychischen Beschädigungen der Vergewaltigung und der Geringschätzung auch noch blanke wirtschaftliche Not. Ein besonderer Fall waren die Frauen, die durch Gewaltanwendung schwanger geworden waren. Diese unfreiwilligen Mütter waren für die bundesdeutsche Regierung ein heikles Thema, schließlich sollte die Familie stabilisiert werden, und das bedeutete nicht zuletzt, Ehemänner der Vergewaltigungsopfer davon abzuhalten, die Frauen wegen eines »Kuckuckskindes« zu verlassen und dadurch ein weiteres soziales und »sittliches« Problem zu hinterlassen. Die Lösung bestand darin, den Gewaltopfern der Besatzungssoldaten eine Rente für das Kind in Aussicht zu stellen, allerdings unter erschwerten Voraussetzungen.

Die Frauen mussten nachweisen können, dass sie mit den fremden Soldaten nicht freiwillig Sex gehabt hatten, sondern wahrhaftig in einem Gewaltakt geschwängert worden waren. Um diesen Beweis zu erbringen, sollten sie am besten Zeugen benennen. Doch die gab es in der Regel nicht. Außerdem sollten die Frauen über einen ta-

5. Frauen im doppelten Einsatz

dellosen Leumund verfügen, was durch Hausbesuche der Fürsorge überprüft wurde. Da konnte ein Gerücht in der Nachbarschaft, ein bereits existierendes »lediges« Kind oder ein schlampig geführter Haushalt genügen, um die Behörden an den sittlichen Qualitäten der Frau zweifeln zu lassen. Nur den wenigsten Betroffenen wurde geglaubt und eine spärliche Rente für das Kind zugestanden. Sinn und Zweck der Zahlung war es ausdrücklich, den vorhandenen oder den potenziellen Ehemann nicht durch Kosten für ein Kind abzuschrecken, das von einem anderen Mann stammte.[8] Im Klartext bedeutet das, die geschädigte Frau erhielt eine finanzielle Hilfe nur indirekt über ihre Mutterrolle und über die Bedeutung, die ein Ehemann ihr verlieh.

Das Schicksal alleinstehender Frauen nach dem Krieg war den Nachkriegsmüttern noch in anderer Hinsicht warnend vor Augen gestanden. Angesichts der knappen Kriegsrenten und der drohenden finanziellen Einbußen bei Wiederverheiratung mussten damals viele verwitwete Frauen ins Elternhaus zurückkehren oder einen Verwandten bei sich einziehen lassen. Das Elend und die Konflikte dieser Zwangsgemeinschaften, die keine Privatheit zuließen, blieben eine Hypothek der weiblichen Biografien aus der Nachkriegszeit. Kein Wunder, dass Babyboomerinnen später von ihren Müttern vermittelt wurde, wie schwer das Leben einer Frau ohne Mann sein konnte, wie viele Rechte und Privilegien vom Verheiratetenstatus abhingen, wie wichtig es aber auch war, sich selbst versorgen zu können, und gleichzeitig – wie fürchterlich es sei, allein zu leben.

Wie viel ist eine Frau ohne Mann wert?

Anna G., die schon erwähnte Babyboomerin aus Detmold, ist ein Beispiel dafür, wie sich dieses belastende Erbe der Nachkriegszeit auch noch in ihre Generation erstreckt. Sie irrt in vielerlei Hinsicht zwischen den Normen und Werten hin und her, mit denen sie als Kind sozialisiert worden ist. Eine problematische Selbstsicht als Frau zieht sich wie ein roter Faden durch ihr Tagebuch. Im April 1983 kommt es zur Trennung von ihrem Partner Tom. Schlafen könne er wohl mit ihr, aber mehr auch nicht. Sie empfinde ihn als verantwortungslos, schreibt sie in dieser Zeit, in der sie hauptsächlich von Alkohol und Zigaretten lebt.[9] Wie sehr ihre aktuellen Probleme mit ihrer Kindheit zusammenhängen, betont sie immer wieder. Zur Entlastung stellt sie sich vor, ihre Eltern seien tot, und verspürt dann gleichzeitig Trauer und Erlösung. Nichts Positives falle ihr zu ihnen ein, nur immer wieder »ungemeiner Hass«. Sie fühle sich noch heute, im Alter von 37 Jahren, von ihnen kontrolliert, bevormundet und unverstanden und schiebt ihnen die Verantwortung für ihre »kaputten Beziehungen« mit Männern zu.

Gegen ihre Depressionen setzt sie auf »Körperarbeit«, Bodybuilding, Psychoanalyse, politisches Engagement. Die Suche nach ihrem »inneren Kind« konfrontiert sie mit ihren Minderwertigkeits- und Schuldgefühlen. Sie schreibt, sie sei nicht reif für gleichberechtigte Beziehungen, da sie Konflikten aus dem Wege gehe und sich wie ein »Weibchen« benehme. Dann wieder verstecke sie sich hinter »Emanzengedanken« und klage die Männer an. Wenn sie versage, weil sie sich nicht klar zu ihren Bedürfnissen äußern konnte, werfe sie das dem Mann vor. Sie geißelt sich für ihre eigene Unsicherheit und Feigheit, die sie schon als Kind an den Tag gelegt habe. »Ach, ich war der Sonnenschein der Familie. Angepasst, lieb, treu und immer freundlich. Warum nur? Was hab ich damals schon alles damit zugeschüttet?«[10] Sie sei nichts als ein »angstbesetztes Frauchen«, früh verdorben durch eine Moralerziehung der Eltern und durch das Beispiel der Mutter.

Nur nicht sein wie die Mutter

Nancy Fridays Buch *Wie meine Mutter. My mother my self* von 1977 sorgte damals auch in Deutschland für Schlagzeilen. Der Zeitpunkt ist kein Zufall, denn Ende der Siebzigerjahre schlug die Stunde für das Thema Mütter und Töchter. Die Auseinandersetzung mit den ambivalenten Gefühlen zwischen den Frauen der beiden Generationen entbrannte nicht zufällig genau in dem Moment, in dem die Geschlechterrollen liberaler wurden. Jetzt fiel den Töchtern auf, dass sie von ihren Müttern noch nach einem prä-feministischen Ideal erzogen worden waren. Auch deutsche Autorinnen wie die Journalistin Barbara Franck *(Ich schau in den Spiegel und sehe meine Mutter)* stellten fest, dass ihre Mütter ein »konkretes, wenn auch ungenügend empfundenes Modell« gewesen seien.[11]

Die Ausgangsthese war, dass die Mutter-Tochter-Beziehung besonders belastet sei, weil Frauen aufgrund ihrer untergeordneten Rolle im Patriarchat nicht anders konnten, als ihre Unterdrückung an ihre Kinder weiterzugeben. Das betreffe die Tochter mehr als den Sohn, da ihre

Nur nicht sein wie die Mutter

Geschlechtsidentität eng auf das Vorbild der Mutter bezogen sei. Die Mutter-Tochter-Verbindung werde durch die konkrete Lebensgeschichte der Frau, die sozialen Rahmenbedingungen, in der sie lebt, und die Dynamik in der Familie geprägt. Eine berufstätige Mutter gibt ihrem Kind ein anderes Beispiel als eine Hausfrau. Laut Barbara Franck sperrten Mütter damals ihre Kinder in eine Art Gefängnis: Entweder, um sie zu gängeln, oder um sie zur Linderung der eigenen Konflikte zu benutzen. Das übergroße Vertrauensverhältnis zwischen Mutter und Tochter, das manchmal bis zu einem Bündnis gegen die Männer in der Familie gehen könne, überfordere die Töchter und mache sie schließlich misstrauisch. Denn Töchter könnten im Angesicht der »totalitären« Mutter die Konflikte nicht offen austragen. Anstelle von offener Auseinandersetzung schwele untergründige Gereiztheit.[12]

Indem sie ihre eigene Unzufriedenheit, die Hindernisse in ihrem Leben mit Aussagen wie »Dein Vater wollte nicht, dass ich arbeite« ihrem Ehemann zuschrieben, zeichneten die Nachkriegsmütter womöglich den Weg ihrer Töchter vor. Denn sie lebten den Babyboomerinnen vor, dass sie einerseits nicht ohne Mann leben konnten, andererseits aber auch mit Mann nicht glücklich waren. Dass sie sich einerseits finanzieren lassen (mussten), andererseits ihren Mann dafür verachteten, dass er so viel arbeitet. Dass sie sich durch kleine Lügen und Heimlichtuereien im Fall von allzu viel Kontrolle durchschummelten. Verkäuferinnen in Boutiquen konnten ein Lied davon singen, wie häufig reife Frauen ihr neu erworbenes Kleid unter Kartoffeln in der Einkaufstasche versteckten, damit sie es vom Mann unbemerkt nach Hause schmuggeln konnten.

Die Zeitdiagnosen des mütterlichen Erbes klingen in mancher Hinsicht sehr unvorteilhaft, zumindest wenn wir Babyboomerinnen wie Christina Bylow, Jahrgang 1962, und Kristina Vaillant, Jahrgang 1964, zuhören. In ihrem Buch *Die verratene Generation* erzählen sie von einem »typisch westdeutschen Mutter-Tochter-Konflikt«: Die Nachkriegsmütter beäugten kritisch die größeren Freiheiten, die besseren Ausbildungsmöglichkeiten oder den womöglich freieren Sex der Babyboomerinnen. Die Mütter wünschten ihren Töchtern diese Errungenschaften zwar, sähen aber auch, dass ihr eigenes Leben dadurch kein Leitbild mehr war. Auf eine Kurzform gebracht habe die unausgesprochene Botschaft der Mütter gelautet: Emanzipiere dich, aber lass es mich nicht merken.

Eine meiner Jugendfreundinnen, die beim Fernsehen Karriere machte, hat das so erlebt. Sie wurde von ihrer Mutter zwar stolz in der Nachbarschaft herumgezeigt, weil sie »im Fernsehen« war, aber musste sich dennoch jedes Mal, wenn sie auf dem Bildschirm erschienen war, hinterher von ihrer Mutter für ihr Aussehen kritisieren lassen. Streitpunkt war die Haarlänge, also ein für manche wichtiges Symbol für Weiblichkeit. Weil sich meine Freundin die Haare hatte kurz schneiden lassen, hatte ihre Mutter einen Anlass, ein für ihr Selbstbild zentrales Thema aufzugreifen und die Tochter damit zu verunsichern. Anders als Mütter in Migrantenfamilien, die oft stolz auf das Fortkommen ihrer Töchter seien, täten sich die typisch deutschen Mütter der Babyboomerinnen oft schwer mit den

Erfolgen ihrer Töchter, so Bylow und Vaillant. Sie schenkten ihnen weniger Zuneigung als ihren Söhnen und stünden ihren Begabungen skeptisch gegenüber.[13] Mit diesen Hypotheken sei die Mutter-Tochter-Beziehung wie eine Blaupause für das weitere Leben belastet: einzwängende Rollenvorschriften der Mutter für die Tochter, unterdrückte Aggressionen, ein Gefühl ohnmächtiger Hilflosigkeit angesichts der Identifikation mit der Mutter, Notlösungen wie der innere Rückzug der Tochter oder der Zwang, durch Leistung zu glänzen. Nicht zuletzt würden Töchter auch manchmal dazu provoziert, alles anders zu machen als die Mütter, was sie ebenfalls unfrei mache.

Auch Anna G. erkennt sich in ihrer Mutter wieder und »erschrickt« darüber, »besonders, was meine Sexualität und meine hysterischen Charaktereigenschaften angehen.«[14] Das Jahr 1984 verstreicht für Anna G. mit Gruppenanalyse, Tanztherapie, Toskanaurlaub und Erfahrungen in einer WG. In Theaterworkshops gelingt es ihr am ehesten, an sich »heranzukommen«. Doch in den folgenden Jahren verschlechtert sich ihr Befinden, sie bekommt Angstzustände und wird zwischenzeitlich sogar in ein Krankenhaus eingewiesen. Ihre Tochter kommt vorübergehend beim Vater unter. Nach wie vor zieht Anna G. jährlich um, manchmal öfter, und geht problematische Beziehungen unter anderem zu einem verheirateten Mann ein. Ihr Kind langweilt sie. »Manchmal, denke ich, hatten unsere Mütter das besser im Griff. Solche Nervereien haben die nicht mit sich machen lassen«, schreibt sie in ihr Tagebuch. Sie versteht ihre Freundin, die offen zugibt, dass ihr die Kinder »auf die Nerven« gingen. »Oh, wie konnte ich das nachfühlen. Endlich mal eine Mutter, die in ähnlichen Konflikten steckt wie ich.«[15]

Aber nicht nur die Mutterrolle, auch die der Partnerin fällt ihr schwer. Die Namen der Partner wechseln, die Probleme bleiben gleich. Sie nimmt wahr, dass sie in Beziehungen ständig Streit suche. Sie provoziere ihre Männer mit ihren unterdrückten Aggressionen, die sich manchmal wie von selbst Luft verschafften. Gleichzeitig beziehe sie sich viel zu stark auf Männer, sei wie darauf programmiert, Stress in Beziehungen auszuhalten, und wenn sie solo sei, sich so schnell wie möglich wieder einen Partner zu suchen. »Es ist doch zum ›in die Tischkante beißen‹, dass so wenig Frauen bereit sind, sich zu lösen und den Mann nur noch als Spielkameraden dann und wann zu betrachten. Woher kommt dieses verminderte Selbstvertrauen der Frauen, die doch gerade im menschlichen Bereich so viel leisten, dass sie sich immer wieder von diesen aufgeblasenen Pfauen in jeder Hinsicht unterdrücken lassen? Ich glaube, ich werde mein Geschlecht niemals verstehen, genauso wenig, wie das männliche!«[16]

Im Jahr 1994, mit inzwischen 38 Jahren, leidet Anna G. immer noch an Beziehungshunger. Dabei lasse sie viel zu viel Kraft bei den Männern. Sie ist weiterhin in Therapie, um zu lernen, sich weniger von ihren Gefühlen und mehr von ihrem Verstand steuern zu lassen. Sie stellt fest, dass sie sich allmählich von ihrer katholischen Erziehung lösen sollte. »Dieses ewig Moralische schadet mir nur und nützt niemandem.«[17] Erneut scheitert eine ihrer Beziehungen. Sie ist eine Frau, deren Leben in einer Endlosschleife steckt. Wir wissen aufgrund der Analyse ihres Tagebuchs natürlich nicht, welche individuellen Belastungen im Leben von Anna G. sonst noch eine Rolle gespielt haben. Gegenstand der Untersuchung kann hier nur sein, wie sie selbst ihre Beziehungen und ihr Leben deutet. Dabei zeigt sich, dass ihr die weibliche Identität in erster Linie in ihren Männerbeziehungen querschießt und dass sie die Ursachen dafür in ihrer generationellen Lage und ihrem elterlichen und speziell in ihrem mütterlichen Erbe vermutet. Da scheint sich mir eine typische, wenn auch extrem ausgeprägte Babyboomerinnen-Problematik zu zeigen. Eine Tochter muss jahrelang die überkommenen Probleme und Konflikte des elterlichen Geschlechtermodells bearbeiten. Das Tagebuch könnte auch auf die Kurzformel gebracht werden: Wo ist der richtige Mann für mich und warum brauche ich überhaupt einen? Eine Ambivalenz, die direkt aus der Nachkriegszeit und der schizophrenen Situation der Frauen damals stammen könnte. Dass sie ihre Eltern und besonders ihre Mutter immer wieder für ihr eigenes Unglück verantwortlich macht, ist durchaus typisch in dieser Generation. Gerecht ist es allerdings nicht. Dass Töchter sich von dem Rollenvorbild ihrer Mütter erdrückt fühlen konnten, scheint zwar plausibel. Allerdings standen die Mütter genauso in einer historischen Linie wie die Töchter, und es gibt keinen Anspruch darauf, dass sich nur die Töchter über ihr historisches Erbe beschweren dürfen.

5. Frauen im doppelten Einsatz

Die Babyboomerin und die Kinderfrage

In meinem Umfeld, aber auch statistisch gesehen, taten sich Babyboomerinnen schwer mit der Kinderfrage. Besonders die gut ausgebildeten Frauen bekamen seltener Kinder. Dass die allgemein gedämpfte Fortpflanzungsfreude immer an den Frauen festgemacht wird, ist zwar ungerecht – schließlich gehörten auch Männer dazu –, aber wenn ich über Frauen nachdenke, die ich kenne, stimmt die Gleichung meist: Entweder Kind oder Karriere. Die eine hat promoviert und füllt eine Führungsaufgabe in einer männerdominierten Branche aus, doch Mutter ist sie nicht. Die andere steckt für ihre Kinder so weit zurück, dass sie heute mit Ende fünfzig beruflich noch immer in prekären Anfangsgründen festhängt. Eine andere, ungewöhnlich begabte Freundin erreicht zwar die höchsten Ehren in ihrem Beruf, aber nie den Status der Mutterschaft. Sie nennt sich nicht »kinderlos«, denn das klingt nach Misserfolg, sondern »kinderfrei«. Damit ist auch der Verdacht aus der Welt, es könne ihr womöglich an einem potenziellen Erzeuger gefehlt haben.

Über Männer ohne Kind wird in unserer Gesellschaft so gut wie nicht gesprochen. Mir fallen auf Anhieb auch weniger Beispiele ein, obwohl sich Männer statistisch gesehen seltener fortpflanzen als Frauen. Von den 1960 in der BRD geborenen Männern haben 36 Prozent keine eigenen Kinder gegenüber 34 Prozent der Frauen, die ohne Kind geblieben sind. In den neuen Bundesländern sind es 16 Prozent der Männer gegenüber 5 Prozent der Frauen.[18]

Die Babyboomerin und die Kinderfrage

Männliche und weibliche Kinderlosigkeit wird quantitativ und auch qualitativ unterschiedlich wahrgenommen. Für Frauen dominiert die Vorstellung einer »biologischen Uhr«, deren größter Feind die Unentschlossenheit sei (auch wenn Models und Hollywoodstars den Anschein erwecken, sie könnten zu jedem Zeitpunkt ein maßgeschneidertes Kind haben). Männer warten länger mit dem Kind als Frauen, entscheiden sich anscheinend bewusster dagegen, sind weniger bereit zu heiraten, sind älter, wenn sie heiraten, und bekennen sich auch noch ungern zu (womöglich unbeabsichtigt?) gezeugten Sprösslingen. Nach der Trennung brechen sie häufiger als Frauen den Kontakt zum eigenen Kind ab und zahlen oft nur sporadisch oder keinen Unterhalt. Andererseits übernehmen viele Männer die Rolle des »sozialen« Vaters, außerdem ist ihre rechtliche Situation gegenüber dem Kind, wenn sie unverheiratet bleiben, prekär.[19] Auch wenn ein Vater die Vaterschaft anerkannt hat und in der Geburtsurkunde des Kindes eingetragen wurde, bekommt er nicht automatisch das Sorgerecht. Er muss es eigens beantragen.[20]

Von den kinderlosen Frauen sind nur zwei Drittel gewollt kinderlos. Ein Drittel hatte eine ambivalente Haltung zur Kinderfrage. Auch in meinem Umfeld ist das Bild gemischt. Manch eine Kinderlose bereut ihren Status heute, für manch andere wäre ein Kind nie eine Option gewesen. Aber selbst diejenige, die definitiv nie Kinder wollte, hat sich nach der Trennung ihres langjährigen Partners gefragt, ob sie nicht doch mit ihm eine Familie hätte gründen sollen. Menschen wissen eben nicht zu jedem Zeitpunkt in ihrem Leben, wohin die Reise gehen soll, und können es später nicht immer erneut und anders versuchen. Seitdem zuverlässige Verhütung möglich ist, scheint die Wahl des richtigen Zeitpunkts außerdem vertrackt. Mit Irrationalität hat das nichts zu tun.

Die mediale Klage über die Gebärunlust der Babyboomerinnen nach der Jahrtausendwende, geführt von der *Bild* über den *Spiegel* bis hin zu Frank Schirrmacher in der *Frankfurter Allgemeinen Zeitung*, schürfte trotzdem tief im Fundus misogyner Einstellungen. Sie lamentierten vor allem über akademisch gebildete, großstädtische Frauen, was den Verdacht nahelegt, dass sie nicht nur berechtigte Sorgen um das deutsche Rentensystem umtrieben, sondern auch Angst vor der wachsenden weiblichen Konkurrenz. Greifbar wurde das nicht zuletzt an der Häme über die angeblich sexuell frustrierte Akademikerin, die bei ihrer Partnerwahl zu anspruchsvoll sei, um ihre »wahre« Bestimmung als Frau ausleben zu können. So fragte sich die Zeitung *Welt* im Jahr 2005 ernsthaft: »Kommen Akademikerinnen seltener als andere Frauen in Situationen, die solche Folgen (i.e. Kinder) zeitigen?«[21] Kein Wunder, dass kinderlose Frauen kaum eine Frage so unangemessen finden wie die nach dieser vermeintlichen Leerstelle in ihrem Leben. Heute reagieren zwar nicht mehr alle Menschen mit ungläubigen Rückfragen, wenn eine Frau bekennt, kinderlos zu sein, aber auch betretenes Schweigen sagt immer noch mehr als tausend Worte.

Inzwischen hat sich der Trend allerdings leicht abgeschwächt, und bei Frauen mit akademischem Bildungsabschluss sank die Kinderlosenquote zwischen 2008 und

Die Babyboomerin und die Kinderfrage

2018 von etwa 28 auf 26 Prozent.[22] Es hat sich auch herumgesprochen, dass der angebliche Gebärstreik einer Generation nur eine Momentaufnahme einer längerfristigen Entwicklung war und nicht die Marotte der Babyboomerinnen. Bei den Frauen der Jahrgänge 1943 bis 1973 schrumpfte die durchschnittliche Kinderzahl zunächst von 1,8 auf 1,6 und stabilisierte sich ab dem Jahrgang 1964 bei knapp 1,6 Kindern. Inzwischen liegt die durchschnittliche Geburtenzahl pro Frau in Deutschland bei 1,54. Wichtig zu wissen ist außerdem, dass Frauen auch heute noch durchschnittlich zwei Kinder bekommen. Der Unterschied zu früher ist, dass immer mehr Frauen *kein* Kind bekommen. Die Kinderlosenquote hat sich zwischen den Jahrgängen 1937 und 1976 von 11 auf 22 Prozent verdoppelt. Im Jahr 2018 hatte rund jede fünfte Frau im Alter zwischen 45 und 49 Jahren keine eigenen Kinder.[23] In diesem Punkt führen immer noch die alten vor den neuen Bundesländern, auch wenn sich der Abstand inzwischen verringert hat.[24] Doch was ist der Maßstab? Ende des 19. Jahrhunderts gebar eine Frau durchschnittlich 4,7 mal. Die größte Schubumkehr fand um 1900 statt und dann noch einmal Ende der Sechzigerjahre, also lange bevor Babyboomerinnen über die Kinderfrage nachdenken konnten. Die historische Linie ist eindeutig, der Geburtenrückgang eine globale Erscheinung seit Mitte des 19. Jahrhunderts. Ein Grund dafür war paradoxerweise der Rückgang der Säuglings- und Kindersterblichkeit. Solange bis zu zwei Drittel der Neugeborenen den ersten Geburtstag nicht erlebten, war es zweckmäßig, mehr Kinder auf die Welt zu bringen. Kinder wurden als mithelfende Arbeitskräfte, als Altersabsicherung und als Erben gebraucht. Heute hingegen müssen sie »nur« noch das Lebensglück ihrer Eltern bereichern.

Die kinderlosen Babyboomerinnen waren also Trägerinnen und nicht Pionierinnen des demografischen Wandels. Dennoch erkenne ich auch altersspezifische Gründe, warum gerade meine Geburtskohorte so ambivalent in der Kinderfrage war. Das hatte auch mit ihrem generationellen Erbe zu tun. Babyboomerinnen hatten in ihrer Kindheit noch erlebt, dass Frauen meistens nur arbeiteten, wenn sie arbeiten »mussten«, weil sie arm waren, und dass sie dann trotzdem als »Rabenmütter« von »Schlüsselkindern« diskriminiert wurden. Ob sie Kinder bekamen, war noch nicht verhandelbar gewesen. Zudem erlebten Babyboomerinnen als Kinder die vielfältigen Nachteile ihrer Mütter, denen damals (zumindest in Westdeutschland) kaum Hilfen zur Verfügung standen. Über die lange Nachwirkung dieser Situation schreiben die Babyboomerinnen Christina Bylow und Kristina Vaillant: »Wir bekamen keine Kinder (mehr), denn, wie sich ein Kind nicht nur auf die ›Karriere‹, sondern viel tiefer gehängt, aufs Geldverdienen überhaupt auswirkte, spürten wir mit jeder Faser unseres Seins.«[25] Babyboomerinnen, die Kinder und Arbeit vereinbaren wollten, mussten das Geld für die Kinderbetreuung erst einmal reinholen. Wenn sie in Teilzeit arbeiteten, verloren sie meistens den Anschluss an ihre Karrieren und büßten dafür in finanzieller Hinsicht lebenslang.

Die jungen Frauen in Westdeutschland erlebten die Konsequenzen einer Politik, die Gleichberechtigung ins

Die Babyboomerin und die Kinderfrage

Private abschob und zumindest nicht belohnte. Babyboomerinnen profitierten zwar von der Bildungsexpansion, zogen bei der Abiturquote mit den Männern fast gleich, lagen bei mittleren Schulabschlüssen vorne und überrundeten damit ihre Vorgängerinnen der Jahrgänge 1947 bis 1951 deutlich, die noch doppelt so häufig mit dem Hauptschulabschluss abgegangen waren und viel seltener einen Hochschulabschluss erwerben konnten.[26] Aber ob sich die Anstrengung lohnte, hing von der Kinderfrage ab. Wie sehr, lässt sich heute an der Höhe der zu erwartenden Rente ablesen. Sie wird für die Frauen der Babyboomergeneration im Durchschnitt bei um die 600 Euro pro Monat liegen.[27]

Diese Zahl schockiert. Gleichzeitig scheint es fast so, als gehöre die Altersarmut zum Leben einer Frau dazu: In der Nachkriegszeit fiel sie finanziell durch das Raster, weil ihr Mann im Krieg geblieben und die Witwenrente geringfügig war. Ende des 20. Jahrhunderts, weil sie auf das Hauptenährermodell gesetzt hatte und nicht oder nur zu bestimmten Zeiten selbst berufstätig gewesen war. In der nahen Zukunft, wenn die Babyboomerin in Rente geht, wird sie womöglich bei der Suppenküche anstehen müssen, weil sie Kinder bekommen und in Teilzeit gearbeitet hat. Die Altersarmut verdanken Frauen nicht zuletzt der Benachteiligung im Steuerrecht, dem Gender-Pay-Gap und der in Deutschland besonders ausgeprägten Überhöhung der Mutterrolle. Hier gibt es also eine Kontinuität über die Generationen hinweg, die von der familialen Weitergabe und von gesellschaftspolitischen Traditionen gespeist wurde.

5. Frauen im doppelten Einsatz

Die Faktoren, die zu der erwartbaren weiblichen Altersarmut geführt haben, reichen zu weit zurück, um sie nur dem Beispiel der Mütter zuschreiben zu können: ins bürgerliche Zeitalter mit seinen polaren Geschlechternormen, ins frühe 20. Jahrhundert mit der Begrenzung weiblicher Erwerbstätigkeit zugunsten männlicher, in die Zeit des Nationalsozialismus, als Frauen in erster Linie Kanonenfutter für den »Führer« produzieren sollten, und in die Fünfzigerjahre, als die patriarchale Familienordnung wieder aufblühte. So verwundert es nicht, dass sich Männer und Frauen bis heute in der Kinderfrage nur schwerfällig bewegen. Das beginnt beim Beruf, der nicht zuletzt nach der möglichst komfortablen Familienzeitregelung ausgewählt wird (Lehrerin im öffentlichen Dienst), beziehungsweise von Männern nach dem Motto »Ich bin unabkömmlich« zelebriert wird. Das setzt sich fort, wenn immer noch geglaubt wird, die Mutter müsse die erste Lebenszeit ihres Kindes intensiver begleiten als der Vater, was sich in der unproportionalen Verteilung der Elternzeit von Frauen und Männern niederschlägt. All das verstärkt sich durch die eigene Erfahrung und Sozialisation der Babyboomer durch ihre Mütter und Väter der Nachkriegsgeneration.

Für die Generation der Nachkriegseltern waren Nachkommen keine Entscheidung gewesen, sie kamen einfach. Das erforderte weder Mut noch Planung. Zwar gab es auch damals Möglichkeiten, Schwangerschaften zu verhindern oder zu beenden, aber solange sich eine Frau als Teil der bürgerlichen Welt sah, gehörte die Mutterschaft zur weiblichen Normalbiografie dazu. Bei meinen Eltern

Die Babyboomerin und die Kinderfrage

wie bei vielen anderen in dieser Generation war die Reihenfolge denn auch schicksalhaft. Meine Mutter wurde ungeplant schwanger, dann wurde geheiratet, danach wurde die Ausbildung zu Ende gebracht, anschließend wurde Geld verdient und dann ein ordentliches Zuhause bezogen. Für meine Generation hat sich die Reihenfolge verändert: Erst das Vergnügen und die Ausbildung, dann Berufserfahrung, dann das Eigenheim, dann wird die Kinderfrage gründlich erwogen. Will ich jetzt schon ein Kind oder später oder nie? Diese Frage bewusst und rational beantworten zu können, war erst den Babyboomerinnen möglich. Gleichzeitig erbten sie das Leitbild der »doppelten Lebensführung« und sollten Karriere und Mutterschaft integrieren. Das heißt, neben die Freiheit der Entscheidung trat die Bürde, auf allen Spielfeldern gleichzeitig Leistung zu erbringen. Sie sollten, »nachdem sie vor Heirat und Familiengründung materiell unabhängig [gewesen] waren, auch danach mindestens für einen Teil ihres Lebensunterhaltes auf[zu]kommen. Beim Scheitern der Ehe (oder dem Tod des Mannes) ohne Lebensunterhalt dazustehen wird in diesem Kontext nicht mehr als unerwartetes Schicksal angesehen, sondern muss als Risiko antizipiert werden«, konstatieren die Soziologinnen Birgit Geissler und Mechtild Oechsle. Der ausschließlich familienzentrierte Lebensentwurf, der die Verantwortung für den eigenen Unterhalt dem Mann überträgt, »hat nicht nur für die jungen Frauen selbst keine Orientierungsfunktion mehr, er ist auch als Verhaltenserwartung vonseiten der Institutionen und des sozialen Umfeldes heute passé«. Sprich: Scheidungsrecht und Sozialgesetzgebung haben

5. Frauen im doppelten Einsatz

sich so verändert, dass auch von Müttern kleiner Kinder heute verlangt wird, sich selbst, ohne Hilfe eines Mannes oder des Staates, finanzieren zu können.[28]

In dieser nie optimal lösbaren Situation wird das Beispiel der eigenen Mutter besonders wichtig. Wie sie die Kinderfrage anging, dient als Vorbild oder Abschreckung. Dabei ist den Babyboomerinnen nicht immer bewusst, dass ihre Mütter einst selbst unter widersprüchlichen Forderungen gelitten hatten. Als Kinder im Nationalsozialismus hatten sie noch erlebt, dass Frauen in eine duldsame, wehrhafte, schmerzerprobte Mutterschaft gedrängt wurden. Sie sollten viele Kinder kriegen, die sie jederzeit an den Staat und die Armee abzugeben bereit wären. Mit anderen Worten, sie sollten sich fortpflanzen, aber ihre Gefühle für die eigenen Kinder dosieren. Sie sollten die Neugeborenen stillen und die erwachsenen Söhne, die gefallen waren, betrauern. Und sie sollten einsehen, dass Kinder keineswegs alle gleich wertvoll seien, wenn es um die genetische Ausstattung und ethnische Gruppenzugehörigkeit ging.

Deshalb ist es den im Krieg geborenen Frauen bis heute nicht fremd, das Kinderkriegen als zentrale, aber auch belastende Aufgabe in ihrem Leben zu deuten. Selbst wenn Töchter ihre Mütter nicht immer so fürsorglich erlebt haben, hören sie bis heute das Hohelied der Mütterlichkeit, weil sich der Gedanke des gesellschaftlichen »Wertes« von Fortpflanzung und Mutterschaft erhalten hat. Besonders, wenn sich eine Tochter gegen das Kinderkriegen entschieden hat, wurden oft Dissonanzen zwischen den Generationen laut. Aber auch wenn Töchter selbst Kinder

Die Babyboomerin und die Kinderfrage

bekamen, konnten Konflikte zwischen ihnen und ihren Müttern entstehen, etwa in der Frage der mütterzentrierten Erziehung oder der Fremdbetreuung des Kindes. Auch weil sie nicht die Geschichten ihrer Mütter wiederholen wollten, entschieden sich manche Töchter für ein Leben ohne Kinder: »Ist sie abhängig, schwören wir uns, unabhängig zu werden. Ist sie nur mit ihrem Aussehen beschäftigt, werden wir uns aufs Geistige verlegen, ist sie träge, werden wir sportlich – oder was auch immer.« So blieb die Mutter-Tochter-Beziehung eine Blaupause, schreibt die Psychologin Claudia Haarmann.[29] Quasi unüberlegt schwanger zu werden, kam für Babyboomerinnen jedenfalls nicht mehr infrage. Es mussten alle Konsequenzen für das eigene Leben bedacht werden. Gleichzeitig stand das Selbstverständnis als Frau auf dem Spiel. Sie wollten, wie die Soziologinnen schreiben, nicht nur neue Lebensentwürfe, sondern auch neue Sinnentwürfe finden. Was wird aus einer Frau, die keine Kinder bekommt? Aus einer Frau, die ihren Mann ernährt? Oder aus einer Frau, die lesbisch ist und ein Kind adoptiert hat? Verliert sie damit nicht die »vermeintlich naturwüchsige Zuordnung« zum weiblichen Geschlecht, und der Mann womöglich auch seine?[30] Wenn früher immer die Frau die Person war, die sich finanzieren ließ, die kochte und die Kinder großzog, dann stellte sich nun nicht nur in der feministischen Theorie, sondern ganz konkret die Frage, wer diese Person – die ein ehemals männlich konnotiertes Leben führt – heute ist, weil sie nun ihre Arbeitskraft, ihr Einkommen und ihre Karriere in den Mittelpunkt stellt? Bei den Antworten stand immer auch die Mutter Patin. Nicht nur explizit, sondern auch mit wie zufällig daherkommenden Kommentaren wie »Die Frauen heutzutage können keine Kinder mehr kriegen« oder »Die einzige Leistung in meinem Leben, auf die ich stolz bin, sind meine Töchter«.

Wir wollen natürlich nicht vergessen, wie klassenabhängig das Thema war und noch immer ist. Auf monotone, untergeordnete und anstrengende Jobs, die wenig sinnhaft und schlecht bezahlt sind, ließ und lässt sich einfacher verzichten. Ein hohes Einkommen bietet wiederum die Chance, Kinder sorgsam und hoch professionell von anderen betreuen und aufziehen zu lassen. Daneben trägt auch das soziale Distinktionsbemühen, also der Wunsch, sich von anderen abzugrenzen beziehungsweise den Erwartungen des eigenen sozialen Umfelds zu entsprechen, zur Kinderfrage bei. Als ich auf die Welt kam, war für Frauen wie meine Mutter eine Krippe keine Option. Die öffentliche Meinung in Westdeutschland war so entschieden gegen Müttererwerbstätigkeit, dass ein Horrorszenario von den armen Dingern in der Krippe gezeichnet wurde, die es ihr Lebtag lang zu nichts bringen würden. Bei einer Umfrage im Jahr 1955 zeigten sich fast 60 Prozent der Westdeutschen geneigt, für ein Gesetz zu stimmen, das Müttern mit Kindern unter zehn Jahren die Erwerbstätigkeit verbietet. Nur die mithelfende Arbeit von Frauen in der Landwirtschaft wurde ausnahmsweise geduldet.[31] Diese Vorurteile mussten auch in meiner Generation erst einmal überwunden werden.

Auch die Babyboomerinnen, die trotz der gesellschaftlichen Bedenken zur Arbeit gingen, fürchteten, dass sie ihre Kinder vernachlässigten, um nicht zu sagen, der

Die Babyboomerin und die Kinderfrage

»Gosse« preisgaben. Dazu trugen nicht zuletzt die relativ neuen Erkenntnisse der Bindungsforschung bei, die, vereinfacht gesagt, die präsente und jederzeit einfühlsame Mutter (eigentlich: Betreuungsperson) in der ersten Zeit für unerlässlich erklärte. Diese These führte zur Unterteilung der Mütter in »gute« und »schlechte« Mütter. (Es ist unnötig zu erwähnen, dass Väter sich keine derartigen Bedenken anhören mussten, wenn sie zur Arbeit gingen. Im Gegenteil: Ein Vater, der außer Haus für ein komfortables Leben seiner Familie sorgte, war immer ein »guter« Vater.)

Die berufstätigen Babyboomerinnen kämpften also ebenso wie ihre Mütter mit kognitiven Dissonanzen. Nur ging es bei ihnen nicht um die öffentliche Moral, sondern um das Kindeswohl. Ein Beispiel, wie sich ein Thema zwischen den Generationen wiederholen kann, ohne dass es von denselben Motiven getragen sein muss: Früher waren arbeitende Mütter »Rabenmütter«, heute sind sie »Karrierefrauen«. Früher standen »Nur«-Mütter unter Verdacht, ihre Kinder zu sehr zu verwöhnen, heute verletzen sie die Norm des allzeit wirtschaftsfähigen Subjekts. Früher waren »Nicht-Mütter« egoistisch und verwöhnt, heute fehlt ihnen eine grundlegende Erfahrung im Leben. Diese Widersprüche verbinden Nachkriegseltern und Babyboomergeneration.

Die Konkurrenz zwischen dem Bedarf an Frauenarbeit in der modernen Dienstleistungsgesellschaft und der Forderung nach Rund-um-die-Uhr-Müttern ist bis heute ebenfalls schwer auflösbar.[32] Deshalb wehren sich auch junge Frauen noch immer mit scheinbar persönlichen Argumenten wie »Ich bringe doch kein Kind auf die Welt, um es bei fremden Leuten abzustellen« gegen die Zumutungen der doppelten Lebensführung. Und deshalb landen sie immer noch in weniger geachteten und schlechter bezahlten Berufen in Büros oder im Verkauf, weil diese besser mit dem Familienleben »vereinbar« sein sollen. In den Fünfzigerjahren verdienten Frauen in der Industrie 45,7 Prozent weniger und Frauen in White-Collar-Berufen 43,7 Prozent weniger als Männer in vergleichbaren Positionen.[33] Heute liegt der Gender-Pay-Gap bei um die 15 Prozent und bereinigt um die unterschiedlichen Arbeitszeiten und Hierarchiepositionen bei um die 8 Prozent. Aber auch das Problem überdecken viele junge Frauen immer noch mit dem Argument ihrer Mütter, dass ihnen Geld eigentlich nicht so wichtig sei, und nehmen Chancen, sich auf eine Beförderung zu bewerben, seltener wahr.[34] Hintergrund ist immer noch der Überhang älterer Vorstellungen von Weiblichkeit und Geschlechterrollen, die über die Mütter an ihre Töchter weitergegeben werden.

Babyboomerinnen erhielten mit dieser Doppeldeutigkeit des mütterlichen Erbes eine Hypothek mit auf den Weg. Sie waren besser ausgebildet als ihre Mütter und profitierten von der »Enttraditionalisierung von Familie und Ehe«, die dazu führte, dass Ehe und Familie weniger verpflichtende und ausschließliche Lebenskonzepte für Frauen wurden als in früherer Zeit. Aber gleichzeitig übernahmen sie auch die Vorurteile gegen die erwerbstätige Mutter und die kinderlose Frau.

Das gilt auch für die DDR, obwohl dort aufgrund der sozialistischen Ideologie und der Notwendigkeit, alle

Die Babyboomerin und die Kinderfrage

Arbeitskräfte zu nutzen, die Frauenerwerbstätigkeit selbstverständlicher war. Trotz der Kritik an der (bürgerlichen) Familie und trotz des größeren Reformwillens auch bei der Kindererziehung hatte, wie wir weiter oben gesehen haben, die Babyboomerin Mina U. aus der DDR große Gewissensbisse, als sie ihr Kind mit wenigen Wochen in die Fremdbetreuung gab. Die staatliche Ermunterung der Männer, sich stärker mit ihren Kindern zu befassen, fruchtete in ihrem Fall auch nicht, weil sie, wie das oft in der DDR der Fall war, ihr Kind allein aufzog. Sie führte die Krankheit des Kindes auf die frühe institutionelle Erziehung zurück. Auch in ihrem Beziehungsleben fühlte sich Mina U. von den ererbten Erwartungen ihrer Eltern eingeschränkt. Ihre Selbstkritik, dass sie sich wie süchtig nach einem Mann verhalte und nur halbherzig emanzipiert habe, könnte genauso gut von einer westdeutschen Babyboomerin stammen. Ihre größere Wahlfreiheit im Leben musste sie sich psychisch hart erarbeiten. Auch andere Fallbeispiele aus der DDR haben mir gezeigt, dass Frauen im Osten, wo ganz andere gesellschaftliche Vorstellungen und Rahmenbedingungen herrschten, unter dem bürgerlichen Rollenerbe der Mütter ächzten. Ein typischer Stoßseufzer einer Nachkriegsmutter in ihrem Babytagebuch aus den späten Fünfzigerjahren las sich so: »Die Ganztagserziehung, die angestrebt wird, liegt mir im Magen wie Schmierseife. Noch gehören mir meine Kinder, doch wie sieht es für später aus? Ich will lieber nicht weiterdenken heute.«[35] Die Frau, die in einer bürgerlichen Nische in der DDR lebte, versuchte, ihre Kinder möglichst von der Umwelt abzuschirmen. Ihre Erziehungsziele und ihr Selbstverständnis als Frau erinnern stark an die Zeit vor 1933. Auch in der nächsten Generation dokumentieren Tagebuchquellen eine starke Resistenz gegen die offizielle Doktrin der Geschlechtergleichheit und die lerntheoretisch unterfütterte staatliche Erziehungsideologe. Auch in der DDR orientierten sich Frauen trotz ihrer Berufstätigkeit mit großem Zeitaufwand minutiös an Entwicklungszielen bei der Sozialisation ihrer Kinder. Noch in den Achtzigerjahren wurden Tabellen und Protokolle der Säuglingspflege und der Erziehungserfolge geführt, was nahelegt, dass die Frauen trotz staatlicher Intervention versuchten, sowohl der bürgerlichen Tradition der klassischen Mutterrolle als auch dem sozialistischen Ideal der Müttererwerbstätigkeit gerecht zu werden. Dabei überforderten sich Frauen manches Mal. Eine meiner Interviewpartnerinnen, Mitte der Sechzigerjahre geboren, schöpfte nach der Wiedervereinigung ihr Wissen um Kindererziehung aus westlichen Medien. Sie kümmerte sich mit dem gleichen Elan um ihre Tochter, wie das in ihrem Milieu in den westlichen Bundesländern üblich war. Sie hatte blitzschnell die in der DDR geforderte Norm der Frauenemanzipation fallen gelassen, was den Eindruck aufdrängt, als hätten die 41 Jahre DDR-Geschichte gegen dieses historisch tief sitzende und von Müttern an Töchter tradierte Rollenverständnis kaum eine Chance gehabt.[36]

6.
Soldat, Familienoberhaupt, Liebhaber:
Wann ist ein Mann ein Mann?

Karl-Hans W. hat in seinen Tagebüchern aus den Jahren 1945 bis 1953 die Geschichte seiner ersten Liebe niedergeschrieben. Wir erfahren viel über die Höhen und Tiefen seiner Leidenschaft für Inge, und nebenbei auch einiges über das Innenleben eines Teenagers, der sich schwertut mit der Ablösung vom Nationalsozialismus, der sehr feste Vorstellungen vom Wesen der Frau und der Rolle des Mannes hat, der mit der Sexualmoral seiner Zeit und seinen realen Begierden ringt. Wie er gesellschaftliche, weltpolitische Themen und privateste Erfahrungen mischt, macht den Reiz dieser Quelle zum Thema Männlichkeit in der Generation der Nachkriegseltern aus. Kapitulation, Arbeitseinsatz, Einquartierungen, Eindrücke einer Siegermacht, Schule, Tanzstunden, Pubertät, Streit mit den Eltern, die ersten Küsse – alles verdichtet sich in diesem Fallbeispiel zu einer Geschichte der Emotionen in einer harten Zeit.

6. Soldat, Familienoberhaupt, Liebhaber

Der 1930 im hessischen Nidda geborene spätere Physiker absolviert Kindergarten, Grund- und Oberschule, spielt Akkordeon und liebt Tanz. Ansonsten interessiert er sich von klein auf für Mathematik und Physik, baut Radiogeräte und träumt von einer Zukunft als genialer Weltraumphysiker. Die Schule fällt ihm leicht, aber er ist auch ein ganz normaler verspielter Junge, der mit seinen Freunden einen Bund mit Geheimschrift, Verstecken und Signalen schließt. Auch wenn der Beitritt zur Hitlerjugendorganisation zu diesem Zeitpunkt nicht mehr freiwillig war, ist sie für ihn mehr als eine bloße Pflichtübung. Noch 1950 betont er, er habe sich in der Zeit des Nationalsozialismus geborgen gefühlt. Er habe Vorbilder und Ideale gehabt und noch beim Einmarsch der Amerikaner an den »Endsieg« geglaubt. Da ging es ihm wie vielen Deutschen, die vor und nach dem Kriegsende nicht grundsätzlich unterschiedlich dachten. Ein wichtiger Bestandteil seiner männlichen Identität wurde ihm durch die nationalsozialistische Ideologie vermittelt.

Die Amerikaner kommen ihm merkwürdig unkriegerisch vor mit ihren Kaugummis, Orangen und Zigaretten. Sie sind für ihn schlicht unmännlich – auch das ein weitverbreitetes Vorurteil, das sich mit dem wachsenden Einfluss der beliebten amerikanischen Popkultur noch verstärken wird. Karl-Hans W. wird zum Schanzen verpflichtet und hofft immer noch auf die sagenumwobene Wunderwaffe. Als er hört, dass die USA eine Atombombe über Japan abgeworfen haben, denkt er nicht an die Leiden der Menschen, sondern argwöhnt, die Amerikaner könnten die Bombe den Deutschen gestohlen haben. »Wir hatten doch auch schon Raketenflugzeuge mit Atomenergie.« Der einstmals »drittwichtigste Jungvolkführer« von Nidda, der es nach seiner eigenen Einschätzung im Nationalsozialismus noch weit gebracht hätte, schreibt, er und seine Kameraden seien infolge des Zusammenbruchs ihrer Welt kalt und nüchtern geworden – »harte, realistische Menschen [...] mit harten Fäusten und wachen Sinnen, verschlossen und misstrauisch und stets auf der Hut.«[1]

Trotz seines ambivalenten Verhältnisses zur amerikanischen Siegermacht plant er frühzeitig, nach Amerika zu reisen. »Erstens sind die Amis in der Technik viel weiter als wir, und zweitens lassen sie in Deutschland die Industrie bestimmt nicht hochkommen.«[2] Dass sie über ungeheure Mengen Lebensmittel verfügen, die sie sogar wegwerfen können, bleibt ihm auch nicht verborgen. Kulturell, besonders, was die Filmkunst anbelangt, hält er die Deutschen jedoch für überlegen. Dass sich deutsche Mädchen mit den ehemaligen Kriegsgegnern sehen lassen, verurteilt er scharf, besonders, wenn es sich um »Nigger« handelt, wie er sich ausdrückt. Die Rede von Politik und Weltfrieden hält er für unglaubwürdig, die Nürnberger Prozesse für ein Theaterstück, dazu angetan, alles »in den Dreck« zu ziehen.[3]

Der Antiamerikanismus hatte in Deutschland Tradition, auch Hitler hatte bereits propagandistisch damit gearbeitet. Kriegsniederlage und die Besetzung verstärkten die Vorurteile. Man entrüstete sich, wenn sich Frauen, angeblich für ein Paar Nylons und Kaugummi, mit GIs einließen. Die herabwürdigende Rede von den »Amiliebchen«, aber auch von »Franzosenhuren« oder Frauen, die

6. Soldat, Familienoberhaupt, Liebhaber

mit Sowjets oder Briten gesehen wurden, sollte die zerrüttete Gesellschaft in ihrem Gefühl, ungerecht behandelt zu werden, zusammenschweißen. Tatsächlich schliefen Frauen aus unterschiedlichen Motiven mit den Besatzungssoldaten, sie hungerten und tauschten ihren Körper gegen Essen und Hab und Gut, aber die allermeisten Sexualkontakte waren mehr oder weniger gewaltsam und nicht einvernehmlich. Die deutsche Gesellschaft konnte oder wollte jedoch die vielen Grauzonen nicht differenzieren und diskriminierte Frauen unabhängig von den tatsächlichen Umständen. Die militärische Kapitulation war schließlich auch eine Kapitulation des deutschen Mannes vor dem übermächtigen Kriegsgegner. Für einen pubertierenden Jungen wie Karl-Hans W. eine einschneidende Erfahrung.

Mit den ersten Mädchen ist W. anfangs sehr schüchtern. Er trifft sich mit den Auserwählten zum Spaziergang, traut sich aber nicht an sie »ran«, obwohl er überzeugt ist, dass es nur an ihm läge, da sie »bei allem mitmachen würden«.[4] Wenn er einen Korb bekommt, lässt er sich von einem Freund mit den Worten trösten: »Wenn eine Frau nein sagt, so meint sie vielleicht. Sagt sie aber vielleicht, dann meint sie ja. Sagt sie aber ja, da ist es keine richtige Frau.«[5] Klischeehafte Vorstellungen von der sexuell unzuverlässigen und unkontrollierbaren Frau dürften von den aktuellen Verhältnissen im besetzten Land verstärkt worden sein. W. unterscheidet die wertlosen Frauen, die sich freizügig ihm gegenüber verhalten, von den wertvollen Frauen, die abwarten und um die er kämpfen muss; die Frauen, die sich erst widerwillig, aber dann ausgiebig küssen lassen, von denen, die ihm die Küsse angeblich stürmisch aufdrängen und die nur »Versuchsobjekt« seien. Wie auch immer, jede Knutscherei wühlt ihn auf und hinterlässt ihn wütend.

Tagebücher sind nie rein privat, sie werden immer an immanente Leser adressiert. Auch W. lässt gelegentlich eine Freundin darin lesen und nutzt das gezielt, um sie zu manipulieren. Auch folgt sein Text natürlich Konventionen und Vorbildern, insofern ist er zuverlässig nur in Hinblick auf seine Darstellungswünsche. Dennoch lässt sich darin greifen, wie stark W. bemüht ist, seine Männlichkeit unter Beweis zu stellen und dem Verhältnis zum anderen Geschlecht seine Weltsicht überzustülpen. Der rote Faden bleibt: Frauen sind irrational, davor muss er als vernünftiger Mann immer wieder kapitulieren.

Die Historikerin Dagmar Herzog hat in ihrem viel beachteten Buch über die »Politisierung der Lust« in Deutschland nach dem Krieg argumentiert, diese forciert nüchterne Männlichkeit sei ein Versuch gewesen, sich der schuldhaften Verstrickung der Männer im Nationalsozialismus auf Kosten der Frauen zu entledigen.[6] Der Spätpubertierende W. passt in das Bild, wenn er im Jahr 1950 im zweiten Semester seines Studiums Bekenntnisse formuliert wie: »Manchmal möchte man einfach auf die Straße gehen und sich irgend eine suchen, nur um die Gefühle abzureagieren und abzutöten.«[7] Die verbale Kraftmeierei verbirgt aber auch eine große Sehnsucht nach Frauen, die er am liebsten durch »Hypnose« beherrschen würde. Da scheint eine große Ambivalenz durch zwischen dem Bedürfnis nach Freiheit, Unabhängigkeit von der älteren Generation, Wut auf altvordere Sittenwächter einerseits und andererseits dem Wunsch nach einer Beziehung mit »reinen« Gefühlen. Auf einer Metaebene kann seine Einstellung zur Liebe wie eine Analogie zur Sehnsucht der deutschen Bevölkerung nach dem »Führer« und der Vernunftentscheidung für eine neue Staatsform gelesen werden.

Das bröckelnde Väter-Standbild

Zweieinhalb Jahrzehnte später: Mein Vater freute sich auf sein Bier oder seinen Wein, meine Mutter hatte sich schön gemacht, und ich durfte wie eine kleine Erwachsene dabeisitzen und das essen, was meine Eltern billigten. Ein Ausflug in ein Restaurant war für mich als Kind mit großen Erwartungen verbunden. Doch kaum hatten wir das Lokal betreten, änderte sich etwas. Schon die Suche nach dem richtigen Tisch war leicht problematisch. Saßen wir endlich, streckte mein Vater den Rücken durch und rief hektisch nach der Bedienung. War es ihm gelungen, mit fester Stimme zu bestellen und war ihm auch das Getränk gebracht, entspannte er sich. Doch kaum ließ das Essen auf sich warten, passte ihm die Portion nicht, schmeckte etwas nicht gut, kam die Rechnung nicht schnell genug oder zu schnell oder war, noch schlimmer, falsch, dann geschah etwas, wofür ich mich in Grund und Boden schämte. Mein Vater bekam einen Wutanfall, und wenn dem Kellner nicht augenblicklich etwas Versöhnliches einfiel, dann pumpte er sich auf, verzog seinen Mund, wurde laut und dann wieder leise und höhnisch. Während dieses Schauspiels saß ich peinlichst berührt am Tisch und fühlte mich stellvertretend schuldig.

Viele Nachkriegsväter benahmen sich in den Siebzigern so. Im Lokal, am Bankschalter, beim Hundespaziergang, in der Autowerkstatt oder am Grenzübergang, immer saß ihnen der Revolver locker. Ob die Duelle auch ohne das familiäre Publikum stattgefunden hätten, weiß ich nicht, aber ich nehme an, das Muster war, dass der Schäferhund außerhalb der Umfriedung alles wegbiss, was sich seiner Herde näherte. Ich würde dieses Verhalten heute als väterlich-fürsorglich und als kompetitiv bezeichnen. Offenbar waren Väter in ihrem Selbstverständnis bedroht, denn sonst hätten sie nicht immer, wenn sich ein anderer väterlich-fürsorglicher Mann, ein Kellner, ein Uniformierter oder eine Autoritätsperson, näherte, Revierstreitigkeiten vom Zaun gebrochen. Meine zweite Vermutung ist, dass dahinter eine große Bedürftigkeit steckte. Das ehemalige Kriegskind wollte endlich mal verwöhnt werden. Alles im Gasthaus, im Hotel, am Bankschalter sollte so sein, wie der inzwischen erwachsene Mann es haben wollte. Er gehörte einer hybriden Männergeneration an. Auf der einen Seite sollte er das Rollenideal des Alleinversorgers erfüllen und wusste die Ehefrau als Mutter der Kinder, Chefin im Haushalt und vielleicht auch als Buchhalterin hinter sich. Auf der anderen Seite waren die Selbstverständlichkeiten erodiert; schon nach dem Krieg, als der eigene Vater verletzt und geschlagen von der Front oder aus der Gefangenschaft zurückgekommen war. Erst recht seit den Fünfzigerjahren, als der Patriarch und Kriegertyp nicht mehr gebraucht

6. Soldat, Familienoberhaupt, Liebhaber

wurde. Und spätestens mit dem Urteil des Bundesverfassungsgerichts gegen den männlichen Letztentscheid im Sommer 1959, das die Richterin Erna Scheffler lächelnd vorgetragen hatte. Von nun an hatte der Ehemann bei strittigen Fragen in der Kindererziehung nicht mehr das letzte Wort.[8] Vieles, was er als Kind in den Dreißiger- und Vierzigerjahren darüber gelernt hatte, was es bedeutet, ein Mann zu sein, war zwei Jahrzehnte später nicht mehr gültig. Womöglich waren die Veränderungszumutungen für Männer sogar zu groß.

Nachkriegsväter mussten mit den widersprüchlichsten Botschaften leben. Sie wuchsen oft ohne realen Vater auf, bekamen aber mit dem hypermännlichen Vaterbild des heldischen Soldaten, der sein Leben für das »Vaterland« opferte, ein überlebensgroßes Vorbild vor die Nase gesetzt. Die Mütter hielten damals ihren Söhnen Fotografien ihrer schneidigen uniformierten Väter vor und hofften darauf, dass sie, wenn der vermeintliche Kriegsheld von der Front zurückkäme, sein Spiegelbild wären. Sie wollten einen stämmigen Sohn, rotwangig, kräftig, flachsblond, eben einen richtigen »Kerl«, präsentierten können. Das lässt sich gut anhand von Babytagebüchern aus jenen Jahren belegen. Die ersten Gehversuche wurden mit Attributen wie »breitbeiniges Anmarschieren« gefeiert, und in manchem Tagebuch aus dieser Zeit werden Parallelen zwischen der Expansion der deutschen Wehrmacht und der fortschreitenden kindlichen Entwicklung gezogen. Da ist von »machtvollen Kämpfen«, von »Angriffsgeist« und von körperlicher »Wehrhaftigkeit« des Kleinkindes die Rede. Gelobt wird robuste Selbstverteidigung im Geschwisterstreit, Schmerzabhärtung, aber auch ein eiserner Wille, der freilich von der Mutter in Machtkämpfen niedergerungen werden musste.[9]

Nach Kriegsende wurde die soldatische Männlichkeit zum Problem. Es fehlte die klare Befehls- und Gehorsamsstruktur, außerdem hatten die Kriegsheimkehrer nicht damit gerechnet, dass auch zu Hause Entbehrungen und viel Mühsal auf sie warteten. Unausgesprochen standen die Verbrechen in Raum, an denen die Wehrmacht beteiligt gewesen war, aber auch die Gewalterfahrungen der Frauen im Zuge der Eroberung durch die Alliierten. Auch wenn heute klar ist, dass die Frauen keineswegs moralisch unbelastet aus dem Dritten Reich kamen, hatten damals im allgemeinen Bewusstsein in erster Linie die Männer ihre Legitimation verloren. Doch die Zeit für Selbstreflexion und Gefühlsäußerungen war noch nicht gekommen. Die Ehepaare schlossen einen Schweigepakt und schauten krampfhaft nach vorne. Ihre Kinder wurden weiterhin in einem Klima der Gefühlskontrolle und Schmerzabhärtung erzogen.

Als Vorbilder für ihre Söhne taugten die Kriegsheimkehrer in der Regel nicht. Wenn sie ihre angestammten Privilegien als Familienoberhäupter zurückverlangten, kam es zum Kampf mit den inzwischen unfreiwillig erstarkten Ehefrauen und den Jugendlichen. Wenn sie hingegen gar nicht mehr in der Lage waren, für die Familie Sorge zu tragen, entsprachen sie erst recht nicht den gesellschaftlichen Erwartungen. Die Frauen konnten weder mit dem soldatischen noch mit dem geschlagenen Männermodell viel anfangen.

6. Soldat, Familienoberhaupt, Liebhaber

Auch bei meinen Großeltern wurde der aus der Gefangenschaft heimgekehrte Mann zum kraftlosen Teil des Elternpaares. Mein Vater schilderte mir seinen Vater immer als Schwächling, der nach dem Krieg nur noch die Anweisungen seiner Frau entgegengenommen und von sich aus nicht mehr den Mund aufgemacht habe. Obwohl der promovierte Chemiker aus einem großbürgerlichen Haus stammte und seine Frau aus prekären Lebensbedingungen »gerettet« hatte, war sie es nun, die in der Ehe die Hosen anhatte und dem Familienclan vorstand. Während mein Großvater seinen Absturz vom Raffineriedirektor zum kleinen Angestellten eines pharmazeutischen Betriebs verdauen musste, war meine Großmutter zur Matriarchin aufgestiegen. Durch geschicktes Taktieren und Beziehungen hatte sie die Kriegsjahre als schillernder Mittelpunkt einer Gemeinschaft auf einem Schloss bei Mittenwald verbracht. Sie hatte die staatlichen Vorteile der kinderreichen Mutter zu nutzen gewusst, und auch wenn ihr Leben sicher nicht immer vergnügt gewesen war, konnte sie sich die Zeit mit viel Musik, wöchentlichen Bällen, Baden im See und Bergtouren vertreiben. Ihrem Mann schrieb sie kluge Briefe mit Ratschlägen dazu, wie er seine Karriere beschleunigen könne. Sie träumte davon, mit ihm eines Tages als Kolonistin in den weiten Steppen des Ostens zu leben, doch als er sie aufforderte, nach Polen nachzukommen, winkte sie ab und blieb lieber auf dem oberbayerischen Schloss.

Vaterlose Söhne

Obwohl mein Vater davon überzeugt war, dass seine Mutter ideologisch dem Nationalsozialismus nähergestanden hatte als sein Vater, wurde ihr später nichts vorgehalten. Immerhin hatte sie sieben Kinder durch den Krieg gebracht. Fünf von ihnen konnten sogar studieren. Der Mann aber hatte schon aufgrund seines Geschlechts automatisch mehr Verantwortung für den moralischen und den materiellen Absturz zu tragen. Mein Vater selbst brach in den Siebzigerjahren aus dieser ererbten Rolle aus. Er lernte in Workshops und in familientherapeutischen Ausbildungsseminaren seine »wahren« Bedürfnisse kennen und begann sich mit einer jüngeren Frau, die nicht derselben vorbelasteten Generation angehörte wie er, noch einmal persönlich weiterzuentwickeln. Das Leben auf dem Land als Selbstversorger, die späten Kinder, die nach neuesten Prinzipien erzogen werden sollten, der allmähliche Rückzug aus einem auf die Karriere fixierten Leben, das alles animierte ihn dazu, sein Selbstverständnis als Mann zu verändern. Er kochte und übernahm andere fürsorgliche Aufgaben und ließ sogar zähneknirschend zu, dass seine zweite Frau ein eigenes Leben hatte.

In der DDR holte die neue Zeit die Männer früher ein als in der BRD. Während in der jungen Bundesrepublik das bürgerliche Familienmodell mit seinen hergebrachten Geschlechterrollen immer noch als geeignete Antwort auf die Kriegsniederlage galt, verlangte der eklatante Frauenüber-

6. Soldat, Familienoberhaupt, Liebhaber

schuss in der Sowjetischen Besatzungszone (SBZ), dass auch die noch nicht arbeitenden Frauen in die Produktion gingen. Sie wurden umgeschult, um in klassischen Männerberufen arbeiten zu können, und sollten sich gesellschaftlich engagieren. Zusätzlich sollten Ehe- und Familienberatungsstellen dafür sorgen, dass die Reproduktions- und Produktionseinheit Familie erhalten blieb.[10] So erlebten Ost-Männer schneller als West-Männer, wie ihre alte Position geschwächt wurde. Doch ob West oder Ost, nirgendwo kamen die Männer ohne Brüche über den Krieg. Sie waren in eine Welt männlich konnotierter Gewalt hineingeboren worden. Häufig hatten ihre Väter als Täter oder als Opfer Gewalterfahrungen gemacht: In den Wehrmachtsbordellen oder als Kriegsgefangene übten sie sexualisierte Gewalt aus oder wurden selbst Opfer sexualisierter Gewalt. Das machte die Väter in den Augen von Psychiatern in der zivilen Welt zu Gefährdern. Die familiale sexuelle Gewalt durch Kriegsheimkehrer war beunruhigend. Auch damals schon wurden über 40 Prozent der Übergriffe auf Mädchen und Jungen innerhalb der eigenen vier Wände verübt. In den Fünfziger- und Sechzigerjahren führte man die häusliche sexuelle Gewalt gegen Kinder aber speziell auf die Kriegserfahrungen der Väter zurück. Mediziner wiesen darauf hin, dass die Männer, die in jungen Jahren und ohne gefestigtes Selbstbild in Kriegsgefangenschaft geraten seien, sich nicht sexuell normal hätten entwickeln können. Sie seien daher im Stadium der infantilen Sexualität auf Masturbation und »verbotene Praktiken« fixiert geblieben. Deshalb habe es für sie nahegelegen, sich zu Hause an den Kindern zu vergreifen. Die

Konsequenz war allerdings nicht, die Soldaten psychologisch zu betreuen. Die männerdominierte Medizin und Psychiatrie glaubte vielmehr, die Ehefrauen müssten lernen, mit den kriegsbedingten Sexualneurosen ihrer Männer feinfühlig umzugehen.

Das Thema sexuelle Gewalt beunruhigte die Gesellschaft auch hinsichtlich der Kinder der Kriegsheimkehrer, also der späteren Nachkriegsväter. Es schien plausibel, dass die Jungen, die sexuelle Gewalt gegen ihre Mütter und Schwestern hatten mitansehen oder zumindest hatten befürchten müssen, selbst zu Tätern werden konnten. Noch mehr galt das für jene, die selbst sexuelle Gewalt durch fremde Soldaten oder durch die eigenen Väter erlebt hatten. Angesichts der Massenvergewaltigungen und der groß angelegten Kampagne gegen sexuell übertragbare Krankheiten nach dem Krieg konnte sich deshalb ein verzerrtes und bedrohliches Bild männlicher Sexualität festsetzen. Ich habe den Sohn einer Berlinerin interviewt, die als Krankenschwester von elf russischen Soldaten vergewaltigt worden war. Das Leid seiner Mutter hatte für Karl T. lebenslange Folgen. Zum einen konnte er es sich selbst nicht verzeihen, dass er als Kind nicht in der Lage gewesen war, seine Mutter zu »retten« und sie vor den Folgen, die sich in ihrem Fall in einer Alkoholsucht manifestierten, zu bewahren. Zum anderen erlebte der 1955 geborene Finanzberater sich selbst als gewaltgefährdet und litt unter schwierigen Beziehungen zum anderen Geschlecht. Männliche Sexualität blieb für ihn potenziell gefährlich. Sie bedrohte ihn selbst. Karl T. haderte mit dem Männerbild, das die Gewalterfahrung seiner Mutter geprägt hatte.[11]

6. Soldat, Familienoberhaupt, Liebhaber

In den Fünfzigerjahren, also in den Jugendjahren der Nachkriegsväter, schreckte eine Serie von Sexualstraftaten durch Jugendliche die deutsche Öffentlichkeit auf. Die Kinder- und Jugendpsychiaterin Erika Geisler begutachtete im Jahr 1953 mehrere Gruppenvergewaltigungen von Tätern im Alter von vierzehn bis achtzehn Jahren in Berlin. In einem Fall hatten sich vierzehn, im anderen Fall neunzehn Jugendliche zusammengetan und Mädchen missbraucht. Die Täter waren scheinbar ganz »normale« Volksschüler oder Handwerker mit Arbeit und stammten aus intakten Familien. Umso mehr wunderte die Gutachterin, wie wenig einsichtig und wie mitleidlos sich die jungen Männer auch noch nach der Tat gaben. Sie hätten sich damit gebrüstet, dass sie sich nur über Mädchen hergemacht hätten, die es »verdient« gehabt hätten. Dabei seien sie blind einem charismatischen Anführer gefolgt.[12] Die Analogie zu den Gruppenvergewaltigungen bei Kriegsende lag auf der Hand, wurde aber von niemandem ausgesprochen. Stattdessen ging man offiziell davon aus, die Besetzung des Landes durch fremde Soldaten habe die jungen Männer in ihrer Männlichkeit erschüttert. Außerdem habe ihnen angeblich die harte väterliche Hand gefehlt, um eine entgleisende Männlichkeit ebenso wie eine mögliche Verweiblichung der Männer zu verhüten.

Mann rüstet ab

Die anstehende Wiederaufrüstung nach dem Koreakrieg weckte in Westdeutschland den Wunsch nach Remaskulinisierung, nach Wiedervermännlichung. Während sich die neue Männlichkeit in der BRD aber jetzt in der Figur des Bürger-Soldaten und Familienoberhauptes erweisen sollte, ging es in der DDR um das Ideal des Fabrikarbeiters und loyalen Parteimitglieds.[13] Eine kulturelle Begleiterscheinung dieser Wiedergeburt der Männlichkeit war zum Beispiel die große Popularität der Western. Jeder Mann sollte sich am Sheriff in *High Noon* orientieren: Stark, kontrolliert männlich, nicht angriffslustig, aber wehrfähig, so wünschte sich die westdeutsche Gesellschaft ihre künftigen Männer als »Bürger in Uniform«. Auf der dunklen Seite stand Marlon Brandos Darstellung des Johnny Strabler in *Der Wilde* (*The Wild One*) aus dem Jahr 1953[14]: ein Typ in schwarzer Lederjacke und Jeans, mit einem Triumph-Thunderbird-Motorrad, der andere Jugendliche dazu verführte, aufmüpfig und latent kriminell zu werden. Der deutsche katholische *Filmdienst* warnte vor diesem schädlichen Einfluss. Als sich ausgehend von West-Berlin Jungs meist zwischen sechzehn und achtzehn Jahren, die als Handwerker arbeiteten, in Gangs zusammenrotteten und begannen, sich mit der Polizei zu prügeln, waren die »Halbstarken« geboren. Ihr filmisches Vorbild war James Dean in *… denn sie wissen nicht, was sie tun* (*Rebel Without a Cause*). Sie hoben sich vom Rest der Jugend durch ihren Look mit Jeans, T-Shirt, Lederjacke und bei vielen als unmännlich geltender Frisur ab.[15]

6. Soldat, Familienoberhaupt, Liebhaber

Der unter Männern ausgetragene Autoritätskonflikt beschäftigte die junge Bundesrepublik sehr. Die Erfahrung der »vaterlosen Gesellschaft« und der Verwüstungen des Nationalsozialismus hatte die väterliche Gewalt diskreditiert.[16] Es wurde Zeit für den Auftritt einer neuen Figur: des sanften, einfühlsamen Vaters. Grundannahme war, dass die Demokratisierung der Gesellschaft nur funktionieren könne, wenn sie bereits in der privaten Lebenswelt beginne. Deshalb müsse der Vater über die Sozialisation der Kinder dabei helfen, das undemokratische Gehorsamsprinzip durch ein Verhandlungsmodell auf Augenhöhe zu ersetzen. Selbst als traditionell und konservativ geltende katholische und protestantische Familiendiskurse rückten vom »Kasernenhofton« ab und plädierten für eine »mütterlich«-demokratische Variante von Autorität, der sich Kinder einsichtig und gerne unterordnen würden. Orientierungspunkte wurden Filme wie *Wenn der Vater mit dem Sohne* oder Fotoreportagen über Säuglingspflegekurse für Väter. Erziehungsratgeber speziell für Väter schlossen an die eher humoristischen Vorläufer an, die es schon vor dem Krieg vereinzelt gegeben hatte, wie beispielsweise *Der Vater und sein erstes Kind* von Ernst Heimeran, der 1938 erschien. Darin blieben Frauen zwar weiterhin klar zuständig für die Kinder, aber künftig sollten sich die Geschlechter die Aufgaben in der Familie teilen. Väter seien für die vorausschauende Sorge für das Kind verantwortlich, für die Arztgespräche, die Schulwahl, die großen Linien der Entwicklung, Mütter wiederum für die körpernahen Pflegeroutinen am Kind wie Wickeln, Füttern, Baden und für ein gemütliches Heim. Wenn den Vätern der Babyboomer heute die weitgehende Abwesenheit von den häuslichen Tätigkeiten vorgeworfen wird, ist das also nicht ganz fair. Sie brachten sich auf einer anderen Ebene sehr wohl ein.[17] Sie waren seit den Fünfziger- und Sechzigerjahren dafür zuständig, durch eine neue Auslegung ihrer väterlichen Autorität, die nicht mehr auf Gehorsam, sondern auf gegenseitigem Verständnis beruhen sollte, am demokratischen Umbau der Gesellschaft mitzuwirken. Inwieweit sich die Idee der sanften Väterlichkeit bereits in den Fünfzigerjahren allgemein durchsetzen konnte, ist sicherlich fraglich. Feststeht, dass »die Rede von neuen Formen der väterlichen Autorität entscheidend dazu bei[trug], dass die Bundesbürger sich vom Nationalsozialismus und Militarismus und dem damit verbundenen militaristischen Männlichkeitsideal verabschiedeten und dass sie den Weg in eine demokratische Gesellschaft fanden«, wie der Historiker Till van Rahden schreibt.[18]

Der weiter oben geschilderte Fall eines Mannes, der seiner Tochter ein anderer Vater sein wollte, als es sein Vater ihm gewesen war, und der damit zumindest partiell scheiterte, war also typisch. Der Wertewandel ging aus der Perspektive vieler Männer zulasten ihrer hergebrachten Rolle, weshalb Soziologen in ihren Befragungen und Feldstudien immer wieder die Männer als Modernisierungsbremsen beschrieben haben. Das zog sich durch bis zu den Babyboomern. »Viele Männer unserer Generation finden es auch nicht toll, wenn sie sich mit Kindern nicht nur als lustiger Spaßvater austoben dürfen, sondern sich mit uns die Niederungen von Elternabenden und Sockensortieren teilen sollen«, schreibt die Baby-

6. Soldat, Familienoberhaupt, Liebhaber

boomerin Christina Bylow durchaus resignativ in ihrer Bestandsaufnahme.[19]

Zu den vielen Unsicherheiten im väterlichen Umgang mit dem Kind gehörte die unterschiedliche Behandlung von Töchtern und Söhnen. Der erwähnte Buchhalter aus Mönchengladbach antizipiert schon bei seiner dreijährigen Tochter, dass sie sicher eines Tages ihre »ursprüngliche Natürlichkeit und Unmittelbarkeit verlieren« werde und dass es deswegen besser sei, »sein Herz nicht an die Anmut und Frische des Mädchens zu hängen«, da »dieses Schöne nur zu bald vergeht«.[20] Auch hier lassen sich lange Linien ziehen, denn noch heute spielen und schmusen Väter mit Töchtern anders als mit Söhnen (und Mütter übrigens auch).

Anna G., geboren 1956, klagt regelmäßig über die Unzuverlässigkeit ihrer Männer, nicht zuletzt in der Rolle als Vater. »Schlafen konnte er mit mir, aber mehr nicht.«[21] Der Fortschritt ist auch in dieser Hinsicht bis heute eine Schnecke. Laut Zweitem Gleichstellungsbericht der Bundesregierung aus dem Jahr 2018 verwenden Frauen nach wie vor für Care-Arbeit deutlich mehr Zeit als Männer. Der »Gender-Care-Gap« beträgt 52,4 Prozent. Das bedeutet, Frauen leisten durchschnittlich täglich 52,4 Prozent, das sind immerhin 87 Minuten, mehr unbezahlte Sorgearbeit als Männer. So reservieren Männer pro Tag im Schnitt 2 Stunden und 46 Minuten für unbezahlte Sorgearbeit, bei Frauen sind es vier Stunden und dreizehn Minuten. Das hat auch mit einer in Deutschland besonders ausgeprägten geschlechtsspezifischen Aufteilung der Erwerbsarbeit zu tun. Männer wählen andere Berufe als

Frauen. Vor allem sparen sie sich eine längere Erwerbsunterbrechung für Erziehungszeiten und müssen deshalb auch nicht mühsam nach Teilzeit oder Minijob in ihre alte Position wieder einsteigen. Der Anteil der Männer in Teilzeit ist in den Jahren von 1985 bis 2018 zwar von nur 1,4 Prozent auf 11,2 Prozent gestiegen, bei Frauen aber von 28,9 auf 47,9 Prozent. Übrigens gab knapp die Hälfte der Frauen familiäre Verpflichtungen als Anlass an, bei den Männern begründet nur jeder Zehnte die Teilzeit mit dem Wunsch, Kinder zu betreuen.[22] Das deckt sich mit meinen Erfahrungen in der Babyboomergeneration. In meinem Umfeld gab es zwar einige Beziehungen, in denen die Frau zur Arbeit ging und der Mann phasenweise oder sogar immer zu Hause blieb. Allerdings wurde diese Rollenteilung völlig anders moderiert als bei den Paaren, bei denen die Frauen zu Hause blieben. Bei Männern stand offiziell das Motiv der Selbstverwirklichung im Vordergrund: Entweder war er Künstler und konnte seine Tätigkeit besser mit dem »bisschen Haushalt« verbinden als seine Partnerin, die zwecks Lebensunterhalt Tag für Tag ins Büro rennen musste. Oder er nahm sich eine Auszeit, in der er endlich sein lange geplantes Buch schreiben und »nebenher« das Kleinkind beaufsichtigen konnte. Das Buch handelte dann gerne von seinen Abenteuern als Vater allein unter Frauen auf dem Spielplatz.

Trotzdem haben auch die männlichen Babyboomer von ihrem Rollenwandel profitiert, weil über eine Scheidung nicht mehr nach dem Schuldprinzip entschieden wurde, geschiedene Männer nicht mehr zeitlebens Unterhalt zahlen müssen, weil nicht eheliche Kinder automa-

6. Soldat, Familienoberhaupt, Liebhaber

tisch anerkannt werden, oder weil die Antibabypille problemlos verschrieben und die Möglichkeit, abzutreiben, erleichtert wurde. Denn das vergisst man leicht: Diese Neuerungen und Reformen halfen nicht nur Frauen, sondern auch den Männern. Nicht zuletzt dank der Frauenemanzipation können sich männliche Babyboomer und die nachfolgenden Generationen nicht nur sexuell freier entfalten und leiden nicht mehr so stark unter einer gesellschaftlichen Doppelmoral. Die Zeit der Unterscheidung zwischen Mädchen, die leicht »hergehen«, aber als ernsthafte Lebenspartnerinnen nicht infrage kamen, und Mädchen, um die gekämpft werden musste, die dann aber auch geheiratet werden mussten, wie sie Karl-Hans W., aber auch Franz-Xaver E. erlebt haben, war vorbei. Männer der Babyboomergeneration standen auch nicht mehr in dem Maße wie ihre Vorgänger, die Achtundsechziger, unter sexuellem Leistungs- und Bekenntnisdruck. Die Ära der zu engen Männerjeans, des Sex, Drugs and Rock 'n' Roll, führte letztlich in ruhigere Bahnen.[23] Nun wuchs den Babyboomern einerseits mehr Verantwortung zu – für Schwangerschaften und Kinder –, andererseits wurden sie von der lebenslangen Sorgepflicht für die Frau entlastet. Mein Mitschüler Jakob mischte im Jahr 1980 in der elften Klasse mit seinen festen Ansichten über den Schwangerschaftsabbruch ein halbes Jahr lang unseren Ethikkurs auf. Für ihn galt, dass unter keinen Umständen, auch nicht nach einer Vergewaltigung, abgetrieben werden dürfe. Ein halbes Jahr später wurde seine Freundin schwanger und beendete die Schwangerschaft ganz alleine, ohne dass sich Jakob auch nur zum Händchenhalten veranlasst sah. Er war heilfroh über diese liberale Lösung und tanzte gekonnt den Wechselschritt: in der Schule unnachgiebig moralisch, im eigenen Leben von diesen Dingen unbehelligt. Wäre er eine Generation früher geboren worden, wäre es ihm womöglich nicht erspart geblieben, Verantwortung zu übernehmen. Eine Generation später hätte er sich vermutlich von vornherein zu dem Thema Schwangerschaftsabbruch anders gestellt.

Auch die gewachsene Beteiligung der Frauen an der Erwerbsarbeit hatte für Männer Vor- und Nachteile. Einerseits mussten sie nicht mehr den Alleinernährer geben, andererseits wurden sie auch nicht mehr unbedingt gebraucht. In ihren Herkunftsfamilien war noch der Alleinverdiener prägend gewesen. In ihrem eigenen Leben konnten sie wählen und das alte Modell weiterführen, mit etwas finanzieller Unterstützung der Teilzeit arbeitenden Frau, oder sich von der Partnerin finanzieren lassen und zu Hause bleiben (was die wenigsten getan haben), oder ihr zunächst die Care-Arbeit überlassen und sie nach einer Trennung zurück auf den Arbeitsmarkt schicken. Männer hatten also mehr Optionen. In meinem ehemaligen Arbeitsumfeld, der Universität, suchten sich die Kollegen häufig Frauen als Lebenspartnerinnen, die in den langen Hungerjahren bis zur Professur sicher Geld verdienten und sich dann später, um den Mann auf dem kurvenreichen Weg von Gastprofessur zu Gastprofessur zu begleiten, beurlauben lassen konnten. Diese Ehefrauen waren einerseits gut qualifiziert und imstande, die Qualifikationsschriften, Aufsätze und Bücher ihrer Partner zu lesen und zu korrigieren, und andererseits verlangten sie keine Vorfahrt für ihre Karriere.

Ursula Pasero hat also recht, wenn sie schreibt, Männer profitierten noch heute davon, dass ihre Frauen »unter Wert« beschäftigt und bezahlt bleiben, sodass sie selbst beruflich die Vorfahrt behalten. Im Notfall werde immer die Frau zu Hause bleiben, schließlich mache der Mann ja mehr Geld. Die Gründe für diese Ungleichheit liegen tief: »Gleichrangige Kooperationen zwischen Frauen und Männern erweisen sich immer dann als instabil, wenn sie zu Vergleichbarkeit und Konkurrenz führen und die alten Arrangements der Geschlechter infrage stellen.« Sprich: Männer wollen sich nicht mit (ihren) Frauen messen müssen. Um solche Konkurrenzverhältnisse gar nicht erst aufkommen zu lassen, definieren die Frauen und Männer der Babyboomergeneration ihre beruflichen Positionen noch heute unterschiedlich. Das fällt mir auch in meinem Umfeld auf. Selbst von kinderlosen Frauen wird nach wie vor erwartet, »dass ihre Loyalität eher familien- als berufsorientiert ist«.[24] Das heißt, bei zwei gleich qualifizierten Partnern wird die männliche Karriere konsequent privilegiert. Die Frau tritt zurück, nicht aus Bescheidenheit oder fehlendem Ehrgeiz, sondern weil sie der Beziehung das Konkurrenzthema ersparen will.

Alles in allem scheint das Generationenerbe der männlichen Babyboomer ähnlich durchwachsen zu sein wie das der weiblichen. Die alte Beschützer-, Ernährer- und Verführerrolle ist weniger verpflichtend als bei den Nachkriegsvätern, aber auch nicht aus der Welt, sondern muss mehr oder weniger subtil weiter abrufbar bleiben, während andere Aspekte der Männlichkeit wie eine neue Form der Vaterschaft, Sensibilität im zwischenmenschlichen Umgang, Selbstfürsorge, Nachhaltigkeit, Selbstreflexion zusätzlich integriert werden sollen. In meinem persönlichen Umfeld scheint dieses fordernde Geschlechterrollenmodell gelegentlich nacheinander abgearbeitet zu werden. Das heißt, Männer bekommen in ihrer Biografie mehr Chancen, verschiedene Aspekte auszuleben, zum Beispiel erst im Beruf und dann als später Vater.

7.
Generationengeschichte zwischen Abwehr, Selbstfindung und Empathie

Als ich Mitte dreißig war, hörte ich von einer Cousine, dass mein Großvater väterlicherseits womöglich das Zyklon B erfunden habe, das Gas, mit dem in den Vernichtungslagern gemordet worden war. Das Gespräch fand in fast heiterem Ton in einer Bar des Schlosshotels statt, in dem unsere Großmutter mit sechs ihrer sieben Kinder bis zum Jahreswechsel 1944/45 den Krieg ausgesessen hatte. Damals war es freilich kein Hotel gewesen, der Schlossherr hatte das Anwesen seit 1942 an die Wehrmacht als Fronterholungsheim für Offiziere verpachtet. Mitten unter den Uniformierten bewohnte dank ihrer guten Kontakte meine Großmutter mit ihrem Anhang zwei Zimmer. Sie half gelegentlich im Büro mit, tanzte auf den Bällen, ging wandern, schwamm bei Mondlicht im Bergsee, und hatte mutmaßlich ein Verhältnis. Alles in allem scheint sie eine gute Zeit verbracht zu haben. Die älteren Kinder kamen auf ein

Internat, die jüngeren erhielten Heimunterricht und lernten Skifahren. Abgesehen von gelegentlichen Besorgungsfahrten für Kleidung und Schulmaterial ins nächste Städtchen machten sie wenig Mühe. Das entnehme ich dem ausführlichen Briefwechsel zwischen meiner Großmutter und ihrem Mann, der unterdessen in Berlin und dann in Polen war.

Wie sie darauf komme, wollte ich von meiner Cousine wissen. Unser Großvater sei doch Chemiker gewesen, sagte sie. Das stimmte. Allerdings hieß das ja noch nicht, dass er gleich eine so fürchterliche Rolle in der Shoah gespielt haben musste. Wie sich herausstellte, hatte meine Cousine nie mit ihrem Vater über die Familiengeschichte in der NS-Zeit gesprochen. Irgendetwas musste sie aber vielleicht geahnt haben. Die schlimmstmögliche Erklärung konnte nur sein, dass ihr Großvater für das Menschheitsverbrechen verantwortlich war. Ich wurde neugierig und fragte bei diesem Familientreffen noch andere Angehörige der Enkelgeneration. Ein Cousin, von einem anderen der sieben »Stämme«, erklärte mir, unser Großvater habe seines Wissens Juden gerettet. Er habe doch vor dem Herannahen »der Russen« im letzten Moment jüdische Häftlinge in Sicherheit gebracht. Vom vermeintlichen Zyklon-B-Erfinder zum Judenretter war der Weg in unserer Familie nicht weit. Da sich unsere Eltern nie richtig mit der Geschichte ihrer Eltern auseinandergesetzt hatten, verliefen wir uns zwischen extremen Interpretationen. Die Erinnerung in unserer Familie bestätigt also, was der Sozialpsychologe Harald Welzer für die familiale Erinnerung in der Bundesrepublik im Allgemeinen festgestellt hat:

Generationengeschichte

»[...] oft sind es gerade die widersprüchlichen, lückenhaften und überhaupt nebulösen Erzählungen, die es den Zuhörern erlauben, sich die Geschichten zu eigen zu machen, indem sie sie mit eigenen Vorstellungen und Geschichten auffüllen und illustrieren — mit dem, was sie aus dem Unterricht und aus Geschichtsfeatures im Fernsehen wissen, was sie in Filmen gesehen und in Romanen oder Comics gelesen haben.«[1] Auch wir haben uns ein je eigenes Bild von der Vergangenheit konstruiert, das sich aus zufällig Aufgeschnapptem, Befürchtungen und Hoffnungen, Geschichtsunterricht und medialer Aufklärung zusammensetzt.

Wir sind fast zwanzig Enkelkinder, aber vermutlich keines hatte die Großeltern väterlicherseits direkt gefragt, wie das gewesen war im Nationalsozialismus und im Krieg. Wir waren auch etwas zu jung dafür, denn der Großvater starb, als die Älteren von uns noch in die Mittelstufe gingen. Aber vermutlich war es nicht das Alter allein, das uns abhielt. Denn wir hätten Dinge erfahren können, die unser Verhältnis zu dem schweigsamen alten Mann und seiner umtriebigen Frau extrem überschattet hätten. Wir hätten herausgefunden, dass die Großmutter und der Großvater Hitleranhänger gewesen waren und dass der Großvater, der promovierte Chemiker, im Nationalsozialismus eine steile Karriere hingelegt hatte. Er baute für Kontinentale Öl eine Raffinerie in Trzebinia auf und wurde deren technischer Direktor. Das bedeutet nicht nur, dass er dem Vernichtungskrieg im Osten den Treibstoff liefern wollte. Trzebinia holte seine Arbeitskräfte außerdem aus dem nur neunzehn Kilometer entfernten KZ Auschwitz. Die Raffi-

7. Generationengeschichte

nerie wurde seit dem Sommer 1944 zum Außenlager des Lagers, das zum Synonym des Holocaust geworden ist. Die Häftlinge mussten schwerste körperliche Arbeit leisten und dazu noch ihr Leben bei der Entschärfung von Bomben riskieren. Trzebinia war eines von nur zwei Außenlagern von Auschwitz, das wegen der hohen Sterblichkeit ein eigenes Krematorium betrieb. Unter den ausschließlich jüdischen Zwangsarbeitern war auch eine Gruppe Vierzehn- bis Siebzehnjähriger. Sie waren in dem Alter der ältesten Kinder meines Großvaters.

Im Januar 1945 erreichte die Rote Armee das Lager. Der Befehl aus dem Reich lautete: Den Sowjets darf kein Überlebender in die Hände fallen. Deshalb begann man die Häftlinge auf sogenannten Todesmärschen nach Sachsenhausen und Bergen-Belsen zu »evakuieren«. Wer zu krank und zu schwach für den Weitermarsch war, wurde an Ort und Stelle ermordet. Nach dem Rückzug der Deutschen sollte mein Großvater in Glatz eine neue Raffinerie aufbauen, doch dazu kam es nicht mehr. Im März 1945 wurde er als einfacher Schütze kurzfristig zur Wehrmacht eingezogen.

Die ganze Geschichte kam, wie gesagt, so nie bei uns an. Unser Blick auf die Familienvergangenheit war gebrochen durch die Linsen unserer Eltern. Die älteren Geschwister meines Vaters hatten selbst die Zeit noch bewusst erlebt, aber meines Wissens nie näher darüber gesprochen. Die jüngeren Geschwister, die erst im Krieg oder kurz danach Geborenen, wollten sich vermutlich damit nicht befassen. Den Weg ins Gerichtsarchiv, wo die Spruchkammerakte ihres Vaters lag, wagte wohl keiner. Nicht einmal mein

Vater, der unter den sieben den ungünstigen sechsten Platz belegte und sich schon deshalb immer als Außenseiter gefühlt hatte. Auch er zauderte kurz vor dem Moment der Erkenntnis und beauftragte lieber mich, die Historikerin, mit der weiteren Recherche. Die Bereitschaft, hinzusehen, hing offenbar weder vom Alter noch von der emotionalen Nähe der Kinder zu ihren Eltern ab. So bekamen wir Enkel Informationen mit großen Leerstellen auf den Weg, die wir mit Fantasien ausfüllen mussten. Das Ziel wurde erreicht: Nach außen wirkte die Großfamilie geschlossen.

Wir kamen jahrzehntelang regelmäßig im Schloss zum großen Familientreffen zusammen. Es wurde gemeinsam geheiratet, in den Urlaub gefahren, Sport getrieben. Bewegung, Tanz, Naturverbundenheit hielten den Clan zusammen. Aber unter dem Putz gab es auch Risse. Vom Tod eines Onkels erfuhr ich erst mit einem Jahr Verspätung. Mein Vater hatte es wohl nicht für mitteilenswert gehalten.

Ich war bei keinem der Begräbnisse meiner Großeltern dabei. Bei meinem Großvater mütterlicherseits wäre das auch nicht möglich gewesen, er starb im Jahr 1942, als meine Mutter noch ein Kleinkind war. Aber bei meinen Großeltern väterlicherseits war ich ein Teenager und trotzdem, wie der Zufall es wollte, irgendwo anders, als sie starben. Im Urlaub? Mit der Schule und mit meinem eigenen Leben beschäftigt? Heute lässt mich meine Abwesenheit ratlos. Entweder war es einfach nicht so wichtig gewesen, den trauernden Eltern beizustehen, und ich selbst war nicht traurig genug gewesen, um notfalls auch eine Urlaubsreise abzubrechen. Oder ich sollte gar nicht dabei

7. Generationengeschichte

sein. Vielleicht ging mich der Tod meiner Großeltern auch gar nichts an?

Mein Verhältnis zu meinen Großeltern ähnelte nie den Geschichten aus dem Bilderbuch. Meine Großmutter mütterlicherseits war eine einsame Frau in Freiburg gewesen, schon immer, wie es schien, verwitwet und schon immer ohne weiteren Familienzusammenhang. Trotzdem hat sie uns nur selten in München besucht, und wenn ich meine Ferien bei ihr allein verbringen musste, quälte sie mich mit ihren dunklen Geschichten von Krankheit und Tod aus der Nachbarschaft und mit täglichen Friedhofsbesuchen. In der Nacht musste ich das Bett mit ihr teilen, in dem sie in grauer Vorzeit mit ihrem Mann gelegen hatte. Dass er jüdische Eltern gehabt hatte und getauft worden war, dass er, hätte er länger gelebt, womöglich mit den Rassegesetzen der Nazis Probleme bekommen hätte, darüber sprach sie mit mir nicht. Stattdessen erklärte sie mir Hans Filbinger, den damaligen Ministerpräsidenten von Baden-Württemberg. Irgendwie hatte sie immer gewusst, dass er ein alter Nazi gewesen war. Als ich sechzehn war, kam dann tatsächlich heraus, dass er im »Dritten Reich« als Marinerichter vier Todesurteile gefällt hatte, unter anderem gegen zwei Deserteure. Von ihm stammte der furchtbare Satz: »Was damals rechtens war, kann heute nicht Unrecht sein.« Ansonsten hielt mich meine Großmutter über aktuelle Unglücksfälle junger Mädchen auf dem Laufenden, die sie in Zeitungsberichten entdeckte: Vergewaltigungen, Raubmorde und ähnliche Schrecknisse, die die Mädchen anscheinend selbst heraufbeschworen hatten, weil sie nach Einbruch der Dunkelheit auf der

Straße unterwegs gewesen oder sogar – der Gipfel der Dummheit – in eine Disco gegangen waren. Das brachte mir meine Omi nicht unbedingt näher. In ihrem Fall wundert es mich also nicht, dass die Beerdigung an mir vorbeiging, obwohl ich das heute bedaure, denn in ihrer politischen Standfestigkeit war sie auch eine tolle Frau.

Meine Großeltern väterlicherseits wohnten in der Nähe und waren nur durch einen Forst von uns getrennt. Ich verbrachte viel mehr Zeit bei ihnen. Mein Großvater baute mit mir Burgen im Sandkasten, wir spielten Krocket im Garten und gingen in den Wald Beeren pflücken. Dies heitere Bild trübte allerdings, dass kaum ein Wort gesprochen wurde. Es waren Sommerwochen des tiefen Schweigens, wenn ich meine Ferien bei ihnen verbrachte. Als ich eines Tages behauptete, ich dürfe bei meiner Mutter immer auf dem Gepäckträger mitfahren, nahm mich meine Großmutter mit dem Fahrrad mit zum Einkaufen. Unterwegs geriet mein Fuß in die Fahrradspeichen, und ich wurde vom Gepäckträger gerissen. Die nächsten Wochen verbrachte ich statt in ihrem Hexenhäuschen mit einem offenen Bruch im Krankenhaus. Noch heute erinnere ich mich, wie unsentimental die Affäre abgehandelt wurde. Ein grimmiger Arzt verpasste der Sechsjährigen ein Zäpfchen, dann ab ins Krankenhaus. Schließlich hatte ich gelogen, und deshalb trug auch nur ich allein die Schuld an diesem Unfall.

Ich glaube trotzdem nicht, dass ich bewusst entschieden habe, nicht an ihrem Grab zu stehen. Es war einfach nicht wichtig. Mein Vater war so ambivalent gegenüber seiner Herkunft, dass ich glaubte, nicht besonders viel mit seinen

7. Generationengeschichte

Eltern zu tun zu haben. Beide, meine Mutter und mein Vater, haben sich wohl aus unterschiedlichen Gründen wenig mit ihren Eltern identifiziert und ihre Geschichten nur bruchstückhaft weitergegeben. Meine Mutter hüllte ihre Kindheit und Jugend in einen schwarzen Mantel, unter dem nur ab und zu ein kleines, armes Mädchen hervorlugte, das viel mehr Aufmerksamkeit gebraucht hätte. Mein Vater schwieg sich über seine Kindheit und Jugend restlos aus. Seine Eltern porträtierte er in ein oder zwei abschließenden Sätzen: Der Vater sei ein »Schwächling« gewesen, die Mutter habe »immerhin« sieben Kinder über die Zeit gebracht.

Die Reihenfolge der Erinnerung

Der Grund für den Bruch zwischen der Großelterngeneration und der Generation der Nachkriegseltern waren offensichtlich der Krieg und der Nationalsozialismus. Gerade weil nicht darüber gesprochen werden konnte, stand die Vergangenheit zwischen den Alten und den Jungen. Erinnerung braucht offenbar Abstand. Während diejenigen, die schwere Erlebnisse hinter sich haben, lieber vergessen, um weitermachen zu können, und während deren Kinder sie beim Beschweigen der Vergangenheit gerne unterstützen, um sie und sich selbst zu schützen, beginnen oftmals erst die Enkel in alten Kisten zu kramen und das Verschüttete wieder ans Licht zu holen. Dieses Muster ist von Überlebenden des Holocaust bekannt, deshalb wird in Familiengenerationen gerechnet, wenn es um das Erin-

Die Reihenfolge der Erinnerung

nern geht: die Erlebnisgeneration, die zweite Generation, die dritte Generation. Erst die Enkelkinder drangen in das Dunkel vor und stellten konkrete Fragen zur Shoah. Aber auch aufseiten der Verantwortlichen für die Verbrechen im Nationalsozialismus zeichnet sich diese Reihenfolge ab. Ihre Kinder haben, um Harmonie zu wahren, mit den Eltern oft mitgeschwiegen. Später begründeten zwar einige wenige von ihnen, die zu den jüngeren Alterskohorten zählten, den Mythos von »Achtundsechzig« als Vater-Sohn-Konflikt über die NS-Zeit und machten ihn zu einem wesentlichen Teil der nachträglichen Selbststilisierung ihrer Generation.[2] Tatsächlich hatten aber die Auschwitz-Prozesse die Auseinandersetzung mit der braunen Vergangenheit angeschoben. Deshalb sannen die Akteure der Studentenrevolte auf Theorien und Wege, um durch Erziehung und »Triebbefreiung« der nachfolgenden Generation die Wiederholungsgefahr zu bannen. Die angebliche »Abrechnung« mit den »braunen« Vätern fand aber nicht in der eigenen Familie statt. Attackiert wurden die symbolischen »Väter«, die Autoritäten im Land wie zum Beispiel die Professorenschaft an den Universitäten, und nicht die leiblichen Väter. »Die Mehrheit der jungen Leute, die um 1968 auf die Straße gingen, wollte mehr Demokratie. Sie traten gegen autoritäre Hierarchien an den Hochschulen und autoritäre Strukturen in der Politik an [...]. Aber sie waren nicht primär durch die NS-Vergangenheit oder gar durch den Wunsch nach Entlarvung der Täter motiviert.« Das nachträglich so darzustellen, als seien sie die Ersten gewesen, die sich den Nazi-Vätern entgegengeworfen hätten, sei im Rückblick lediglich ein Weg gewesen, »die eigene

7. Generationengeschichte

Biographie im Rahmen der bundesrepublikanischen Geschichte sinnhaft aufzuwerten«, resümiert die Historikerin Christina von Hodenberg.[3] Erst die Nächsten, die »Achtundsiebziger« oder Babyboomer, die in die BRD und die DDR hineingeboren und im Nachkriegsdeutschland fest verankert waren, begannen die Spurensuche in der eigenen Familienhistorie. Es sind heute größtenteils wir, die Enkelkinder, die sich auf den Weg zurück in das finstere Tal gemacht haben.

Die Einteilung von Erinnerungsgenerationen hat natürlich Schwächen. Allzu schnell walzen wir über Differenzen und Gleichzeitigkeiten hinweg und erwecken den Eindruck, eine Alterskohorte habe ähnlich gedacht und gefühlt. Die Generationenperspektive ist schließlich eher ein »Kommunikationsangebot« als eine analytische Kategorie.[4] Aber es ist nicht zu übersehen, dass sich die Jahrgänge, die sich heute verstärkt um die eigene Geschichte kümmern, auf ein bis zwei Jahrzehnte konzentrieren und in ähnlichen historischen Koordinaten bewegen: Sie wurden in den Fünfziger- und Sechzigerjahren geboren und es waren in der Regel ihre Großeltern, die Krieg und Nationalsozialismus mitgetragen oder ertragen haben. Als Kinder haben sie noch die allgemeine Gefühlstaubheit der Wiederaufbaugesellschaft erlebt und in der Jugend die Liberalisierungsschübe in Gesellschaft und Privatleben. Jetzt beschäftigen sie sich – wie dieses Buch auch – mit ihren Eltern und Großeltern. Das reicht vom Aufsatz im seriösen wissenschaftlichen Sammelband über das bloße Nacherzählen zum Zwecke der Unterhaltung bis hin zum

Die Reihenfolge der Erinnerung

literarischen Großprojekt. Besonders die Gattung des autobiografischen Familienromans ist seit der Jahrtausendwende sehr populär. In Deutschland verbindet sich das Phänomen der »Privatisierung der deutschen Geschichte«[5] seitdem mit viel beachteten Beispielen wie Stephan Wackwitz' *Ein unsichtbares Land* (2003), Uwe Timms *Am Beispiel meines Bruders* (2003), Thomas Medicus' *In den Augen meines Großvaters* (2004), oder Dagmar Leupolds *Nach den Kriegen* (2004). In den Jahren 2005, 2006 und 2007 haben mit Arno Geiger, Katharina Hacker und Julia Franck gleich drei Babyboomer mit ihren Familiengeschichten den Deutschen Buchpreis gewonnen, und auch im Jahr 2020 stand auf der Longlist wieder überwiegend Familienhistorisches. Literaturwissenschaftler konstatieren verwirrt: Die Gegensätze zwischen Erinnerung und Geschichte, zwischen kollektiv und autobiografisch, zwischen subjektiv und objektiv lösen sich in den neuen Erzählformen, die auch »autofiktiv« genannt werden, momentan auf.[6] Betrachtet man das Phänomen aus der Perspektive einer in die Jahre gekommenen Generation, die sich ihrer eigenen Herkunft und Geschichte versichert, erklärt sich der Trend jedoch schnell. Wir, die Autorinnen und Autoren der Babyboomergeneration, hangeln uns neuerdings verstärkt mithilfe von Erzählungen über unsere Familie zurück in die Vergangenheit, um ein sicheres Fundament für unsere eigenen Identitätsfragen zu finden.

Dabei tauchen neue Themen und Protagonisten auf. Waren anfangs zumeist die Großeltern als Akteure des Krieges und des »Dritten Reichs« die Hauptpersonen gewesen, zeichnen sich jetzt auch die Silhouetten der Eltern vor dem Hintergrund der Nachkriegszeit, der Fünfziger- und Sechzigerjahre ab. Anlass ihres Auftritts in der boomenden Erinnerungsliteratur ist wohl der kommende oder schon vollzogene Abschied von ihnen. Plötzlich, so erklärt es auch Frank Witzel, erinnern sich Babyboomer an Dinge, die nicht zu ihrem Leben, sondern zu dem ihrer Eltern gehörten. »Durch ihren Tod waren meine Eltern aus der familiären Funktion gelöst, sodass ich sie zum ersten Mal als Personen mit einem eigenen Leben, einer eigenen Kindheit, einem eigenen Erwachsensein, einem eigenen Tod begriff, und nicht länger allein in Bezug auf mich.«[7] Schließlich möchte man immer noch einen eigenen Platz in der Welt finden. Anders als die Vorgängergenerationen, die angeblich »alle bereits frühzeitig zu sich gefunden und sich auf gewisse Weise in der Welt behauptet« haben, sind wir Babyboomer uns häufig »bis ins fortgeschrittene Alter« selbst als unzureichend und banal vorgekommen, sagt Witzel.

Eine Generation auf der Zuschauertribüne?

Damit nährt sich ein häufig geäußerter Verdacht, den Babyboomern fehle es an eigener, historischer Bedeutsamkeit, ihnen sei lediglich die Rolle des Zuschauens zugefallen, sie seien die »Generation Zaungast« in der Geschichte des 20. Jahrhunderts. Der Publizist Reinhard Mohr hat dieses Etikett erfunden. Eingezwängt zwischen den überlebensgroßen »Achtundsechzigern« und den coolen »Computerkids« hätten die Babyboomer zugucken müssen, wie an-

Eine Generation auf der Zuschauertribüne?

dere Geschichte machten.[8] Ich glaube, diese Einschätzung ist falsch. Babyboomer sind keine Zaungäste. Ihre Rolle war nur nicht, sich in Theorien zu ergehen oder mit autoritärem Ton Anklage zu führen, wie die Achtundsechziger das getan haben. Ihre Aufgabe war es, die deutsche Zeitgeschichte als konkreten Teil der eigenen Geschichte zu begreifen und damit restlos anzunehmen.

Die »erste und letzte Generation der Bundesrepublik«, wie sie der Soziologe Heinz Bude nennt, wurde in die bereits etablierten Strukturen der BRD und DDR hineingeboren und erlebte ihre entscheidende Jugendzeit zwischen dem Misstrauensvotum gegen Willy Brandt und dem Aufstand gegen Brokdorf. Selbstverständlich lebte auch sie in historisch einmaligen Koordinaten, wenn auch nicht auf so offensichtliche Weise wie die Achtundsechziger oder diejenigen, die in jungen Jahren durch den Fall der Mauer geprägt wurden. Sie war die erste »antiautoritäre Generation der Bundesrepublik« (Mohr), sie war auf der Welt, weil ihre Eltern sich mit ihrer Hilfe von der dunklen deutschen Vergangenheit zu lösen versuchten. Dazu passt die Geschichte meines Vornamens. Dass ich einen jüdischen Vornamen bekam, ohne jüdisch zu sein, war Programm. Mir wurde als Kind gesagt: »Wir haben dich so genannt, weil so viele Miriams im KZ ermordet wurden.« Das zeigt, welche Rolle ich übernehmen sollte (was ich dann ja auch getan habe) – ich sollte erinnern, vermitteln und verbinden. Babyboomern fiel diese Aufgabe aufgrund ihres Geburtstermins zu, der wie ein Scharnier zwischen der von Deutschen heraufbeschworenen Katastrophe des 20. Jahrhunderts und dem epochalen Fall der Mauer lag.

7. Generationengeschichte

Viele Babyboomer folgten dem Auftrag. Sie verweigerten aus Gewissensgründen den Dienst an der Waffe, als es noch die allgemeine Wehrpflicht gab, reisten als Teenager nach Taizé zum ökumenischen Jugendtreffen und setzten ein völkerverbindendes Zeichen, sie arbeiteten nach der Schule zur Aussöhnung in einem Kibbuz und schreiben heute Bücher über die deutsche Zeitgeschichte.

Ihre Sozialisation hatte sie dafür vorbereitet. Babyboomer wurden als erste Generation mit einem größeren Verständnis für die kindliche Psyche groß. Ihr Horizont war weniger durch neue harte Gesellschaftsstrukturen gerahmt als durch neue »Psychostrukturen«. In ihrer Epoche basierten die Hoffnungen auf ein besseres Leben nicht mehr auf Reformen in Politik und Wirtschaft, sondern auch auf Reformen der Bildung und des individuellen Lebensstils. Deshalb waren sie auch die erste Generation nach dem Krieg, die sich in der Lage fühlte, der Vergangenheit auf individuelle, emotionale und psychologisch informierte Art und Weise zu begegnen. Kurz gesagt: Sie waren und sind psychologisch gerüstet für die Auseinandersetzung mit ihrer eigenen (Familien-)Geschichte.

Eines der vielen aktuellen Beispiele ist Jürgen Wiebickes Buch *Sieben Heringe*. Der Untertitel lautet *Meine Mutter, das Schweigen der Kriegskinder und das Sprechen vor dem Sterben*. Darin entlockt der Autor seiner Mutter auf dem Krankenbett Erinnerungen an die schwere Zeit ihres Lebens. Der Journalist geht dabei systematisch vor wie ein Historiker, der »Oral History«, also mündliche Geschichte betreibt, nur dass es um die Erzählungen seiner eigenen Mutter geht. Weil er seine Mutter gut genug kennt,

Eine Generation auf der Zuschauertribüne?

glaubt er, ihre Kräfte und Schamgrenzen einschätzen zu können, und er verliert auch seine eigenen Gefühle nicht aus dem Blick. Interessant ist auch, dass er die Leserinnen und Leser daran teilhaben lässt, welche Wendungen die Erinnerungen in seiner Familie genommen hatten. Er beschreibt, wie sich die Eltern früher immer nur in Andeutungen erschöpft hatten und wie die Erinnerungskraft seiner Mutter durch die Todesnähe stärker wurde.[9]

Wiebickes Mutter war im Krieg ein Teenager. Im Jahr 1930 geboren, wurde sie in eine Konstellation hineingestellt, in der sie selbst die Schrecken der Flucht miterleben und auch noch die Schicksalsschläge ihrer Eltern und Verwandtschaft mittragen musste. Ihre Eltern erteilten ihr eine Art Sprechverbot. Sie musste für sie Verantwortung übernehmen, ihre eigenen Erfahrungen verwinden und ihren Sohn vor den schrecklichen Familiengeschichten schützen.[10]

Diese Ausgangslage war ein häufiges Muster bei den Nachkriegseltern. Die »Ent-Identifizierung von ihren Eltern« misslang. Sie konnten sich nicht von ihren Eltern ablösen, da sie deren Geheimnisse teilen mussten. Mit anderen Worten, die späteren Nachkriegseltern hätten auf ihr familiales Erbe nur reagieren können, indem sie das Schweigen darüber brachen, aber sie waren besonders in der familienorientierten Nachkriegszeit nicht in der Lage, die sichtbaren und unsichtbaren Bindungen zu sprengen.[11] Erst heute, mit dem gewachsenen Abstand, kann die nächste Generation, die der Babyboomer, versuchen, die deutsche und die eigene Familiengeschichte zu integrieren.[12] Dafür muss sie jetzt einen zweifachen Knoten zerschlagen: den ihrer Eltern und den ihrer Großeltern. Deshalb hat es so lange gedauert. Auf der Habenseite steht für sie, dass sie im Gedächtnis ihrer Familie ein »Medium zum Verständnis von Geschichte« zu finden hoffen.[13]

Für die Nachkriegseltern mag das manchmal mühsam sein, aber insgesamt scheint es so, als seien sie auch froh, endlich von ihrem Schweigen erlöst zu werden. Denn sie hatten sich meist nie über die eigene Geschichte ausgetauscht. So hat man bei Freundes- oder Familientreffen höchstens in Halbsätzen und Andeutungen über die Vergangenheit geredet, wie Jürgen Wiebicke von seinen eigenen Eltern berichtet. Ja, ihnen habe sogar die emotionale Sprache für ihre Erinnerungen gefehlt. Das Sprechverbot, mit dem sie nach dem Krieg aufgewachsen waren, sei letztendlich auch ein Fühlverbot gewesen. Das Kalkül damals war schließlich: Wenn ich von einem Geschehen nicht spreche, bleibe ich von den emotionalen Folgen daraus verschont.

Die nachfolgende Generation, die Babyboomer, schlägt den entgegengesetzten Weg ein und zielt in ihren privaten Familiengeschichten auf die lösende und heilsame Wirkung von Erinnerung. Auch wenn heute immerhin noch jeder dritte Deutsche glaubt, aus einer Widerstandsfamilie zu stammen, versuchen diejenigen, die ihre Familiengeschichte aufschreiben, in der Regel nicht, die Vergangenheit zu beschönigen. Dabei stoßen sie auf Familienlegenden – so wie die meines Großvaters, des vermeintlichen Zyklon-B-Erfinders, beziehungsweise Judenretters –, durch die sie sich nicht mehr blenden oder ruhigstellen lassen. Die allermeisten Autorinnen und Autoren der aktuellen Generationenromane und Familiengeschichten scheuen sich nicht, auch die schmerzhaften und unsympathischen Kapitel aufzugreifen. Ein Beispiel aus dem literarischen Bereich ist das Großwerk *Ortsumgehung* des hessischen Autors Andreas Maier, Jahrgang 1967. In einem auf elf Bände angelegten autofiktionalen Projekt, das die Grenzen zwischen Autobiografie und Roman offen lässt, schreitet der Autor Kindheit, Jugend, die Zeit des Studiums und andere Lebensabschnitte seines Erzählers aus der Wetterau ab, um im siebten Band unvermutet auf eine Mine in der Familiengeschichte zu treten. Was scheinbar harmlos begann, entpuppt sich als Abgrund der Lügen der Elterngeneration. Nichts stimmt mehr in dieser Familie, angefangen von den Familienbeziehungen über die Besitzverhältnisse bis hin zur Herkunft des Nachlasses.[14]

Geschichte dient der individuellen Sinnsuche

Als »Kind der Schweigekinder«, wie sich Maier nennt, geht es ihm dabei nicht (nur) um die epische Darstellung des Vergangenen, sondern auch um die Selbstkonstituierung in der Erinnerung. Durch das Graben in der familiären Vergangenheit will er die eigene Geschichte, den »unentfremdeten Teil des Ich« hervorholen.[15] Diese Suchbewegung vom Allgemeinen ins Persönliche ist ein Symptom der allgemeinen Individualisierung der Geschichte, der Befreiung von der zwangsweisen Zuordnung zur sozialen Gruppe der Familie, der Generation oder der

7. Generationengeschichte

Nation und den uns darin zugewiesenen Rollen. Während die Achtundsechziger noch »das System« als strukturelles Erklärungsmodell für alles verantwortlich machen konnten, fällt diese Option den Babyboomern nicht mehr so leicht. Sie tasten sich stattdessen durch die Deutung und Verarbeitung der Geschichte des eigenen Lebens an die Leerstellen der Überlieferung heran.[16] Hinter der Flut von autobiografischen und familiengeschichtlichen Schriften, die von Jahr zu Jahr noch anwächst, steht also der persönliche, individuelle Zugang zur Welt und zur Geschichte: Eine ganze Generation sucht ihren Weg, um ihre eigene Erzählung mit den allgemeinen Erzählungen zu verknüpfen, sich »der eigenen Rolle im Familienroman der Bundesrepublik« zu versichern und dabei auch Tabus zu brechen und Verschwiegenes aufzudecken. Sie thematisiert jetzt den eigenen Erinnerungsprozess, weist auf die Wankelmütigkeit und Unzuverlässigkeit des Erinnerns hin, vermischt gekonnt Dokumentation und Fiktion. So beschreibt Frank Witzel seine Beschäftigung mit der familiären Vergangenheit als ein paradoxes Gefühl, an etwas festhalten zu müssen, »um nicht noch tiefer in einem Gefühl der Verlorenheit und Unbehaustheit zu versinken«, obwohl sich ihm gleichzeitig die familiären Erinnerungen als Ursache dieses Gefühls darstellten.[17] Mit anderen Worten: Er bekämpft sein Lebensgefühl der Unbehaustheit damit, dass er sich diesem Gefühl stellt.

Empathie mit den Vorfahren und mit sich selbst

Dieser Umgang mit der Familiengeschichte ist neu. Die Babyboomer haben ein anderes Zeitempfinden als ihre Vorgänger, sie bringen neue Gegenstände an die Oberfläche, die über die Frage der unmittelbaren Täterschaft in Krieg und Nationalsozialismus hinausgehen. Der gewachsene Abstand zu den Verbrechen des Nationalsozialismus ermöglicht ihnen auch eine neue emotionale Hinwendung. Seitdem die Babyboomer die deutsche Vergangenheit ausleuchten, ist es üblich geworden, auch über die »eigenen« Opfer, die der nicht verfolgten Deutschen in Krieg und Nationalsozialismus, zu sprechen und mit ihnen zu fühlen. Nachdem die Ungeheuerlichkeiten der deutschen Verbrechen es zuerst notwendig gemacht hatten, sich primär mit den Opfern der anderen zu beschäftigen (und sich manchmal sogar mit ihnen zu identifizieren), entwickelt die dritte Generation auch Empathie für die eigenen Leute, für die durch Vertreibung und Flucht, Bombardierungen und Verluste geschädigten Angehörigen.

Ein Beispiel sind die von mir rekonstruierten sexualisierten Gewalttaten aller Besatzungsarmeen im Nachkriegsdeutschland, die erst zum 70. Kriegsende-Jubiläum im Jahr 2015 vollends im allgemeinen Erinnerungsdiskurs angekommen sind. Die zahllosen Vergewaltigungsopfer der Siegerarmeen in Deutschland fanden bis dahin kaum oder höchst einseitig Gehör. Wenn überhaupt, waren sie aus politischen Gründen nur als Opfer der Roten Armee wahrgenommen worden. Die anderen, also die Vergewaltigungsopfer der Briten, Franzosen und Amerikaner, mussten schweigen, wurden schon während des Geschehens von ihrer Umwelt nicht beachtet oder sogar dafür verachtet, da man ihnen freiwillige »Fraternisierung« mit dem Kriegsgegner unterstellte. Jungs und Männer, die in Gefangenschaft oder in der Besatzungszeit sexualisierter Gewalt zum Opfer fielen, wurden bis heute nicht thematisiert. Mich hat einmal ein Betroffener inständig gebeten, in einem Fernsehinterview über die Massenvergewaltigungen nicht die männlichen Opfer zu vergessen. Als es so weit war, bat mich die Fernsehredakteurin ebenso dringlich, nicht über männliche Vergewaltigungsopfer zu sprechen, das sei dann doch zu viel für die Zuschauer. Die Generation der Kinder war noch zu nah dran gewesen, um diese besonders beschämenden Erfahrungen ihrer Mütter und Väter offenlegen zu können oder zu wollen – falls sie davon etwas ahnten. Oder sie mussten den Vorwurf befürchten, dass sie die Verbrechen *der* Deutschen mit den Verbrechen *an den* Deutschen relativieren wollten. Erst die Enkelkinder können sich von dieser Unterstellung frei machen und einen Zugang zu ihren traumatisierten Großmüttern und Großvätern suchen, der Mitgefühl mit einschließt. Dabei taucht auch die Frage nach den psychosozialen Kosten für sie selbst auf. In meinem Buch *Wir Kinder der Gewalt* habe ich gezeigt, dass die Folgen der Massenvergewaltigung noch in der dritten Generation spürbar sind. Die Kinder von vergewaltigten Müttern mussten oft hungern, weil sie nach dem Krieg noch schlechter gestellt waren als die übrige Bevölkerung. Sie litten häufiger zeitlebens unter schwierigen Beziehungen zu ihren Müttern und Vätern und mussten sich auch noch im fortgeschrittenen Alter wegen Problemen mit Liebe, Bindung und Sexualität psychologische Unterstützung holen. Die posttraumatische Belastungsstörung ihrer Mütter setzte sich in Form von Bindungsproblemen in die dritte Generation fort. Die Enkelkinder fühlen bis heute Spuren der Gewaltgeschichte in ihrer Biografie. So erzählte mir eine Medizinstudentin, sie führe bestimmte körperliche und psychische Zustände bei sich auf die Vergewaltigung ihrer Großmutter zurück. Sie halte zum Beispiel trotz ihrer medizinischen Ausbildung keine invasiven Untersuchungsmethoden aus, was sie sich nur mit dem Trauma ihrer Großmutter erklären könne.

Seit Sabine Bodes Bestseller *Die vergessene Generation* (2004) wird es in der allgemeinen Öffentlichkeit und nicht nur in Psychologenkreisen immer selbstverständlicher, so zu denken: Die psychischen Folgen der Ereignisse im »Dritten Reich« und im Krieg werden immer weiter in die Gegenwart geholt. Das dominante Grundmotiv ist das Trauma. Weil sich die Eltern beziehungsweise Großeltern nach Kriegsende nicht mit ihren eigenen Verletzungen auseinandergesetzt hätten, wüchsen die Kinder hinter einer Mauer des Schweigens auf, was sich wiederum auf deren Kinder, also die Enkelgeneration, auswirken könne, so die These. Das Trauma habe sich vererbt. Einer der Pioniere in der Erforschung dieser Frage war der 1938 geborene israelische Psychologe und Holocaustforscher Dan Bar-On.[18] Er verglich Täter- und Opfernachkommen und plädierte auf diesem Weg sogar für mehr Verständnis zwischen Deutschen und Holocaustopfern.

Somit sind die Babyboomer inzwischen auf verschiedenen Wegen im Herzen der finsteren deutschen Geschichte angekommen – durch nicht ausgesprochene und »aufgearbeitete« Familientraumata und durch die unbewusst weitergereichten Erziehungstraditionen aus der NS-Zeit. Einen nicht zu überschätzenden Beitrag zu diesem Denken und dem Erinnerungsdiskurs der Babyboomer leistete die Psychologisierung der Gesellschaft seit den Siebzigerjahren.[19] Das psychologische Denken förderte das Verständnis für psychische Leiden und lud im Prinzip alle ein, auch die Gesunden, sich mit sich und der eigenen Geschichte zu beschäftigen. Dabei lag ein besonderer Fokus auf der Familie. Individuelle Beeinträchtigungen oder Leiden wurden auch als Reaktion auf schädliche Kommunikationsmuster in der Familie gewertet, weshalb es ratsam schien, sich im eigenen Interesse auch mit dem »System« Familie zu beschäftigen. Nicht nur die offenkundigen Probleme bei der Erziehung wie Vernachlässigung, Gewalt oder übermäßige Fürsorge kommen seither auf den Tisch, sondern auch die unheilvollen Einflüsse der Geschichte, die über sogenannte »unsichtbare Bindungen« von den weiter entfernten Vorfahren weitergegeben wurden. Eine spezielle Forschungsrichtung, die sogenannte Mehrgenerationenperspektive, ist entstanden und hat sich in der Bundesrepublik seit den Achtzigerjahren zunehmend ausgebreitet. Die Ausgangsthese ist, dass die Ereignisse in Krieg und Nationalsozialismus unsichtbar über die Generationenbeziehungen weiterwirken. Der

Empathie mit den Vorfahren und mit sich selbst

psychologische Mehrgenerationenansatz postuliert, dass in Familien Traditionen herrschen und »Aufträge« und »Botschaften« über Generationen hinweg weitergegeben werden und sich bei den Nachfahren auswirken, etwa in der eigenen Kindererziehung, der Berufswahl, bei Vorstellungen von Sinn und Glück im Leben oder auch in Gestalt psychischen Leidens.[20] Diese Erkenntnis hatte weitreichende Folgen für den Erinnerungsdiskurs der Babyboomer. Verallgemeinernd lässt sich sagen, dass sich die neueren Familiengeschichten und Familienromane im Vergleich zu den früheren Erinnerungsdiskursen eher mit den Erbschaften der Vergangenheit befassen als damit, moralisch mit den Eltern und Vorfahren abzurechnen.

In diese weniger politisch denn psychologisch geführte Diskussion der langen Linien seit 1945 mischen sich allerdings aus genau diesem Grund auch kritische Töne. So missfallen zum Beispiel der Historikerin Christina von Hodenberg die zumeist schlecht belegten »vulgärpsychologischen« Deutungen, die letztlich alle Deutschem gleichermaßen zu Opfern des Kriegstraumas gemacht hätten – einschließlich der Nazis. An den nachträglichen Betroffenheitsbekundungen stört sie, dass aus wenigen Einzelfällen »ein kollektivpsychologisches Argument auf Altersgruppen der Gesamtgesellschaft verallgemeinert« worden sei. Ihrer Ansicht nach musste das Schweigen der Generation der NS-Zeitgenossenschaft »weder mit Gefühlskälte einhergehen noch die politische Radikalisierung der Kinder verursachen. Nicht alle Arten des Schweigens sind giftig – nur das einseitige, aggressive Schweigen nach gescheiterter Verständigung«[21]. Ich teile ihre Ansicht. Der

7. Generationengeschichte

Hype um die Kriegskinder und -enkel, die unter der Verschleierung der Kriegstraumata leiden, gründet sich zumeist auf journalistische Arbeiten, die nicht immer systematisch bei der Suche nach Fallbeispielen vorgehen, die oftmals eher schildern anstatt zu analysieren und die auf der Jagd nach größtmöglichen Auflagezahlen immer wieder dieselbe Botschaft verkünden: Wir sind alle traumatisiert. Psychologisch fundiert arbeitende Autorinnen und Autoren wiederum legen oft Fälle aus ihrer eigenen therapeutischen Praxis vor, die zwar anschaulich sind, die aber eben auch nur eine Auswahl aus dem Pool problematisch gewordener Biografien darstellen. Das Kriegskind oder den Kriegsenkel, der nicht an der NS- und Kriegsgeschichte seiner Großeltern leidet, bekommen wir auf diese Weise nie zu Gesicht. Ein drittes Problem mit dem deutschen Opferdiskurs scheint mir zu sein, dass wir manche psychologische These zu pauschal aufgreifen. Zum Beispiel ist die Forderung, die ältere Generation grundsätzlich und immer zum Sprechen über ihr erlittenes Leid bringen zu müssen, durchaus fatal. Es gibt weder eine allgemeine Bekenntnispflicht, noch ist die Befragung durch Enkelkinder immer ratsam, geschweige denn heilsam. Über Gewalterfahrungen zu schweigen kann nämlich ein wirksamer Schutz vor einer Retraumatisierung sein, deshalb ist es verfehlt, eventuell traumatisierte Mütter und Väter um jeden Preis mit Fragen zu bedrängen.

Trotz dieser Bedenken gegen die oft unpolitische und übertriebene Selbststilisierung zum späten Opfer der Familiengeschichte hat der Erinnerungshype der Babyboomer aber meines Erachtens mehr Vorteile als Nachteile.

Empathie mit den Vorfahren und mit sich selbst

Wir können schließlich zwischen erlaubten und politisch korrekten Erinnerungen an die NS-Zeit und peinlichen selbstmitleidigen Erinnerungen an die Leiden der Vorfahren unterscheiden. Ich fände es auch schwierig, die beiden Seiten des Familiengedächtnisses zu trennen. Die Geschichte der Vorfahren ist eben ambivalent und kann mal Abscheu und Verurteilung und mal Mitgefühl und Verständnis bei den Nachkommen auslösen. Der Erinnerungsboom der Enkelkinder geht außerdem über die öffentliche Vergangenheitspolitik hinaus. Die Generation der Babyboomer hat zumindest in der BRD nach meiner Einschätzung genug Wissen über die Verbrechen der Deutschen im Krieg und im Nationalsozialismus erworben. Bei mir fing es schon in der Kindheit mit der Lektüre von *Als Hitler das rosa Kaninchen stahl* oder Anne Franks Tagebuch an, dann stand in jeder Klassenstufe einmal die Geschichte des Nationalsozialismus auf dem Lehrplan bis hin zu schulischen Filmvorführungen, die uns bis an die Schmerzgrenze die Schrecken des Krieges sehr nahebrachten. Dazu kamen zahllose Ausstellungen, öffentliche Debatten, Filme und Fernsehdokumentationen. Inzwischen läuft die Wiederholung der Fakten über die deutsche Geschichte in medialer Endlosschleife Gefahr, in meiner Generation zur Pose zu erstarren. Wir lernen immer mehr Details über die Dreißiger- und Vierzigerjahre, aber solange wir sie nicht in unsere eigene Geschichte, das heißt, in die unserer Familien einordnen, fällt es uns leicht, sie uns vom Leib zu halten, uns dagegen abzuhärten. Wie ich bei meinen Cousins und Cousinen erlebt habe, kann auch ein gutes Allgemeinwissen immer noch zu Fehlschlüssen

7. Generationengeschichte

und Relativierungen führen. Solange dieses allgemeine Wissen keine Auswirkungen auf das Bild der eigenen Familie und nicht zuletzt auf das Selbst hat, bleibt es womöglich wirkungslos.

In einer Diskussion mit einem entfernten Verwandten hörte ich zum Beispiel folgendes Argument. Nachdem ich von der tatsächlichen Rolle des Großvaters väterlicherseits im Nationalsozialismus erzählt hatte, meinte mein Gegenüber, sein Verhalten sei doch verständlich und kein Anlass zu »moralisieren«, da der Mann eben für den Lebensunterhalt der Familie habe sorgen müssen. Das zeigt mir, dass die mangelnde Auseinandersetzung mit der Geschichte in meiner Familie nichts anderes bedeutet hat als die Verweigerung, die Konsequenzen daraus restlos anzunehmen. Solange sie nicht in der eigenen Vergangenheit erkannt werden, bleiben die Fakten steril und sind im Zweifelsfall auch nicht lehrreich für die Zukunft.

Natürlich habe ich mich auch gefragt, wie sich der »Nazihintergrund« und die fehlende Bereitschaft der Nachkriegseltern, ihn auszuleuchten, auf uns Nachkommen ausgewirkt hat. Ob die abenteuerlichen Interpretationen der Rolle unserer Großeltern, angefangen bei der vollkommenen Verdrängung über die fantastische Überhöhung bis hin zum Entlastungsmythos, pathologische Spuren mit sich gebracht haben könnten. Wir fast zwanzig Enkelkinder scheinen mir in unserem Glück wie in unserem Unglück jedoch ganz und gar durchschnittlich zu sein. Vielleicht haben sich bestimmte »Aufträge« aus der Zeit des Nationalsozialismus unbewusst erhalten, zum Beispiel, dass es richtig sei, viele Kinder in die Welt zu setzen, auch wenn nicht immer sofort ein geordneter familiärer Rahmen für sie da ist. Oder dass Jugendlichkeit, Gesundheit und Schlankheit moralische Maßstäbe sind, die wir auch anderen Menschen anlegen dürfen. Oder dass wir als Familie, die auf eine lange Reihe von Pfarrern, Apothekern und anderen Akademikern sowie auf Musiker und bildende Künstler zurückblicken kann, uns noch immer an das anti-bürgerliche Erbe der Großeltern anlehnen. Die meisten würden wohl eine Fahrradtour oder eine Kletterpartie einem Theaterabend vorziehen. Aber ich erkenne darin noch keine Familienpathologie. Wir lieben, lassen uns scheiden, sind krank oder gesund, gläubig oder ungläubig, politisch oder unpolitisch wie die allermeisten durchschnittlichen Babyboomer.

Schlussbemerkung

In der zweiten Hälfte des 20. Jahrhunderts wurde das private Leben immer wichtiger. In der postmateriellen Welt, in Zeiten der Globalisierung und der Individualisierung hat das nahe Umfeld die stützende Rolle der Arbeit und des sozialen Milieus mit übernommen. Familienbeziehungen sind es, die heute die Identität der Menschen in der Regel mehr bestimmen als Beruf und Parteibuch. Wir merken das zum Beispiel an einem Boom der Familienerinnerungen auf dem Buchmarkt. Viele Erzählungen beginnen heute mit dem Moment, in dem ein Protagonist zu einem Familienfest oder zu einer Beerdigung aufbricht. Der Tod eines Angehörigen, ein Fund auf dem Speicher, die geerbten Tagebücher der Mutter machen den Anfang.[1] Es geht weiter mit einer Spurensuche an den Orten der Vorfahren, der alten Heimat. Dann verbreitert sich die Perspektive: Andere Stimmen von noch lebenden Familienmitgliedern, Nachbarn oder Schulgefährten werden laut. Ein bis dahin unbekanntes Geschwisterkind wird gefunden, die erste Liebe der Großmutter meldet sich, Familienmythen werden enthüllt … Deshalb stand in diesem Buch auch der private Lebensbereich im Mittelpunkt.

Schlussbemerkung

Ich habe diese typischen und doch sehr privaten Anlässe des Erinnerns der Babyboomer als Ausgangspunkte genommen. Denn in meiner Sicht entstehen individuelle Familien- oder Generationenerzählungen nicht zufällig, sie sind historische Befunde, die zugleich den Weg zur eigenen Gegenwart aufzeigen. Die bekannte Kulturwissenschaftlerin Aleida Assmann meint, die sich heute erinnernde Generation beschreibe in ihrer Rückschau weniger ein Werden denn ein Gewordensein. Das heißt, die Menschen verstehen sich zunehmend als durch ihre Sozialisation und durch die Geschichte ihrer Eltern geworden. Das individuelle Erinnern an die eigene Familie wirkt wie eine Kontaktzone zwischen einem selbst und der Vergangenheit.[2] Deshalb wäre es falsch, den aktuellen Boom der privaten familialen Erinnerung als unpolitisch und harmonisch abzuqualifizieren. Familiengeschichte ist heute kein Narrativ mehr, um von der guten alten Zeit zu erzählen, vom Niedergang einer Gesellschaftsschicht oder vom sagenhaften Aufstieg eines Gründervaters. Die Erinnerung anhand der Familiengeschichte ist vielmehr eine Gelegenheit, sich mit den prägenden Lebensumständen unserer Vorfahren auseinanderzusetzen, um dann dem Echo im eigenen Leben zuzuhören.

In diesem Buch zeigt sich die Familiengeschichte sowohl als Mittel der Selbsterkenntnis als auch als Zugang zu einem tieferen Verständnis der allgemeinen Geschichte. Dabei erschien es mir wichtig, die Erinnerung nicht nur wie einen Grashüpfer von der Gegenwart einen großen Sprung zurück in die Zeit von Krieg und Nationalsozialismus machen zu lassen. Ich finde, auch das, was dazwi-

Schlussbemerkung

schen passierte, die Zeit zwischen 1945 und 1980, sollte uns interessieren. Momentan wird, wenn zum Beispiel von den Fünfziger- und Sechzigerjahren die Rede ist, viel Sehnsucht und Nostalgie produziert. Liebevoll ausgestattete Filme mit Mid-Century-Möbeln und adretten Kostümen zeigen uns eine heile Welt und erfreuen uns mit Reminiszenzen an den »kalten Hund« oder den limousinenartigen Kinderwagen. In diesen traulichen Schilderungen kommt jedoch – paradoxerweise – ausgerechnet die historische Perspektive zu kurz. Denn das harmonische Bild, das dabei entsteht, ist das Abbild eines immerwährenden Werbefilms, der nur so tut, als zeichne er die Wirklichkeit nach. Es fällt buchstäblich auf die zeitgenössische Propaganda herein, die ja genau diesen Eindruck beschwören wollte, nämlich dass sich nach den »Kriegswirren« alles um die heile Familie und die wunderbare Warenwelt drehte. Das war damals schon falsch. Die Straßen waren voll mit Kriegsversehrten, die Kurkliniken voll mit überarbeiteten und traumatisierten Müttern, die Kinderheime, Jugendbesserungsanstalten, Kurheime, aber auch Schulen, Kirchenchöre und Sportvereine voll mit Erziehern aus der NS-Zeit. Auf der einen Seite gab es damals noch Lager für Displaced Persons, zumeist Juden, die auf die Auswanderung in eine neue Heimat warten mussten, weil die Deutschen ihre alte zerstört hatten. Auf der anderen Seite saßen in vielen hohen Positionen im öffentlichen Dienst, bei Gericht, in den Medien und an anderen verantwortlichen Stellen noch immer hartgesottene Nationalsozialisten. Die Vorstellung, die wir zurzeit medial vermittelt bekommen – erst kamen der Nationalsozialismus und der Krieg,

Schlussbemerkung

dann stand die Bevölkerung wieder auf, baute autogerechte Städte und plante die ersten Reisen an die Adria –, war der Versuch, von den Dimensionen und den Auswirkungen der Jahre zwischen 1933 und 1945 abzulenken. Diese verlogene Welt heute wieder aufzurufen, ist, um im Bild der Pathologie zu bleiben, mit einem Patienten vergleichbar, der immer nur auf seinen Geburtsfehler hin untersucht würde, aber dessen Krankheiten und Verletzungen aus Kindheit, Jugend und Erwachsenenalter stets übersehen würden.

Diesem sprunghaften Erinnern stehen unsere Familienerinnerungen entgegen, denn sie handeln zwangsläufig von Weitergabe und Kontinuität. Über dieses Scharnier verstehen wir unsere historisch geformte Psyche viel besser, als wenn wir uns nur mit den Blindgängern des Zweiten Weltkrieges und des Nationalsozialismus oder mit den grausig-schönen Wohnzimmerdekors der Fünfzigerjahre beschäftigen. Diese Untersuchung hat gezeigt, dass unsere geschichtliche Psyche von weit mehr geprägt ist als von Adolf Hitler. Sie ist auch geprägt von den historischen Erfahrungen unserer Nachkriegseltern, als sie bereits Jugendliche oder junge Erwachsene waren, die indirekte und langfristige Folgen des Nationalsozialismus waren. Zum Beispiel haben sich die Ängste der Deutschen vor Rache, aber auch die Flucht und die weitverbreitete Migration generationenübergreifend in einem Grundgefühl der Unbehaustheit niedergeschlagen. Meine These ist, dass sich Babyboomer bis heute in ihrem Leben nicht am richtigen Platz fühlen, weil ihnen aus (familien-)historischen Gründen ein Lebensmittelpunkt fehlt. Für unsere Eltern und

Schlussbemerkung

uns selbst waren die Fünfziger- und Sechzigerjahre noch in anderer Hinsicht eine entscheidende Zeit. Die Väter waren damals abrupt in die Arbeitswelt gestoßen worden, weil sie Verantwortung für die Familie übernehmen mussten. Die Mütter mussten sich in eine schwierige Doppelrolle einfinden, einerseits als Hüterinnen einer biedermeierlichen Häuslichkeit, andererseits als stille Reserve auf dem Arbeitsmarkt und Überbrückungshilfe, bis der Ehemann genügend Einkommen hatte. Diese Zumutungen der Geschlechterrollen in der Nachkriegszeit standen den Babyboomern wiederum als abschreckendes Beispiel vor Augen, als sie selbst Väter und Mütter wurden. Dazu kam der historisch überkommene Erziehungsstil. Dass die Deutschen noch bis in die Siebzigerjahre hinein an Erziehungsmethoden festhielten, die auf Abhärtung und Gefühlskontrolle basierten, lag auch daran, dass viele Nachkriegseltern auf die Praktiken zurückgriffen, mit denen sie selbst groß geworden waren. Sie mussten erst mühsam lernen, dass Kinder nicht nur auf den »Lebenskampf« vorbereitet werden können, sondern auch und vor allem empathisch in ihren berechtigten Bedürfnissen nach Liebe und Nähe anerkannt werden sollten. Doch wie hat sich das auf den Umgang der Babyboomer mit ihren Kindern ausgewirkt? Erziehungsstile waren und sind sehr beharrlich – sie werden in der Familie von Generation zu Generation weitergegeben, und sei es als eine Blaupause für das gegenteilige Verhalten.

Bei der Erziehung ist das besonders offensichtlich, aber auch andere Themen unserer Geschichte verbinden die Nachkriegseltern und die Babyboomer. Die ganz grund-

Schlussbemerkung

sätzlichen Vorstellungen von Ehe und Liebe, mit denen die jüngere Generation aufgewachsen ist, transportieren noch immer Versatzstücke aus einer Zeit, in der alle Hoffnung auf der Familie ruhte. Als es für Frauen wichtig war, einen Ehemann zu ergattern, weil ledige Frauen nichts wert waren und »ledigen« Müttern, wie es früher hieß, niemand beistand. Wie frei konnte sich später eine Babyboomerin für einen Lebensstil mit oder ohne Kind entscheiden, wenn ihr nicht zuletzt die historische Erfahrung ihrer Mutter in den Knochen hing? Aber auch ob sich ein Mann von der Verantwortung als Familienoberhaupt erdrückt fühlte oder ob er meinte, unterscheiden zu müssen zwischen Frauen, die er respektiert, und Frauen, mit denen er schläft, war nicht zuletzt das Ergebnis dessen, was er von seinem Nachkriegsvater vorgelebt bekommen hatte. Die zentralen Fragen des privaten Lebens, so habe ich versucht aufzuzeigen, waren für die Babyboomer immer untrennbar mit den Familiengeschichten, mit den historischen Erfahrungen ihrer Nachkriegseltern verknüpft: Die Art, wie wir lieben, uns als geschlechtliche Wesen verstehen, unsere Kinder erziehen, konsumieren und reisen und allgemein gesprochen, uns in unserem Leben einrichten, verstehen wir erst ganz, wenn wir auch unsere Eltern verstehen. Und die verstehen wir wiederum erst, wenn wir die Umstände kennen, unter denen sich ihre prägenden Lebensjahre abgespielt haben.

Deshalb habe ich in diesem Buch die Suche nach der (Familien-)Geschichte auf die Zeit nach 1945 in der Bundesrepublik und partiell in der DDR ausgedehnt. Wir können nicht, wie das in vielen Familienbüchern bislang der

Schlussbemerkung

Fall war, bei der nationalsozialistischen Vergangenheit der Großeltern stehen bleiben. In den Vordergrund rücken müssen die Nachkriegseltern. Sie waren Kinder in der NS-Zeit und im Zweiten Weltkrieg, aber sie waren auch Jugendliche in den Fünfzigerjahren und junge Eltern in den Fünfziger- und Sechzigerjahren. Inwieweit hat das die Generation der Babyboomer, die sich heute so intensiv erinnern will, zu dem gemacht, was sie heute ist? Ich habe an der einen oder anderen Stelle auch Facetten meiner eigenen Familiengeschichte offengelegt. Die Fährten, die ich dabei ausgelegt habe, sollten als roter Faden dienen, um dem Suchprozess der Historikerin zu folgen. Ich wünsche mir, dass sie aber auch als Anknüpfungspunkt für den Generationendialog in anderen Familien dienen können.

Anmerkungen

1. Die schwierige Suche nach einer Verankerung im Leben

1 Statistisches Bundesamt, https://www.destatis.de/DE/Presse/Pressemitteilungen/2020/08/PD20_N045_122.html (abgerufen am 9.11.2020).
2 Heinz Bude/Bettina Munk/Karin Wieland, *Aufprall*, München 2020, S. 39.
3 Sven Reichardt, *Authentizität und Gemeinschaft. Linksalternatives Leben in den siebziger und frühen achtziger Jahren*, Berlin 2014, S. 352–353.
4 Ebd. S. 353.
5 Joachim Süss, *Die entschlossene Generation. Kriegsenkel verändern Deutschland*, Berlin u. a. 2017, S. 106 f.
6 Matthias Horx, »Die abgekühlte Gemeinschaft. Alternativbewegung in der Krise: Was aus den sozialen Experimenten geworden ist«, in: *Die Zeit,* Nr. 17, 27.4.1984, S. 21, zit. nach Reichardt, *Authentizität*, S. 356.
7 Reichardt, *Authentizität*, S. 128.
8 Frank Biess, *Republik der Angst. Eine andere Geschichte der Bundesrepublik,* Reinbek 2019, S. 317.
9 Bettina Alberti, *Seelische Trümmer. Geboren in den 50er- und 60er-Jahren: Die Nachkriegsgeneration im Schatten des Kriegstraumas,* München 2019, S. 97–98.
10 Ebd. S. 102.
11 Ebd. S. 102.

Anmerkungen

12 Frank Witzel, *Inniger Schiffbruch*, Berlin 2020, S. 306.
13 Sandra Konrad, *Das bleibt in der Familie. Von Liebe, Loyalität und uralten Lasten*, München 2020, S. 105.
14 Ursula Ott, *Das Haus meiner Eltern hat viele Räume. Vom Loslassen, Ausräumen und Bewahren*, München 2019, S. 45–48.
15 Sandra Konrad, *Das bleibt in der Familie,* S. 53.
16 Nicolas Berg, »Zwischen Legende und Erfahrung: Die ›Stunde Null‹«, in: Ralph Giordano (Hg.), *Kriegsende in Deutschland*, Hamburg 2015, S. 206–213, hier S. 211.
17 Zit. nach Frank Biess, *Republik der Angst,* S. 51.
18 Eine ausführliche Aufarbeitung der sexualisierten Kriegsgewalt nach 1945 in: Miriam Gebhardt, *Als die Soldaten kamen. Die Vergewaltigung deutscher Frauen am Ende des Zweiten Weltkriegs*, München 2015, und deren Folgen in: Miriam Gebhardt, *Wir Kinder der Gewalt. Wie Frauen und Familien bis heute unter den Folgen der Massenvergewaltigungen bei Kriegsende leiden*, München 2019.
19 Anna G., Tagebuch, DTA (Deutsches Tagebucharchiv) 10.74, 1, Eintrag vom 29.8.1983.
20 Ulrich Herbert, Axel Schildt, »Kriegsende in Deutschland und Europa«, in: *Kriegsende in Deutschland*, Hamburg 2015, S. 24–41, hier S. 40.
21 Matthias Behr, »Europa unterwegs: Heimatlosigkeit, Flucht und Vertreibung«, in: *Kriegsende in Deutschland*, S. 104–119, hier S. 106.
22 Vgl. Atina Grossmann, Tamar Lewinsky, »Zwischenstation«, in: Michael Brenner (Hg.), *Geschichte der Juden in Deutschland von 1945 bis zur Gegenwart*, München 2012, S. 67–152.
23 Franka Schneider, »Ehen in Beratung«, in: Annette Kaminsky (Hg.), *Heimkehr 1948. Geschichte und Schicksale deutscher Kriegsgefangener*, München 1998, S. 192–216, hier S. 194.
24 Margot H., Tagebuch, DTA Reg. Nr. 264.
25 Der Begriff »Übergangsobjekt« wird in der psychoanalytischen Objektbeziehungstheorie als ein Gegenstand (oder auch ein Wort) beschrieben, mit dessen Hilfe ein Säugling die Distanz zu seiner Mutter überbrückt. Das Objekt, zum Beispiel

ein Saugtuch, verliert im Alter von etwa einem Jahr seine Bedeutung.
26 Ulrich Lamparter/Christa Holstein, »Empirische Befunde zur ›zweiten Generation‹«, in: Insa Fooken/Gereon Heuft (Hg.), *Das späte Echo von Kriegskindheiten. Die Folgen des Zweiten Weltkriegs in Lebensverläufen und Zeitgeschichte*, Göttingen 2014, S. 191–209, hier S. 202–203.
27 Bettina Alberti, *Seelische Trümmer*, S. 109.
28 Arne Andersen, *Der Traum vom guten Leben. Alltags- und Konsumgeschichte vom Wirtschaftswunder bis heute*, Frankfurt am Main u. New York 1999, S. 178.
29 Ebd. S. 183–184.
30 Andere Menschen, andere Länder, andere Sitten. Unterhaltsame Urlaubsgeschichten von Sabine und Alfred M., DTA 790III.
31 Kirsten Feld-Türkis, »Reiseverhalten der 5 Konsum-Generationen«, Keylens (16.1.2019), https://keylens.com/reiseverhalten-der-fuenf-konsumgenerationen/ (abgerufen am 16.11.2021).
32 Vgl. Vera Neumann, *Nicht der Rede wert. Die Privatisierung der Kriegsfolgen in der frühen Bundesrepublik*, Münster 1999, S. 83.
33 Jens-Peter A., Rekonstruiertes, DTA 3823, 1–3.
34 Mina U. (Namenskürzel verändert), Tagebuch, DTA 3068,6.
35 Anna G., Tagebuch, DTA 10.74, 1, Eintrag vom 11.6.1983.
36 Ebd. Einträge vom 10.8.1989, 5.2.1991.
37 Frank Witzel, *Inniger Schiffbruch*, S. 106.
38 Ebd. S. 134–135.
39 Ebd. S. 168–169.

2. Die Gefühle im Kühlschrank und der lange Weg bis zur Selbstfürsorge

1 Hannah Arendt, »Die Nachwirkungen des Naziregimes. Bericht aus Deutschland«, in: Dies., *In der Gegenwart. Übungen im politischen Denken II*, München 2000, S. 38–63, hier S. 39.
2 Bettina Alberti, *Seelische Trümmer*, S. 85.

Anmerkungen

3 Edgar Wolfrum, *Die geglückte Demokratie. Geschichte der Bundesrepublik von ihren Anfängen bis zur Gegenwart*, München 2007, S. 275.
4 Karl-Hans W., Tagebuch, DTA 3442-13.
5 Vgl. Edgar Wolfrum, *Die geglückte Demokratie*, S. 183.
6 Karl-Hans W., Tagebuch, DTA 3442-13, Einträge vom 16.4.1945, 7.5.1945, 2.9.1945, 1.11.1945.
7 Ebd. 15.4.1948.
8 Axel Schildt/Detlev Siegfried, *Deutsche Kulturgeschichte. Die Bundesrepublik von 1945 bis zur Gegenwart*, München 2009, S. 46.
9 Karl-Hans W., Tagebuch, DTA 3442-13, Eintrag vom 12.3.1946.
10 Schildt/Siegfried, *Deutsche Kulturgeschichte*, S. 97.
11 Karl-Hans W., Tagebuch, DTA 3442, 1–3, Eintrag vom 28.11.1948.
12 Andreas Reckwitz, *Das hybride Subjekt. Eine Theorie der Subjektkulturen von der bürgerlichen Moderne zur Postmoderne*, Frankfurt am Main 2006.
13 Ulf Preuss-Lausitz, »Körpersozialisation im 20. Jahrhundert als Teil gesellschaftlicher Demokratisierung?«, in: Miriam Gebhardt/Clemens Wischermann (Hg.), *Familiensozialisation seit 1933 – Verhandlungen über Kontinuität*, Stuttgart 2007, S. 135–145.
14 Katja Petrowski/Aike Hessel et.al., »Die Einstellung zur Psychotherapie in der Allgemeinbevölkerung«, in: *Psychotherapie, Psychosomatik, Psychologische Medizin 2014*, H. 64, S. 82–85.
15 Vgl. Pascal Eitler/Jens Elberfeld (Hg.), *Zeitgeschichte des Selbst. Therapeutisierung, Politisierung, Emotionalisierung*, Bielefeld 2015.
16 Rainer E., DTA Reg. Nr. 211, Sex & Drugs oder Tagebuch eines (fast) gescheiterten Lebens 1960–1980.
17 Anna G., Tagebuch, DTA 10.74, 1, Eintrag vom 12.5.1983.
18 Ebd. 11.6.1983.
19 Ebd. 5.7.1983.
20 Ebd. 29.8.1983.

21 Ebd. 6.11.1996.
22 Ebd. 10.8.1985.
23 Frank Biess, *Republik der Angst,* S. 330–331.
24 Mina U., Tagebuch, DTA Reg. Nr. 3068,6, S. 15.
25 Ebd. S. 26 u. 28.
26 Ebd. S. 36, 38, 62.
27 Frank Witzel, *Inniger Schiffbruch,* S. 184.
28 Ebd. S. 185.
29 Ebd. S. 185.
30 Institut für Generationenforschung, https://www.generation-thinking.de/post/babyboomer-bis-gen-z-so-bringt-man-vier-generationen-unter-einen-hut (abgerufen am 3.1.2022).

3. Die Kinderfrage – ein über Generationen hinweg schwer befrachtetes Thema

1 *Hallo Mutti, hallo Vati!*, Alete GmbH (Hg.), 1. Auflage, München 1967.
2 Annette, 27.1.1936, zit. nach Miriam Gebhardt, *Die Angst vor dem kindlichen Tyrannen. Eine Geschichte der Erziehung im 20. Jahrhundert,* München 2009 (Neuauflage 2020), S. 101–107.
3 Miriam Gebhardt, »›Lehret sie, dass sie nicht um ihrer selbst willen sind‹. Frühkindliche Sozialisation im Nationalsozialismus«, in: Jutta Ecarius/Carola Groppe/Hans Malmede (Hg.), *Familie und öffentliche Erziehung. Theoretische Konzeptionen, historische und aktuelle Analysen*, Wiesbaden 2009, S. 221–244, hier S. 233–235.
4 Eine ausführliche Studie zu den Vorstellungen zur frühkindlichen Sozialisation und ihrer Umsetzung in der Familie: Miriam Gebhardt, *Die Angst vor dem kindlichen Tyrannen,* München 2009.
5 Einführung in die Bindungstheorie: Christel Hopf, *Frühe Bindungen und Sozialisation*, Weinheim/München 2005.
6 Gudrun Brockhaus, »Lockung und Drohung – die Mutterrolle in zwei Ratgebern der NS-Zeit«, in: Miriam Gebhardt/Clemens Wischermann (Hg.), *Familiensozialisation seit 1933 – Verhandlungen über Kontinuität,* Stuttgart 2007, S. 49–68.

Anmerkungen

7 Johanna Haarer, *Die deutsche Mutter und ihr erstes Kind*, München 1934, S. 148.
8 Auszüge aus meiner Analyse von Erziehungstagebüchern aus der NS-Zeit. Vgl. Miriam Gebhardt, »Lehret sie, dass sie nicht um ihrer selbst willen sind«, in: Jutta Ecarius/Carola Groppe/Hans Malmede (Hg.), *Familie und öffentliche Erziehung*, S. 237–238.
9 Hilke Lorenz, *Die Akte Verschickungskinder. Wie Kurheime für Generationen zum Alptraum wurden*, Weinheim/Basel 2021, S. 73.
10 Ernst S., Tagebuch, DTA Sign. 941, Eintrag vom 6.7.1967.
11 Ebd. 9.8.1967.
12 Ebd. Weihnachten 1968.
13 Ebd. 6.3.1969.
14 Ebd. 30.9.1972.
15 Ebd. Ostern 1978.
16 Die Vorstellung einer »autoritären Persönlichkeit« wurde wesentlich von einer gleichlautenden 1950 veröffentlichten Studie unter anderem von Theodor Adorno an der Universität Stanford geprägt.
17 Franziska Gronau, »Kinderwunsch im sauren Regen«, in: *Kursbuch* 72, Januar 1983, S. 7-13, hier S. 7 u. 9. Vgl. Miriam Gebhardt, »Ein Kind als Krönung der Therapie. Der Wandel der frühkindlichen Sozialisation in der Familie nach '68«, in: Maik Tändler/Uffa Jensen (Hg.), *Das Selbst zwischen Anpassung und Befreiung. Psychowissen und Politik im 20. Jahrhundert*, Göttingen 2012, S. 115–137.
18 Sibo, privates Tagebuch. Vgl. das Kapitel »Das eigene Kind« in: Miriam Gebhardt, *Die Angst vor dem kindlichen Tyrannen*, S. 157–214.
19 Karl Pillemer/Katrin Müller-Johnson, »Generationenambivalenzen. Ein neuer Zugang zur Erforschung familialer Generationen«, in: Frank Lettke/Andreas Lange, *Generationen und Familien*, Frankfurt am Main 2007, S. 130–157, hier S. 131.
20 Ein vor allem im Selbsthilfebereich schier täglich wachsendes Thema der Babyboomergeneration ist beispielsweise das Aufwachsen mit narzisstisch gestörten Müttern und Eltern.

21 Inzwischen sind zahlreiche Bücher zur Generationenambivalenz gleichzeitig erschienen. Beispiele: Barbara Bleich, *Warum wir unseren Eltern nichts schulden,* München 2018; Claudia Haarmann, *Kontaktabbruch in Familien. Wenn ein gemeinsames Leben nicht mehr möglich scheint*, München 2019; Lindsay C. Gibson, *Kalte Kindheit. Wie wir trotz unemotionaler Eltern Wärme im Leben finden*, München 2018.
22 Christine Amrhein, »Wenn Kinder ihre Eltern verlassen«, Fritz Fränzi. Das Schweizer ElternMagazin, 17.12.2019, https://www.fritzundfraenzi.ch/gesundheit/psychologie/kontaktabbruch-wenn-kinder-ihre-eltern-verlassen?page=all (abgerufen am 3.8.2021).
23 Kurt Lüscher/Brigitte Pajung-Bilger/Frank Lettke/Sabrina Böhmer, »Generationenambivalenzen operationalisieren: Konzeptuelle, methodische und forschungspraktische Grundlagen«, Forschungsschwerpunkt Gesellschaft und Familie, Universität Konstanz, Arbeitspapier 34.1, April 2000, S. 9.
24 Dagmar Lorenz-Meyer, »The Ambivalences of Parental Care Among Young German Adults«, in: Karl A. Pillemer/Kurt Lüscher (Hg.), *Intergenerational Ambivalences: New Perspectives on Parent-Child Relations in Later Life*, Amsterdam et. al. 2004, S. 225–252, hier S. 236–237.
25 Frank Witzel, *Inniger Schiffbruch*, S. 182.
26 Ebd. S. 181.
27 Mina U., Tagebuch, DTA 3068,6.
28 Ebd.
29 Ebd.
30 Tagebuch, DTA Reg. Nr. 746, Ulrich (1968), Eintrag vom 8.4.1971.
31 Ebd.
32 Bundesarbeitsgemeinschaft Mehr Sicherheit für Kinder e.V., »Die Welt mit Kinderaugen sehen – Warum sind Kinder besonders unfallgefährdet?«, Präsentation, https://www.lfv-nds.de/wp-content/uploads/2014/08/Impulsreferat_Kinderwelt2.pdf (abgerufen am 3.8.2021).

4. Sex und Liebe zwischen bürgerlicher Pflichtübung und Freiheitsversprechen

1 BGH, 2.11.1966 – IV ZR 239/65 vgl. https://opinioiuris.de/entscheidung/1659 (abgerufen am 4.1.2022).
2 Merith Niehuss, »Kontinuität und Wandel der Familie in den 50er Jahren«, in: Axel Schildt/Arnold Sywottek (Hg.), *Modernisierung im Wiederaufbau. Die westdeutsche Gesellschaft der 50er Jahre*, Bonn 1998, S. 316–334, hier S. 331–332.
3 *Der Eissturm* von Ang Lee aus dem Jahr 1997 war eine Adaption des gleichnamigen Romans von Rick Moody.
4 Volkmar Sigusch, *Auf der Suche nach der sexuellen Freiheit. Über Sexualforschung und Politik,* Frankfurt am Main 2011, S. 31–32.
5 Ebd. S. 37.
6 Bernhardine S. (dieser Name ist ein Pseudonym), DTA Sign. 1720, Tagebuch, Eintrag vom 8.10.1953.
7 Gunter Schmidt, »Zur Einleitung. Aus der Zauber? Eine kurze Geschichte der Sexualität in der BRD«, in: Ders. (Hg.), *Kinder der sexuellen Revolution. Kontinuität und Wandel studentischer Sexualität 1966–1999. Eine empirische Untersuchung*, Gießen 2000, S. 30.
8 Bernhardine S., Tagebuch, DTA Sign. 1720, Eintrag vom 9.3.1955.
9 Trutz von Trotha, »Die bürgerliche Familie ist tot«, in: Bernhard Bueb/Ute Frevert/Hans Joas et.al. (Hg.), *Alte Werte – Neue Werte. Schlaglichter des Wertewandels*, Göttingen 2008, S. 78–96, hier S. 81.
10 Ebd. S. 87.
11 Bernhardine S., Tagebuch, DTA Sign. 1720, Eintrag vom 23.5.1955.
12 Ebd. 19.3.1956.
13 Ebd. 28.8. 1956.
14 Ebd. 28.8.1956.
15 Ebd. 14.8.1957.
16 Ebd. 22.5.1958.
17 Ebd. 20.2.1963.

18 Ebd. 13.2.1963.
19 Franz-Xaver E., Tagebuch, DTA Reg. Nr. 1565, 1. u. 2.
20 Axel Schildt/Detlev Siegfried, *Deutsche Kulturgeschichte,* S. 262.
21 Ebd. S. 264–265.
22 Christina von Hodenberg, *Das andere Achtundsechzig. Gesellschaftsgeschichte einer Revolution,* München 2018, S. 184.
23 Ulrike Draesner, *Eine Frau wird älter. Ein Aufbruch*, München 2018, S. 111.
24 Gunter Schmidt/Arne Dekker, »Seriell monogam, seriell allein. Beziehungsbiografien im dritten Lebensjahrzehnt«, in: Schmidt, *Die Kinder der sexuellen Revolution*, S. 111–136, hier S. 113.
25 Christina von Hodenberg, *Das andere Achtundsechzig*, S. 163.
26 Ebd. S. 185.
27 Ebd. S. 219.
28 Schmidt, *Die Kinder der sexuellen Revolution,* S. 212.
29 Ebd. S. 223.
30 Ebd. S. 227. In der DDR waren Studierende freilich stärker repräsentativ für die Gesamtbevölkerung der jungen Alterskohorten, weil die Bildungsmöglichkeiten weniger stark von der familiären Herkunft abhingen als in der BRD.

5. Frauen im doppelten Einsatz als eine Hypothek der Nachkriegszeit

1 Anna G., Tagebuch, DTA Sign. 10.74, Eintrag vom 9.10.1991.
2 Ursula Ott, *Das Haus meiner Eltern*, S. 78.
3 Ebd.
4 Gertrude F., DTA 1037-1, Brief vom 14.7.1944.
5 Christina Boll/Elisabeth Bublitz/Malte Hoffmann, »Geschlechtsspezifische Berufswahl: Literatur-und Datenüberblick zu Einflussfaktoren, Anhaltspunkten struktureller Benachteiligung und Abbruchkosten«, Hamburger Weltwirtschaftsinstitut, Paper 90, Hamburg 2015.
6 Lutz Niethammer, »›Normalization‹ in the West – Traces of Memory Leading Back into the 1950s«, in: Hanna Schissler

Anmerkungen

(Hg.), *The Miracle Years. A Cultural History of West Germany, 1949-1968*, Princeton 2001, S. 237–265.

7 Vgl. Miriam Gebhardt, *Als die Soldaten kamen.*
8 Dieses bis dato unerforschte Kapitel Zeitgeschichte habe ich ausführlich anhand von Quellen aus dem Staatsarchiv Freiburg bearbeitet, vgl. Miriam Gebhardt, *Als die Soldaten kamen*, besonders S. 215–246.
9 Anna G., Tagebuch, DTA Sign. 10.74, Einträge vom 13./14.4.1983, 18.4.1983.
10 Ebd. 5.7.1983.
11 Nancy Friday, *Wie meine Mutter. My Mother my self*, Frankfurt am Main 1979; Barbara Franck (Hg.), *Ich schau in den Spiegel und sehe meine Mutter. Gesprächsprotokolle mit Töchtern*, Hamburg 1979, S. 13.
12 Barbara Franck, *Ich schau in den Spiegel*, S. 13.
13 Ebd. S. 35–36.
14 Anna G., Tagebuch, DTA Sign. 10.74, Eintrag vom 29.8.1983.
15 Ebd., 3.4.1983
16 Ebd. 27.9.1993.
17 Ebd. 28.2.1996.
18 Laut einer Studie von 1996, zit. nach Rüdiger Peuckert, *Familienformen im sozialen Wandel*, Opladen 1999, S.123.
19 Trudie Knijn, Ilona Ostner, Christoph Schmitt, »Männer und (ihre) Kinder. Einstellungen zur Elternschaft im Ländervergleich«, in: Frank Lettke/Andreas Lange (Hg.), *Generationen und Familien*, Frankfurt am Main 2007, S. 189–222, hier S. 190.
20 Milu, »Vaterschaft anerkennen: familie.de-Jurist erklärt, wie es geht!«, familie.de, 5.7.2020, https://www.familie.de/familienleben/finanzen/vaterschaftsanerkennung/ (abgerufen am 4.1.2022).
21 Eckhart Fuhr, »Kinderlose Akademikerinnen«, Die Welt, 22.1.2005, https://www.welt.de/print-welt/article365857/Kinderlose-Akademikerinnen.html (abgerufen am 6.10.2020).
22 Der Abstand der Kinderlosenquote zwischen den Akademikerinnen und Nicht-Akademikerinnen reduzierte sich: Während er bei den Jahrgängen 1959 bis 1963 zehn Prozentpunkte

Anmerkungen

betrug (28 gegenüber 18 Prozent), lag er im Jahr 2018 bei den zwischen 1969 und 1973 geborenen Frauen bei fünf Prozentpunkten (26 gegenüber 21 Prozent).

23 Besonders hoch war sie in Hamburg (31 Prozent), in Berlin (27 Prozent) und in Bremen (25 Prozent). In den ostdeutschen Flächenländern blieben weniger Frauen ohne Kind. In allen Bundesländern ist die Kinderlosigkeit in den urbanen Regionen durchweg höher als in den ländlichen. Besonders auffallend war 2018 dieser Unterschied in Bayern mit 17 Prozent kinderlosen Frauen auf dem Land und 30 Prozent in den Städten. https://www.destatis.de/DE/Presse/Pressemitteilungen/2019/12/PD19_475_122.html (abgerufen am 4.1.2022).

24 In Bezug auf die Kinderzahl und bezogen auf die Frauen der Jahrgänge 1969 bis 1973, die im Jahr 2018 zwischen 45 und 49 Jahre alt waren, lässt sich der Unterschied zwischen den westdeutschen und ostdeutschen Flächenländern so zusammenfassen, dass die westdeutschen Frauen häufiger kinderlos sind als die ostdeutschen, die westdeutschen Mütter aber im Durchschnitt mehr Kinder bekommen als die ostdeutschen Mütter: In den westlichen Flächenländern lag im Jahr 2018 der Anteil der kinderlosen Frauen im Alter von 45 bis 49 Jahren bei 22 Prozent. Gleichzeitig hatten 17 Prozent der westdeutschen Frauen drei oder mehr Kinder. In den ostdeutschen Flächenländern waren hingegen lediglich 15 Prozent der Frauenjahrgänge 1969 bis 1973 kinderlos. Der Anteil der Frauen mit nur einem Kind war allerdings mit 36 Prozent deutlich höher als in den westdeutschen Flächenländern (23 Prozent) und der Anteil der Frauen mit drei oder mehr Kindern niedriger (13 gegenüber 17 Prozent). Quelle: Bundeszentrale für politische Bildung, Kinderlosigkeit und Kinderzahl (Stand 2008) https://www.bpb.de/nachschlagen/zahlen-und-fakten/soziale-situation-in-deutschland/61553/kinderlosigkeit-und-kinderzahl (abgerufen am 6.10.2020).

25 Christina Bylow/Kristina Vaillant, *Die verratene Generation. Was wir den Frauen in der Lebensmitte zumuten*, Bonn 2016, S. 48.

26 Ebd. S. 64–65.

27 Barbara Riedmüller/Ulrike Schmalreck, »Die Lebens- und Erwerbsverläufe von Frauen im mittleren Lebensalter. Wandel und rentenpolitische Implikation«, Berlin 2012, https://www.polsoz.fu-berlin.de/polwiss/forschung/systeme/sozialpol/ressourcen/babyboomer.pdf (abgerufen am 14.10.2020).

28 Birgit Geissler/Mechtild Oechsle, »Lebensplanung als Konstruktion: Biographische Dilemmata und Lebenslauf-Entwürfe junger Frauen«, in: Ulrich Beck/Elisabeth Beck-Gernsheim, *Riskante Freiheiten*, Frankfurt am Main 1994, S. 139–167, hier S. 147–148.

29 Claudia Haarmann, *Mütter sind eben Mütter. Was Töchter und Mütter voneinander wissen sollten*, München 2019, S. 75.

30 Ebd. S. 150–151.

31 Merith Niehuss, »Kontinuität und Wandel der Familie«, in: Axel Schildt/Arnold Sywottek (Hg.), *Modernisierung im Wiederaufbau*, S. 327.

32 Vgl. Hanna Schissler, »›Normalization‹ as Project. Some thoughts on Gender Relations in Wet Germany during the 1950s«, in: Dies. (Hg.), *The Miracle Years. A Cultural History of West Germany, 1949–1968*, Princeton 2001, S. 359–375, hier besonders S. 364–365.

33 Ebd. S. 366.

34 Dazu eine Studie der EZB: https://blogs.faz.net/fazit/2019/06/25/gerechte-frauenfoerderung-ist-kniffelig-10880/ (abgerufen am 4.1.2022).

35 Tagebuch von Regina und Astrid, privat. Zit. nach Miriam Gebhardt, *Die Angst vor dem kindlichen Tyrannen*, S. 149.

36 Vgl. ebd. S. 154–155.

6. Soldat, Familienoberhaupt, Liebhaber: Wann ist ein Mann ein Mann?

1 Karl-Hans W., Tagebuch, DTA 3442, 1–3, Eintrag vom 26.4.1950.

2 Ebd. 7.5.1945.

3 Ebd. 1.11.1945.

4 Ebd. 7.4.1946.

Anmerkungen

5 Ebd. 23.4.1946.
6 Dagmar Herzog, *Die Politisierung der Lust. Sexualität in der deutschen Geschichte des 20. Jahrhunderts*, München 2005, S. 108–110.
7 Karl-Hans W., Tagebuch, DTA 3442, 1-3, Eintrag vom 16.7.1950.
8 Till van Rahden, *Demokratie. Eine gefährdete Lebensform*, Frankfurt/New York 2019, S. 68–102.
9 Vgl. Miriam Gebhardt, *Die Angst vor dem kindlichen Tyrannen*, S. 69–130.
10 Vgl. Franka Schneider, »Ehen in Beratung«, in: Annette Kaminsky (Hg.), *Heimkehr 1948*, S. 192–216., hier S. 202–206.
11 Mehr dazu vgl. Miriam Gebhardt, *Wir Kinder der Gewalt*, S. 187–273.
12 Vgl. ebd. S. 182–183.
13 Uta G. Poiger, *Jazz, Rock, and Rebels: Cold War Politics and American Culture in a Divided Germany*, Berkeley, Los Angeles, London 2000, S. 72.
14 Auf Deutsch erschien der Film erst 1955.
15 Uta G. Poiger, *Jazz*, S. 77.
16 Till van Rahden, »Sanfte Vaterschaft und Demokratie in der frühen Bundesrepublik«, in: Bernhard Gotto/Thomas Schlemmer (Hg.), *Männer mit »Makel«. Männlichkeiten und gesellschaftlicher Wandel in der frühen Bundesrepublik*, Berlin/Boston 2017, S. 142–156, hier S. 143–144.
17 Lothar Böhnisch, »Männerbilder und der Fürsorgestreit in den 1920er Jahren«, in: Martin Dinges (Hg.), *Männlichkeiten und Care. Selbstsorge, Familiensorge, Gesellschaftssorge*, Weinheim, Basel 2020, S. 37–49.
18 Till van Rahden, *Sanfte Vaterschaft*, S. 156.
19 Bylow/Vaillant, *Die verratene Generation*, S. 176.
20 Ernst S., Tagebuch, DTA Sign. 941, Einträge vom 23.7.1967 u. 9.8.1967.
21 Anna G., Tagebuch, DTA 10.74, Eintrag vom 13./14.4.1983.
22 kurz&knapp, »Soziale Situation in Deutschland. Voll- und Teilzeitbeschäftigte«, Bundeszentrale für politische Bildung, 28.11.2020, https://www.bmfsfj.de/bmfsfj/themen/

gleichstellung/gendercare-gap/indikator-fuer-die-gleichstellung/gender-care-gapein-indikator-fuer-die-gleichstellung-137294 und https://www.bpb.de/nachschlagen/zahlen-und-fakten/soziale-situation-in-deutschland/61705/voll-und-teilzeitbeschaeftigte (abgerufen am 4.1.2022).
23 Ursula Pasero, »Die Vielen. Inspektionen zu Sex und Gender«, in: *Kursbuch 178. 1964,* S. 146–156, hier S. 151.
24 Ebd., S.155.

7. Generationengeschichte zwischen Abwehr, Selbstfindung und Empathie

1 Harald Welzer, »›Unser Papa war in Stalingrad.‹ Wie die Deutschen sich an das ›Dritte Reich‹ und den Krieg erinnern«, in: Dossier: Geschichte und Erinnerung (erstellt am 20.05.2021), Bundeszentrale für politische Bildung, https://www.bpb.de/geschichte/zeitgeschichte/geschichte-und-erinnerung/39828/unser-papa-war-in-stalingrad-?p=all (abgerufen am 4.1.2022).
2 Christina von Hodenberg, *Das andere Achtundsechzig,* S. 74.
3 Ebd. S. 75.
4 Jürgen Reulecke, »Einführung: Lebensgeschichten des 20. Jahrhunderts – im ›Generationencontainer‹?«, in: Ders. (Hg.), *Generationalität und Lebensgeschichte im 20. Jahrhundert,* München 2003, S. VII–XVI, hier S. VIII.
5 Aleida Assmann, »Unbewältigte Erbschaften. Fakten und Fiktionen im aktuellen Familienroman«, in: Andreas Kraft/Mark Weißhaupt (Hg.), *Generationen: Erfahrung – Erzählung – Identität,* Konstanz 2009, S. 49–69, hier S. 50.
6 Simone Costagli, »Die kollektive Autobiographie. Familienerinnerung in den Romanen von Julia Franck, Jenny Erpenbeck und Eugen Ruge«, *Modern Languages Open,* 2017(4): 2, pp. 1–11, DOI: https://doi.org/10.3828/mlo.v0i0.118 (abgerufen am 5.1.2022).
7 Frank Witzel, *Inniger Schiffbruch,* S. 35.
8 Reinhard Mohr, *Zaungäste. Die Generation, die nach der Revolte kam,* Frankfurt am Main 1992.

Anmerkungen

9 Jürgen Wiebicke, *Sieben Heringe. Meine Mutter, das Schweigen der Kriegskinder und das Sprechen vor dem Sterben*, Köln 2021.
10 Heinz Bude, *Das Altern einer Generation. Die Jahrgänge 1938 bis 1948*, Frankfurt am Main 1997, S. 34.
11 Ebd. S. 133.
12 Die Zuordnung von Geburtsjahrgängen zu Achtundsechzig (wie auch zu anderen Generationen) ist in der Literatur recht willkürlich. Ich halte mich hier an Heinz Bude, *Das Altern einer Generation.*
13 Assmann, *»Unbewältigte Erbschaften«*, S. 51.
14 Der siebte Band: Andreas Maier, *Die Familie*, Frankfurt am Main 2019.
15 Schon im Jahr 2002 hat Clemens Wischermann diesen Wandel vom kollektiven Gedächtnis zur individualisierten Erinnerung beschrieben, vgl. Clemens Wischermann, »Kollektive, Generationen oder das Individuum als Grundlage von Sinnkonstruktionen durch Geschichte: Einleitende Überlegungen«, in: Ders. (Hg.), *Vom kollektiven Gedächtnis zur Individualisierung der Erinnerung*, Stuttgart 2022, S. 9 – 24.
16 David Bebnowski, *Generation und Geltung, Von den »45ern« zur »Generation Praktikum« – übersehene und etablierte Generationen im Vergleich*, Bielefeld 2012, S. 134 – 135.
17 Frank Witzel, *Inniger Schiffbruch*, S. 100.
18 Dan Bar-On, *Die Last des Schweigens. Gespräche mit Kindern von NS-Tätern*, Frankfurt am Main 1998.
19 Sabine Maasen, »Das beratene Selbst. Zur Genealogie der Therapeutisierung in den ›langen‹ Siebzigern: Eine Perspektivierung«, in: Dies., Jens Elberfeld, Pascal Eitler, Maik Tändler (Hg.), *Das beratene Selbst. Zur Genealogie der Therapeutisierung in den ›langen‹ Siebzigern,* Bielefeld 2011, S. 7 – 33, hier S. 26.
20 Ein Begründer dieser Disziplin, Iván Boszörményi-Nagy, ein 1920 geborener Ungar, hatte selbst noch im Widerstand gegen Stalin und Hitler gekämpft. Er stellte mit seiner Arbeit das Individuum in den Kontext der Familie und der historischen Ereignisse. Krieg, Verfolgung, Täterschaft werden in diesem

Ansatz als wichtiger Teil der persönlichen Familiengeschichte analysiert, der niemand entkomme, auch wenn nie darüber offen geredet worden sei. Ivan Boszörményi-Nagy/Geraldine Spark, *Unsichtbare Bindungen. Die Dynamik familiärer Systeme*, Stuttgart 1981.

21 Christina von Hodenberg, *Das andere Achtundsechzig*, S. 72.

Schlussbemerkung

1 Vgl. Ariane Eichenberg, *Familie, Ich, Nation. Narrative Analysen zeitgenössischer Generationenromane*, Göttingen 2009.
2 Aleida Assmann, »*Unbewältigte Erbschaften*«, S. 53–55.

Quellen und Literaturhinweise

1. Archivalien:

Tagebücher aus dem Deutschen Tagebucharchiv in Emmendingen
Tagebücher aus Privatbesitz

2. Gedruckte Quellen und Literatur:

Bettina Alberti, *Seelische Trümmer. Geboren in den 50er- und 60er-Jahren: Die Nachkriegsgeneration im Schatten des Kriegstraumas*, München 2019.

Arne Andersen, *Der Traum vom guten Leben. Alltags- und Konsumgeschichte vom Wirtschaftswunder bis heute*, Frankfurt am Main u. New York 1999.

Hannah Arendt, »Besuch in Deutschland. Die Nachwirkungen des Naziregimes«, in: Dies., *Zur Zeit. Politische Essays*, Berlin 1986, S. 43-70, hier 46-48.

Hannah Arendt, »Die Nachwirkungen des Naziregimes. Bericht aus Deutschland«, in: Dies., *In der Gegenwart. Übungen im politischen Denken II*, München 2000, S. 38-63.

Aleida Assmann, »Unbewältigte Erbschaften. Fakten und Fiktionen im aktuellen Familienroman«, in: Andreas Kraft/Mark Weißhaupt (Hg.), *Generationen: Erfahrung – Erzählung – Identität,* Konstanz 2009, S. 49–69.

Quellen und Literaturhinweise

Dan Bar-On, *Die Last des Schweigens. Gespräche mit Kindern von NS-Tätern*, Frankfurt am Main 1998.

David Bebnowski, *Generation und Geltung, Von den »45ern« zur »Generation Praktikum« – übersehene und etablierte Generationen im Vergleich*, Bielefeld 2012.

Bernhard von Becker, *Babyboomer. Die Generation der Vielen*, Berlin 2014.

Matthias Behr, »Europa unterwegs: Heimatlosigkeit, Flucht und Vertreibung«, in: Ralph Giordano (Hg.), *Kriegsende in Deutschland*, Hamburg 2015, S. 104–119.

Volker Benkert (Hg.), *Unsere Väter, unsere Mütter. Deutsche Generationen seit 1945*, Frankfurt am Main 2020.

Nicolas Berg, »Zwischen Legende und Erfahrung: Die ›Stunde Null‹«, in: Ralph Giordano (Hg.), *Kriegsende in Deutschland*, Hamburg 2015, S. 206–213.

Frank Biess, *Republik der Angst. Eine andere Geschichte der Bundesrepublik*, Reinbek 2019.

Sabine Bode, *Kriegsenkel. Die Erben der vergessenen Generation*, Stuttgart 2009.

Dies., *Die vergessene Generation. Die Kriegskinder brechen ihr Schweigen*, Stuttgart 2015.

Georg Bönisch/Klaus Wiegrefe (Hg.), *Die 50er Jahre. Vom Trümmerland zum Wirtschaftswunder*, München 2007.

Lothar Böhnisch, »Männerbilder und der Fürsorgestreit in den 1920er Jahren«, in: Martin Dinges (Hg.), *Männlichkeiten und Care. Selbstsorge, Familiensorge, Gesellschaftssorge,* Weinheim, Basel 2020, S. 37–49.

Ivan Boszörményi-Nagy/Geraldine Spark, *Unsichtbare Bindungen. Die Dynamik familiärer Systeme*, Stuttgart 1981.

Gudrun Brockhaus, »Lockung und Drohung – die Mutterrolle in zwei Ratgebern der NS-Zeit«, in: Miriam Gebhardt/Clemens Wischermann (Hg.): *Familiensozialisation seit 1933 – Verhandlungen über Kontinuität.* Stuttgart 2007, S. 49–68.

Heinz Bude, *Das Altern einer Generation. Die Jahrgänge 1938 bis 1948*, Frankfurt am Main 1997.

Ders., *Generation Berlin*, Berlin 2001.

Ders./Bettina Munk/Karin Wieland, *Aufprall*, München 2020.

Quellen und Literaturhinweise

Christina Bylow/Kristina Vaillant, *Die verratene Generation. Was wir den Frauen in der Lebensmitte zumuten*, Bonn 2016.

Raewyn Connell, *Der gemachte Mann. Konstruktion und Krise von Männlichkeiten*, Wiesbaden 2015.

Simone Costagli, »Die kollektive Autobiographie. Familienerinnerung in den Romanen von Julia Franck, Jenny Erpenbeck und Eugen Ruge«, *Modern Languages Open*, 2017(4): 2, pp. 1–11, DOI: https://doi.org/10.3828/mlo.v0i0.118 (abgerufen am 4.1.2022).

Ulrike Draesner, *Eine Frau wird älter. Ein Aufbruch,* München 2018.

Franz X. Eder, *Kultur der Begierde. Eine Geschichte der Sexualität*, München 2009.

Ariane Eichenberg, *Familie, Ich, Nation. Narrative Analysen zeitgenössischer Generationenromane*, Göttingen 2009.

Pascal Eitler/Jens Elberfeld (Hg.), *Zeitgeschichte des Selbst. Therapeutisierung, Politisierung, Emotionalisierung*, Bielefeld 2015.

Barbara Franck (Hg.), *Ich schau in den Spiegel und sehe meine Mutter. Gesprächsprotokolle mit Töchtern*, Hamburg 1979.

Nancy Friday, *Wie meine Mutter. My Mother my self,* Frankfurt am Main 1979.

Miriam Gebhardt, »›Lehret sie, dass sie nicht um ihrer selbst willen sind‹. Frühkindliche Sozialisation im Nationalsozialismus«, in: Jutta Ecarius/Carola Groppe/Hans Malmede (Hg.), *Familie und öffentliche Erziehung. Theoretische Konzeptionen, historische und aktuelle Analysen*, Wiesbaden 2009, S. 221–244.

Dies., *Die Angst vor dem kindlichen Tyrannen. Eine Geschichte der Erziehung im 20. Jahrhundert*, München 2009 (Neuauflage 2020).

Dies., *Als die Soldaten kamen. Die Vergewaltigung deutscher Frauen am Ende des Zweiten Weltkriegs*, München 2015.

Dies., *Wir Kinder der Gewalt. Wie Frauen und Familien bis heute unter den Folgen der Massenvergewaltigungen bei Kriegsende leiden*, München 2019.

Miriam Gebhardt/Clemens Wischermann (Hg.), Familiensozialisation seit 1933 –Verhandlungen über Kontinuität, Stuttgart 2007, S. 49 – 68.

Birgit Geissler/Mechtild Oechsle, »Lebensplanung als Konstruktion: Biographische Dilemmata und Lebenslauf-Entwürfe junger Frauen«, in: Ulrich Beck/Elisabeth Beck-Gernsheim, *Riskante Freiheiten*, Frankfurt am Main 1994, S. 139–167.

Franziska Gronau, »Kinderwunsch im sauren Regen«, in: *Kursbuch* 72, Januar 1983, S. 7–13.

Atina Grossmann, Tamar Lewinsky, »Zwischenstation«, in: Michael Brenner (Hg.), *Geschichte der Juden in Deutschland von 1945 bis zur Gegenwart*, München 2012, S. 67–152.

Johanna Haarer, *Die deutsche Mutter und ihr erstes Kind*, München 1934.

Claudia Haarmann, *Mütter sind eben Mütter. Was Töchter und Mütter voneinander wissen sollten,* München 2019.

Volker Hage, »Die Enkel wollen es wissen«, in: Der Spiegel 12/2003, S. 170–173.

Hallo Mutti, hallo Vati!, Alete GmbH (Hg.), 1. Auflage München 1967.

Ulrich Herbert, Axel Schildt, »Kriegsende in Deutschland und Europa«, in: Ralph Giordano (Hg.), *Kriegsende in Deutschland*, Hamburg 2015.

Dagmar Herzog, *Die Politisierung der Lust. Sexualität in der deutschen Geschichte des 20. Jahrhunderts*, München 2005.

Christina von Hodenberg, *Das andere Achtundsechzig. Gesellschaftsgeschichte einer Revolution*, München 2018.

Matthias Horx, »Die abgekühlte Gemeinschaft. Alternativbewegung in der Krise: Was aus den sozialen Experimenten geworden ist«, in: *Die Zeit,* Nr. 17, 27.4.1984, S. 21.

Trudie Knijn, Ilona Ostner, Christoph Schmitt, »Männer und (ihre) Kinder. Einstellungen zur Elternschaft im Ländervergleich«, in: Frank Lettke/Andreas Lange (Hg.), *Generationen und Familien*, Frankfurt am Main 2007, S. 189–222.

Sandra Konrad, *Das bleibt in der Familie. Von Liebe, Loyalität und uralten Lasten*, München 2020.

Kursbuch Nr. 178. 1964, Juni 2014.

Quellen und Literaturhinweise

Ulrich Lamparter/Christa Holstein, »Empirische Befunde zur ›zweiten Generation‹«, in: Insa Fooken/Gereon Heuft (Hg.), *Das späte Echo von Kriegskindheiten. Die Folgen des Zweiten Weltkriegs in Lebensverläufen und Zeitgeschichte*, Göttingen 2014, S. 191–209.

Hilke Lorenz, *Kriegskinder. Das Schicksal einer Generation*, Berlin 2012.

Dies., *Die Akte Verschickungskinder. Wie Kurheime für Generationen zum Alptraum wurden*, Weinheim/Basel 2021.

Dagmar Lorenz-Meyer, »The Ambivalences of Parental Care Among Young German Adults«, in: Karl A. Pillemer/Kurt Lüscher (Hg.), *Intergenerational Ambivalences: New Perspectives on Parent-Child Relations in Later Life*, Amsterdam et. al. 2004, S. 225–252.

Kurt Lüscher/Brigitte Pajung-Bilger/Frank Lettke/Sabrina Böhmer, »Generationenambivalenzen operationalisieren: Konzeptuelle, methodische und forschungspraktische Grundlagen«, Forschungsschwerpunkt Gesellschaft und Familie, Universität Konstanz, Arbeitspapier 34.1, April 2000.

Sabine Maasen, »Das beratene Selbst. Zur Genealogie der Therapeutisierung in den ›langen‹ Siebzigern: Eine Perspektivierung«, in: Dies., Jens Elberfeld, Pascal Eitler, Maik Tändler (Hg.), *Das beratene Selbst. Zur Genealogie der Therapeutisierung in den ›langen‹ Siebzigern,* Bielefeld 2011, S. 7–33.

Andreas Maier, *Die Familie,* Frankfurt am Main 2019.

Reinhard Mohr, *Zaungäste. Die Generation, die nach der Revolte kam*, Frankfurt am Main 1992.

Vera Neumann, *Nicht der Rede wert. Die Privatisierung der Kriegsfolgen in der frühen Bundesrepublik*, Münster 1999.

Merith Niehuss, »Kontinuität und Wandel der Familie in den 50er Jahren«, in: Axel Schildt/Arnold Sywottek (Hg.), *Modernisierung im Wiederaufbau. Die westdeutsche Gesellschaft der 50er Jahre*, Bonn 1998, S. 316–334.

Lutz Niethammer, »›Normalization‹ in the West – Traces of Memory Leading Back into the 1950s«, in: Hanna Schissler (Hg.), *The Miracle Years. A Cultural History of West Germany, 1949–1968*, Princeton 2001, S. 237–265.

Ursula Ott, *Das Haus meiner Eltern hat viele Räume. Vom Loslassen, Ausräumen und Bewahren,* München 2019.
Ursula Pasero, »Die Vielen. Inspektionen zu Sex und Gender«, in: *Kursbuch 178. 1964,* S. 146–156.
Rüdiger Peuckert, *Familienformen im sozialen Wandel*, Opladen 1999.
Karl Pillemer/Katrin Müller-Johnson, »Generationenambivalenzen. Ein neuer Zugang zur Erforschung familialer Generationen«, in: Frank Lettke/Andreas Lange, *Generationen und Familien*, Frankfurt am Main 2007, S. 130–157.
Uta G. Poiger, *Jazz, Rock, and Rebels: Cold War Politics and American Culture in a Divided Germany*, Berkeley, Los Angeles, London 2000.
Till van Rahden, *Demokratie. Eine gefährdete Lebensform,* Frankfurt/New York 2019.
Ders., »Sanfte Vaterschaft und Demokratie in der frühen Bundesrepublik«, in: Bernhard Gotto, Thomas Schlemmer (Hg.), *Männer mit »Makel«. Männlichkeiten und gesellschaftlicher Wandel in der frühen Bundesrepublik*, Berlin/Boston 2017, S. 142–156.
Andreas Reckwitz, *Das hybride Subjekt. Eine Theorie der Subjektkulturen von der bürgerlichen Moderne bis zur Postmoderne*, Frankfurt am Main 2006.
Sven Reichardt, *Authentizität und Gemeinschaft. Linksalternatives Leben in den siebziger und frühen achtziger Jahren*, Berlin 2014.
Jürgen Reulecke, »Einführung: Lebensgeschichten des 20. Jahrhunderts – im ›Generationencontainer‹?«, Vorwort in: Ders. (Hg.), *Generationalität und Lebensgeschichte im 20. Jahrhundert,* München 2003, S. VII–XVI.
Barbara Riedmüller/Ulrike Schmalreck, *Die Lebens- und Erwerbsverläufe von Frauen im mittleren Lebensalter. Wandel und rentenpolitische Implikation*, Berlin 2012.
Ulla Roberts, *Starke Mütter – ferne Väter. Töchter reflektieren ihre Kindheit im Nationalsozialismus und in der Nachkriegszeit*, Frankfurt am Main 1994.
Axel Schildt/Arnold Sywottek (Hg.), *Modernisierung im Wieder-*

Quellen und Literaturhinweise

aufbau. Die westdeutsche Gesellschaft der 50er Jahre, Bonn 1998.

Axel Schildt/Detlev Siegfried, *Deutsche Kulturgeschichte. Die Bundesrepublik von 1945 bis zur Gegenwart*, München 2009.

Hanna Schissler (Hg.), *The Miracle Years. A cultural History of West Germany 1949 – 1968*, Princeton 2001.

Hanna Schissler, »›Normalization‹ as Project. Some thoughts on Gender Relations in West Germany during the 1950s«, in: Dies. (Hg.), *The Miracle Years. A Cultural History of West Germany, 1949–1968*, Princeton 2001, S. 359–375.

Gunter Schmidt, »Zur Einleitung. Aus der Zauber? Eine kurze Geschichte der Sexualität in der BRD«, in: Ders. (Hg.), *Kinder der sexuellen Revolution. Kontinuität und Wandel studentischer Sexualität 1966–1999. Eine empirische Untersuchung*, Gießen 2000.

Gunter Schmidt/Arne Dekker, »Seriell monogam, seriell allein. Beziehungsbiografien im dritten Lebensjahrzehnt«, in: Gunter Schmidt (Hg.), *Die Kinder der sexuellen Revolution. Kontinuität und Wandel studentischer Sexualität 1966 – 1999. Eine empirische Untersuchung,* Gießen 2000, S. 111–136.

Franka Schneider, »Ehen in Beratung«, in: Annette Kaminsky (Hg.), *Heimkehr 1948. Geschichte und Schicksale deutscher Kriegsgefangener*, München 1998, S. 192–216.

Volkmar Sigusch, *Auf der Suche nach der sexuellen Freiheit. Über Sexualforschung und Politik*, Frankfurt am Main 2011.

Sybille Steinbacher, *Wie der Sex nach Deutschland kam. Der Kampf um Sittlichkeit und Anstand in der frühen Bundesrepublik*, München 2011.

Joachim Süss, *Die entschlossene Generation. Kriegsenkel verändern Deutschland*, Berlin u. a. 2017.

Trutz von Trotha, »Die bürgerliche Familie ist tot«, in: Bernhard Bueb/Ute Frevert/Hans Joas et.al. (Hg.), *Alte Werte – Neue Werte. Schlaglichter des Wertewandels*, Göttingen 2008, S. 78–96.

Ann-Eve Ustorf, *Wir Kinder der Kriegskinder. Die Generation im Schatten des Zweiten Weltkriegs*, Freiburg 2016.

Quellen und Literaturhinweise

Harald Welzer, »›Unser Papa war in Stalingrad.‹ Wie die Deutschen sich an das ›Dritte Reich‹ und den Krieg erinnern«, in: Dossier: Geschichte und Erinnerung (Erstellt am 20.05.2021), Bundeszentrale für politische Bildung, https://www.bpb.de/geschichte/zeitgeschichte/geschichte-und-erinnerung/39828/unser-papa-war-in-stalingrad-?p=all (abgerufen am 4.1.2022).

Jürgen Wiebicke, *Sieben Heringe. Meine Mutter, das Schweigen der Kriegskinder und das Sprechen vor dem Sterben*, Köln 2021.

Clemens Wischermann, »Kollektive, Generationen oder das Individuum als Grundlage von Sinnkonstruktionen durch Geschichte: Einleitende Überlegungen«, in: Ders. (Hg.), *Vom kollektiven Gedächtnis zur Individualisierung der Erinnerung*, Stuttgart 2002, S. 9–24.

Frank Witzel, *Inniger Schiffbruch*, Berlin 2020.

Edgar Wolfrum, *Die geglückte Demokratie. Geschichte der Bundesrepublik von ihren Anfängen bis zur Gegenwart*, München 2007.

Ein wichtiges Buch über die Gewalterfahrung am Ende des Zweiten Weltkriegs und die Schicksale, die lange nicht erzählt werden konnten

ISBN
978-3-421-04731-1

Dieses Buch ist auch als E-Book erhältlich

Nicht nur sowjetische Armeeangehörige wurden am Ende des Zweiten Weltkriegs zu Vergewaltigern, alle vier Besatzungsarmeen verübten massenhaft Verbrechen an deutschen Frauen. Die Opfer dieser sexuellen Kriegsgewalt rangen oft ein Leben lang mit seelischen Problemen, Kinder, die aus den Vergewaltigungen hervorgingen, wurden quasi mit einer Erbschuld geboren, Familien litten vielfältig – und zum Teil bis heute – unter der belastenden Vergangenheit. Anhand bewegender Fallgeschichten zeigt Miriam Gebhardt, welch tiefe Spuren die massive Gewalterfahrung in den Jahren von 1945 bis 1955 in der deutschen Gesellschaft hinterlassen hat. Oft bestimmte das Kriegsende ein Familienschicksal, das bis in die heute erwachsene Enkelgeneration nicht überwunden ist.

DVA

Die verdrängten Verbrechen am Ende des Krieges

Die Soldaten, die am Ende des Zweiten Weltkriegs Deutschland von der nationalsozialistischen Herrschaft befreiten, brachten für viele Frauen neues Leid. Entgegen der weitverbreiteten Vorstellung wurden dabei nicht nur »die Russen« zu Tätern, sondern auch Amerikaner, Franzosen und Briten. Auf Basis neuer Quellen und anhand vieler Lebensgeschichten beschreibt Miriam Gebhardt erstmals historisch fundiert das Ausmaß der sexuellen Gewalt bei Kriegsende und in der Besatzungszeit.

»*Eine bemerkenswerte Studie. Ein bewegendes Buch.*«
Deutschlandfunk

www.pantheon-verlag.de

Ein neuer Blick auf die Geschichte der Widerstandsgruppe

Die Weiße Rose ist eine der bekanntesten Widerstandsgruppen in der deutschen Geschichte. Insbesondere die Geschwister Sophie und Hans Scholl werden immer wieder als leuchtende Vorbilder genannt. Warum hatten gerade sie den Mut, sich gegen das nationalsozialistische Unrechtssystem aufzulehnen? Miriam Gebhardt beleuchtet die Biografien der Aktivisten und macht deutlich, wie wichtig Familie, Freundschaften und Umfeld für die Mitglieder der Weißen Rose waren. Ihr Buch erzählt eine neue Geschichte der Gruppe und zeigt, wie viel die Botschaft der Widerstandsgruppe uns noch heute, über 75 Jahre nach ihrem traurigen Ende, zu sagen hat.

»Selten werden historische Personen menschlich so greifbar wie hier.« Süddeutsche Zeitung

www.pantheon-verlag.de